*A Visit to the Sites of the Reformation in Europe*

이 책은 12일 동안 종교개혁 유적지를 순례하면서, 종교개혁자들과 그들의 문화유산, 그리고 신학적 의미와 영향을 음미하며, 나누는 내용이다.

# 유럽, 종교개혁지를 가다

박기성 지음

기독교문서선교회

기독교문서선교회(Christian Literature Center: 약칭 CLC)는 1941년 영국 콜체스터에서 켄 아담스에 의해 시작되었으며 국제 본부는 미국의 필라델피아에 있습니다.

국제 CLC는 59개 나라에서 180개의 본부를 두고, 약 650여 명의 선교사들이 이동도서차량 40대를 이용하여 문서 보급에 힘쓰고 있으며 이메일 주문을 통해 130여 국으로 책을 공급하고 있습니다.

한국 CLC는 청교도적 복음주의 신학과 신앙서적을 출판하는 문서선교 기관으로서, 한 영혼이라도 구원되길 소망하면서 주님이 오시는 그날까지 최선을 다할 것입니다.

# A Visit to the Sites of the Reformation in Europe

*Written by*
Gi Sung Park

Korean Edition
Copyright © 2016 by Christian Literature Center
Seoul, Korea

# 추천사 1

**김상구** 박사
백석대학교 실천신학 교수

  기독교계 신문이나 각 교단지마다 종교개혁에 대한 이야기로 가득하다. 종교개혁 500주년을 1년 앞두고 있기 때문이다.
  16세기 초 교회는 세속화의 극치를 달리고 있었다. 성직매매, 성직자들의 비도덕적 생활, 생활과 동떨어진 신학과 교리, 거기에 교황 레오 10세가 성 베드로 성당 건축을 위한 재원 마련을 위해 행한 면죄부 판매는 종교개혁의 불을 붙이기에 충분한 조건을 갖추고 있었다. 마침내 마틴 루터는 1517년 10월 31일 비텐베르크대학교회 문에 95개조의 반박문을 붙임으로 종교개혁을 촉발시켰다.
  하지만 종교개혁의 불씨는 루터의 종교개혁보다 훨씬 이전부터 있었다. 그 대표적인 사람이 체코의 얀 후스(Jan Hus)다. 1415년 독일의 콘스탄츠 공의회에서 파문을 당하고 화형을 당한 후스는 "너희가 지금 거위를 불태워 죽이지만 100년 뒤 나타난 백조는 어쩌지 못할 것이다"라는 말을 남겼다. 100년이 지난 후에 루터의 종교개혁이 일어난 것이다.

종교개혁 500주년을 1년 앞둔 우리는 한국교회의 현실을 바라본다. 목회자의 비도덕적 생활, 자신의 몸은 살찌려 애쓰지만 사회에는 무관심한 교회, 기독교인들의 비리에 관련된 뉴스들이 심심찮게 보도되고 있다. 이러한 참담한 현실 앞에서 종교개혁 500주년을 기념하기 위한 축제보다도 우리 자신의 새로운 종교개혁을 위해 무릎 꿇어야 할 때이다.

이러한 시점에 종교개혁자들의 활동무대를 돌아보며 우리 자신을 성찰해 보는 것도 좋은 방편이라 생각한다. 때마침 박기성 목사님이 여러 목사님들과 함께 종교개혁지를 돌아보고 쓴 기록이 책으로 출간되어 나오게 되어 기쁘다. 이 책이 기행문이면서 또한 현장에 대한 풍부한 해설을 담고 있어서 앞으로 종교개혁지를 탐방할 계획을 세운 이들에게 많은 사전 지식을 제공해 주리라 믿으며 일독하길 권한다.

끝으로, 마틴 루터가 친구인 슈팔라틴(Georg Spalatin)에게 보낸 편지의 한 부분을 인용하며 추천의 글을 마친다.

"말씀을 통해 세상은 정복되며, 말씀을 통해 교회는 구원받으며, 말씀을 통해 교회는 부흥한다."

## 추천사 2

**곽상원** 목사
대전서지방 감리사

　옛날에는 멀고 낯선 땅을 여행하는 이유가 장사 혹은 종교적인 목적을 위해서였다. 그렇다면 '순례'라는 말은 '여행'이나 '관광'과는 큰 차이가 있다. 왜냐하면 순례(pilgrimage)라는 단어는 종교적인 목적으로 먼 곳을 여행할 때를 일컫는 말로 쓰였기 때문이다. 그래서 우리말로 '순례'(巡禮)라고 번역한 것이다. 이렇게 보면, 여행하는 목적지에 따라 순례가 될 수도 있고 여행이 될 수도 있다고 생각하기 쉽다.

　하지만 어디를 가느냐가 아니라 어떤 마음으로 가느냐가 더 중요한 것이다. 두 사람이 똑같이 예루살렘을 다녀왔어도 마음가짐에 따라서 한 사람은 관광으로 끝나고 다른 한 사람은 순례를 한 것일 수 있다. 순례는 눈에 보이는 것을 통해 눈에 보이지 않는 영원한 존재를 만나려는 여행이다. 그런 마음을 가지고 가면 미국 라스베가스를 다녀와도 순례가 될 수 있다.

순례는 믿음을 가진 사람들이 누구나 한 번쯤 해 보고 싶은 꿈이다.

왜 그런가?

왜 우리에게는 그 성지들을 한 번이라도 밟아보고 싶은 열망을 가지고 있는 것인가?

하나님을 믿기 때문이다. 하나님을 갈망하기 때문이다. 그 하나님을 더 친밀하게 만나보고 싶기 때문이다. 영으로만 만나 온 주님을 피부로 느끼듯이 가까이 체험하고 싶은 것이다. 그러므로 누구에게나 순례에 대한 열망이 있다는 말은 누구에게나 하나님을 더 가까이 만나보고 싶은 마음이 있다는 뜻이다.

하나님을 믿는 사람들은 모두가 순례자들이다. 물리적으로는 한 곳에 머물러 살고 있다 해도, 믿음의 사람들은 모두 영적인 의미에서 순례자들이다. 순례 길에 나선 우리에게 순례 길의 최종 목적지는 하나님 나라이다.

박기성 목사는 12일 동안 종교개혁지를 순례하며 그가 만나고 경험한 종교개혁가들의 하나님을 향한 순례의 믿음들을 『유럽, 종교개혁지를 가다』를 통해서 우리에게 전해 주고 있다. 이 책은 우리 모두에게 이 땅에서 순례의 길을 함께 걸으면서 그 영광스러운 미래를 꿈꾸게 하는 데 많은 도움을 줄 것이다.

# 저자 서문

**박기성** 목사
대전주님의교회 담임

2017년은 종교개혁 500주년을 맞는 해이다. 우연인지 아니면 의도된 것인지는 모르겠지만 내가 속해 있는 기독교대한감리회 남부연회 대전서지방에서 목회자 연수지를 종교개혁지로 정했다. 물론 모든 일정이 종교개혁지에만 맞추어진 것은 아니지만 서유럽의 종교개혁지를 포함한 체코, 독일, 스위스, 이탈리아 4개국이 우리의 순례지였다.

올해 목회자 연수지로 "종교개혁지를 선택했다"는 선교부 총무의 설명에 가슴이 뛰었다. 루터가 걸었던 길을 걸어보고, 칼빈이 설교했던 곳에 꼭 서 보고 싶었기 때문이다.

출발하기 며칠 전, 감리사님으로부터 전화가 걸려 왔다.

"종교개혁지 방문 일정을 간단히 정리해 볼 수 있겠느냐?"는 말씀이셨다.

생각하지 못했던 일이라 조금은 망설여졌지만, 그것도 의미가 있는 작업이라는 생각이 들어 "하겠노라"고 말씀드렸다.

그런데 일이 커지고 말았다. '간단한 정리'가 아닌 장문의 리포트(report)가 되고 말았기 때문이다. 의도하지 않게 이 책은 그렇게 해서 엮어져 나왔다.

나는 이번 종교개혁지 방문이 단순히 어떤 건물이나 장소를 보고 오는 숨 가쁜 여행이 되지 않기를 바랐다. '순례'라는 뜻의 독일어 '발파르트(wallfahrt)'의 숨은 의미처럼 그 목적지를 향해 물결치듯 움직여가기를 소망했다. 그 물결이 루터가 걸었던 길을 스쳐가고, 칼빈이 목회했던 곳을 지나 비로소 마지막 목적지에 다다를 때에는 그 물결과 함께 쓸려온 영적 부유물을 안고 집으로 돌아올 수 있기를 기대했다.

나의 소망대로 12일 동안의 종교개혁지 순례는 참 많은 것을 내게 안겨 주었다. 체코에서는 얀 후스를 만났고, 독일에서는 루터를 만났으며, 스위스에서는 칼빈을 만났다. 그리고 뜻하지 않게 피렌체에서는 사보나롤라를 만났다. 오직 성경대로, 오직 믿음으로, 오직 은총으로 살려했던 그들의 신념과 결단은 죽임으로도 꺾어지지 않았다.

나 스스로에게 질문해 본다.

"너에게도 그런 신념과 믿음이 있는가?"

개신교회를 일컬어 '프로테스탄트'(Protestant)라고 말한다. '저항하는 자,' '항의하는 자'라는 뜻이다. 프로테스탄트는 바르지 못한 신앙, 성경과 어긋난 가르침에 대하여 끊임없이 저항하고 항의하는 사람인 것이다. 그 '저항과 항의'는 16세기에 끝난 것이 아니다. 지금도 계속되어야 한다.

　먼저는 나 자신에게서, 나아가 교회 공동체에서 말이다. 이것은 "개혁된 교회는 항상 개혁되어야 한다"는 종교개혁자들의 가르침이기도 하다. 따라서 우리 스스로가 '개혁의 대상'이며, 지금도 앞으로도 우리는 '개혁'되어야 한다.

　개혁에 실패하여 한때 제네바에서 추방당했던 칼빈은 파렐의 요청으로 다시 제네바로 들어가면서 유명한 말을 남겼다.

　"나의 심장을 드리나이다."

　더 이상 무슨 말이 필요하겠는가!

　유럽 종교개혁지를 순례하고 돌아온 지 벌써 4개월이 지났지만, 그 소중한 시간들을 되돌아보며 나 또한 다짐해 본다.

　"주님, 나의 심장을 드리나이다."

2016년 10월
대전 오량산 자락에서

# 목 차

추천사 1 _김상구 박사(백석대학교 실천신학 교수) _ 04
추천사 2 _곽상원 목사(대전서지방 감리사) _ 06
저자 서문 _ 09

1일째: '가벼움'으로 출발하다 인천국제공항 → 프라하 바츨라프 하벨 국제공항 _ 013

2일째: 동화 속 마을을 닮은 도시 체스키크룸로프 _ 017

3일째: 종교개혁의 선구자, 얀 후스의 도시 프라하 _ 037

4일째: 루터의 영적 고향 스토테른하임, 에르푸르트, 아이제나흐, 프랑크푸르트 _ 073

5일째: 루터, 황제와 제국 앞에 서다 보름스, 하이델베르크, 취리히 _ 127

6일째: 스위스 종교개혁의 성지, 그리고 하얀산, 제네바, 샤모니 _ 167

7일째: 영적 거장 암브로시우스의 도시 밀라노 _ 189

8일째: 시뇨리아 광장에서 만난 개혁가 사보나롤라 베네치아, 피렌체 _ 211

9일째: 평화와 청빈의 성자, 성 프란체스코의 고향 아씨시, 로마 _ 273

10일째: 비운과 황홀함, 그리고 아름다움의 도시 폼페이, 소렌토, 나폴리 _ 313

11일째: 주여, 어디로 가시나이까? 로마 _ 339

12일째: 바보는 방황하고, 현자는 여행한다 로마공항 → 인천국제공항 _ 397

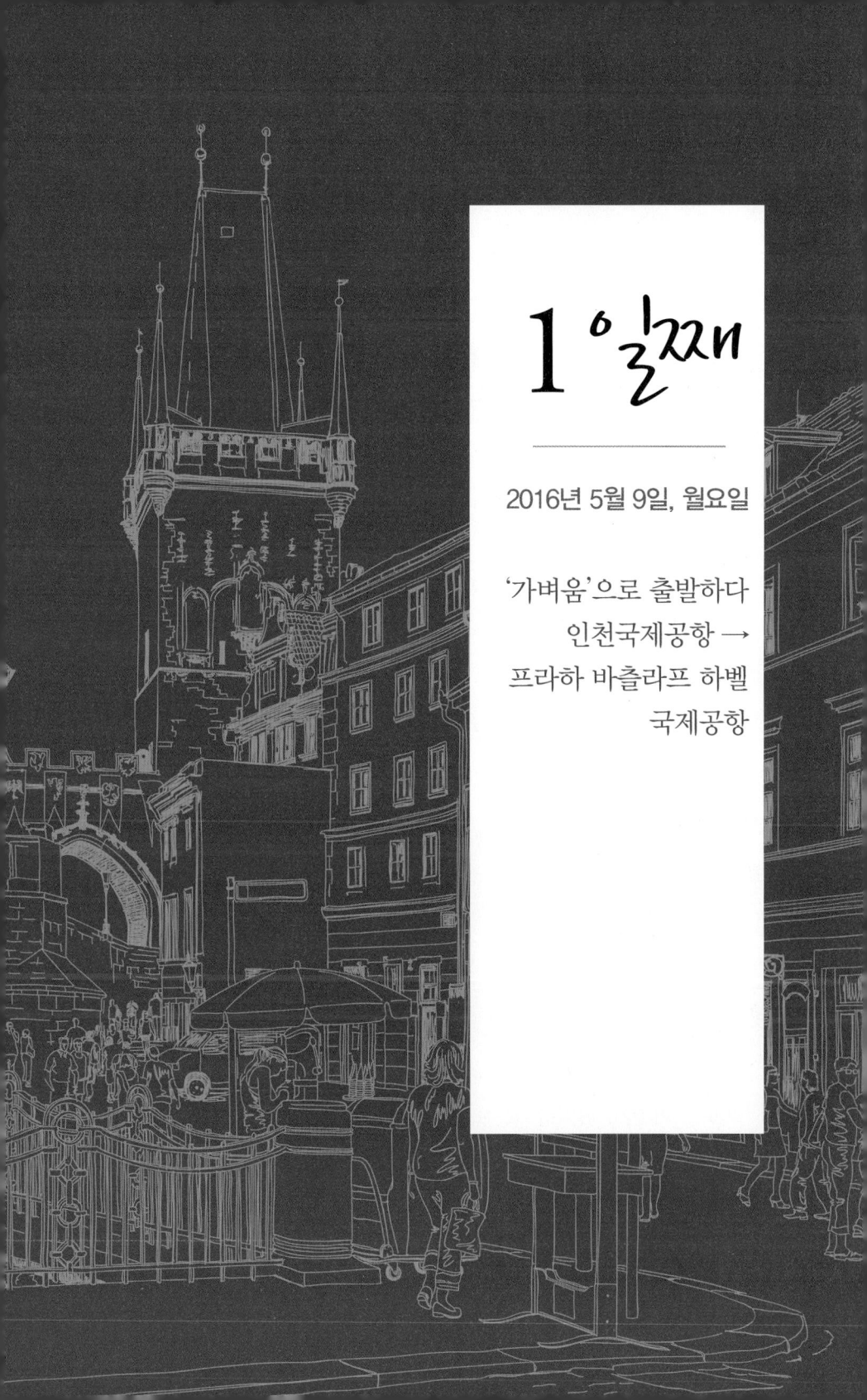

# 1일째

2016년 5월 9일, 월요일

'가벼움'으로 출발하다
인천국제공항 →
프라하 바츨라프 하벨
국제공항

출발 전 사람들이 종종 물었다.
"여행 준비하고 계세요?"
"여행 준비는 다 하셨어요?"
하지만 나는 여행을 떠나기 이틀 전까지 아무런 생각도, 준비도 하지 않았다. 다만 나의 고민은 카메라를 가지고 가야 할지, 말지에 대한 것뿐이었다. 결국 나는 무거움보다는 가벼움을 택했다.
'휴대폰으로 찍으면 되니까!'
무거운 카메라는 짐이다. 그 짐 때문에 보아야 할 것을 보지 못할까 염려되었다.
누군가 그랬다.
"프로는 여행가, 아마츄어는 관광객"이라고….
굳이 숨기고 싶지 않다. 나는 여행가가 아닌 관광객이다. 그러니 풍경을 하나라도 더 보고 싶고, 가이드의 설명을 한 단어라도 더 듣고 싶다.

2016년 5월 9일(월) 낮 12시 45분.

우리를 태운 대한항공 KE0935가 활주로를 힘차게 달려 이륙했다. 자다 깨다를 반복하며 비몽사몽간에 승무원이 가져다주는 기내식과 음료를 먹고 마시며, 2편의 영화를 보노라니 어느덧 11시간이 흘렀다.

"낭만의 도시 프라하에 오신 여러분을 환영합니다."

'쿵' 소리와 함께 비행기가 랜딩한 후 기내방송을 통해 흘러나온 여승무원의 도착인사 멘트다. 무사히 도착해서 안도했다. 인천에서 프라하행 비행기에 탑승하면서 기내에 들고 온 신문에 항공기 사고에 대한 기사가 실려 있었던 터였기 때문이다.

프라하 바츨라프 하벨 국제공항을 빠져 나와 체코 현지 가이드와 미팅했다. 그는 자신을 앙드레 김으로 소개했다. 그러면서 자신의 본명은 '김복남'이 아니라고 덧붙인다. 살짝 당황스럽다. 웃어주어야 할지 아니면 그냥 무시하고 넘어가야 할지 잠시 머릿속이 복잡해졌기 때문이다. 나 외에 모든 분들은 참 착하다. 그의 개그에 모두들 웃어주었기 때문이다. 실제 그의 이름은 김홍석이다.

그는 공항 동쪽의 블타바 강을 건너 마네소바(Manesova) 거리의 한인식당 토모(TOMO)로 우리를 안내했다.

프라하에 도착하여 먹는 첫 메뉴가 궁금했다. 그런데 우리 앞에 차려진 메뉴는 '김치찌개'였다. 아니 김치찌개라기보다는 부대찌개에 가까웠다. 아마도 당분간 한국음식을 먹지 못할 것이니 약간 얼큰한 한국음식을 먹어두라는 여행사 나름대로의 배려인가 보다.

모두들 맛있게 먹었다. 서빙을 보는 여자가 '필요한 것이 더 있느냐?'고 물었다. 사모님들이 상추를 더 가져다 달라고 부탁했다. 그녀의 행동은 빨랐다. 그녀는 즉시 상추를 부탁한 테이블뿐만 아니라 일행의 다른 테이블에도 상추를 가져다주었다. 그녀는 상냥했고 친절했다.

그런데 식당을 나올 때에 알고 보니 그 모든 친절함에 추가요금을 내야했다. 그러고 보면 우리나라처럼 친절하고 서비스 좋은 곳은 없는 것 같다. 음식을 추가해도 기꺼이 가져다주고, 물도 무료로 제공해 주니 말이다. 외국에서는 반찬을 비롯하여 추가음식에는 추가요금이 부과된다는 것을 알면서도 매번 스스로에게 속는다.

오늘의 일정은 프라하에 도착한 것으로 끝이다. 우리는 클라리온 호텔(Clarion Hotel)에 들어가 내일부터 시작될 본격적인 여행을 위해 오랜 비행의 여독을 풀었다.

# 2일째

---

2016년 5월 10일, 화요일

동화 속 마을을
닮은 도시
체스키크룸로프

"시차 적응이 안 되어서 새벽 3시에 돌아다니는 분들이 있습니다. 제발 그러지 마세요."

어젯밤 가이드가 한 말이다.

결코 나에게는 그럴 일이 없을 줄 알았다. 그래서 가이드의 말에 웃었었다. 그런데 새벽에 나는 커피를 마셨다. 가이드가 언급한 바로 그 시각, 새벽 3시에….

"도브리 덴!"(Dobry den)

현지 가이드의 체코어 아침 인사와 함께 본격적인 투어가 시작되었다.

프라하에서 버스로 2시간 정도를 달려 체스키크룸로프(Cesky Krumlov)에 도착했다.

'체스키'(Cesky)는 체코어로 '체코의'를 의미하고, '크룸로프'(Krumlov)는 독일어 '크루메 아우에'(Krumme Aue)에서 온 말이다. Krumme는 '휘어진,' '굽은'이라는 뜻이고, Aue는 '(강변의) 습지'

| 망토 다리

를 뜻한다. 따라서 Cesky Krumlov를 직역하면 '체코의 휘어진 습지'가 된다. 체스키크룸로프를 가로지르는 S자 모양의 블타바(Vltava) 강 때문에 붙여진 이름이다. 그런데 크룸로프에 '체코의'라는 뜻의 체스키라는 말이 덧붙여진 것은 모라비아 지방의 동명(同名)의 강과 구별하기 위해서다.

버스주차장에서 구시가지로 갈 때 가장 먼저 만나게 되는 건축물이 바로 '망토 다리'(Cloak Bridge)이다. 체스키크룸로프의 윗성(Upper Castle)과 안 뜰의 영역을 연결해 주는 구조물로서 어깨에 두르는 '망토'를 닮았다고 하여 그렇게 이름 붙여졌다. 망토 다리는 3층으로 되어 있으며 각 층은 아치형의 모양이다.

아치형의 망토 다리 아래를 지나 블타바 강 너머의 한 골목으로 들어간 우리는 가이드의 안내에 따라 한 식당으로 들어갔다. 메뉴는 돼지고기 스테이크다. 돼지고기 스테이크는 처음 먹어 보는 것 같다. 감자, 그리고 양배추와 곁들여

나온 스테이크는 그런대로 먹을 만 했다. 다만 체코의 전통 음식 중에 돼지 무릎 부위를 흑맥주와 허브 등에 재워 구운 음식인 콜레노(Koleno)라는 것이 유명하다는데 그것을 먹지 못해 조금 아쉬웠다.

식당에서 가까운 곳에 구시가지의 중심인 스보르노스티 광장이 있었다. 스보르노스티 광장(Svornosti Namesti)은 13세기에 만들어진 광장으로, 광장 한쪽엔 1715년 전염병 페스트가 끝난 것

| 스보르노스티 광장(Svornosti Namesti)

을 기념하는 성삼위일체 기둥이 세워져 있다. 현재는 호텔, 시청사, 레스토랑, 기념품 상점, 관광 안내소가 자리 잡고 있다. 주말이면 이곳에서 흥겨운 공연이 열린다고 한다.

스보르노스티 광장에서 블타바 강 방향으로 난 골목길로 들어서면 체스키크룸로프성이 골목의 양쪽 건물들 사이로 아름답게 드러나 보인다. 사람들은 그것을 배경삼아 사진을 찍기 위해 골목을 빠져나갈 줄을 모른다. 나 역시 그들 중의 한 사람이다. 카렌다의 배경사진으로 나올 법한 그림 같은 경치를 바라보며 계속 앞으로 나가면 라제브니키 다리(Lazebnicky most)와 만나게 된다.

라제브니키 다리는 체스키크룸로프성으로 가는 라트란 거리와 강 건너 구시가를 연결하는 다리로, 일명 '이발사의 다리'로 불린다. 체코어로 이발사를 'Lazebník'(라제브니크)라고 하는데 예전에 이 다리 인근에 이발소가 위치해 있었기 때문이다. 다리 위에는 십자가 위에 매달린 예수 조각상과 프라하 카를교 위에도 있는 '얀 네포무츠키'(Jan Nepomucky) 조각상이 세워져 있다.

'이발사의 다리'는 귀족과 이발사 딸의 비운의 이야기가 담긴 곳이다. 합스부르크 왕가의 서자인 '루돌프 2세'가 이 성에 와서 머물게 되었는데, 좋지 않은 품성을 지닌 정신이상자였다고 한다. 그는 이발사의 딸을 데려다가 아내로 삼았다. 그는 정신이 멀쩡할 때는 아주 잘해 주다가도 정신이 이상해지면 아내인 이발사의 딸을 때리고 심한 학대를 했다. 견디다 못한 이발사의 딸

| 라제브니키 다리(Lazebnicky most)

은 결국 성에서 뛰어내려 죽었다. 하지만 자신의 학대 때문에 죽은 것을 기억하지 못한 루돌프 2세는 마을 사람들을 한 명씩 데려다 자신의 아내를 누가 죽였는가를 심문하면서 죽였다. 이를 보다 못한 이발사는 자신이 죽였다고 거짓으로 증언을 하고 죽임을 당했다. 마을 사람들은 그의 희생정신을 기려 이 다리를 만들었는데 그 후부터 '이발사의 다리'라고 부르게 되었다고 한다.

  이발사의 다리는 라트란(Latran) 거리와 연결된다. 라트란 거리는 이발사의 다리로부터 체스키크룸로프성으로 올라가는 길목에 있는 거리이다.

| 라트란 거리

거리 명칭인 라트란은 '강도' 또는 '도둑'이라는 뜻의 라틴어 '라트로'(Latro)에서 온 말이다. 예수님이 십자가에 못 박힐 때에 양옆에 있는 강도 중의 한 명이 회개한 데서 유래한다고 한다(눅 23:39-43 참조).

5-6세기경에 기록된 외경(Apocrypha)『예수 그리스도의 어린 시절 제1복음서』에 의하면 아기 예수님의 가족이 이집트로 피난을 갈 때에 어느 사막에 들어섰는데 그곳에서 강도떼를 만나게 된다. 그 강도들 중에는 티투스(Titus)와 두마쿠스(Dumachus)라는 강도가 있었다. 티투스가 두마쿠스에게 "부하들이 눈치 채지 못하는 사이에 저 사람들을 조용히 보내자"고 말했다. 하지만 두마쿠스는 티투스의 제안을 거절했다. 티투스는 은화 40냥과 자신의 허리띠를 두마쿠스에게 주며 설득했다. 그러자 아기 예수가 마리아에게 말했다.

"어머니, 30년이 지나면 유대인들이 나를 십자가에 못 박을 것입니다. 또한 티투스를 내 오른쪽에, 두마쿠스를 내 왼쪽에 매달 것입니다. 그때 티투스가 나보다 먼저 낙원에 들어갈 것입니다."

또한 3세기경에 기록된 것으로 추정되는『니코데무스 복음서』, 일명『본디오 빌라도 행전』에 보면, 예수님이 골고다 언덕으로 끌려가셔서 십자가에 매달릴 때에 두 강도가 예수님의 좌우에서 똑같은 방식으로 매달려 있었다. 예수님의 오른쪽에 있는 강도의 이름은 디스마스(Dismas)였고, 왼쪽에 있는 강도의 이름은 게스타스(Gestas)였다. 『예수 그리스도의 어린 시절 제1복음서』와는 이름이 다르게 표현되어 있지만, 아기 예수가 마리아에게 했던 예언대로 예수님의 양편에 두 강도가 있게 된 것이다. 왼쪽의 게스타스가 예수님에게 말했다.

"당신이 그리스도라면 당신 자신과 우리를 구출해 보시오."

그러자 오른쪽의 디스마스가 게스타스를 꾸짖은 다음, 예수님에게 말했다.

"당신 왕국에 들어갈 때 저를 기억해 주십시오."

예수님이 디스마스에게 말씀하셨다.

"단단히 말해두지만, 오늘 당신은 나와 함께 낙원에 들어갈 것입니다."

훗날 헬라 및 라틴 교부들은 디스마스를 '복음을 믿은 강도'(evangelicus latro)로 불렀고, 로마 가톨릭은 '성 라트로'(San Latro)라는 칭호로 성인의 반열에 올려 매해 3월 25일을 축일로 정하여 지키고 있다.

그런데 이 거리와 그 강도가 어떤 관계가 있단 말이지?

중세풍이 물씬 풍기는 라트란 거리는 영화 "일루셔니스트"에도 등장했다. '일루셔니스트'(The Illusionist)는 환상적인 솜씨로 사람들의 영혼을 휘어잡는 마술사와 황태자의 약혼녀가 못다 이룬 옛사랑을 완성해가는 과정을 그린 네일 버거(Neil Burger) 감독의

| 뜨르들로(Trdlo)가게

2006년 작품이다.

  작품의 공간적 배경은 19세기 합스부르크 왕가의 본거지인 오스트리아의 빈(Wien, 영어명 Vienna)이지만 실제로 촬영된 곳은 체코의 프라하와 체스키크룸로프였다. 라트란 거리는 특별한 볼거리가 있는 건 아니지만, 거리를 따라 아기자기한 가게들을 둘러보며 한가로이 산책을 즐기기 좋은 장소다. 특히 체코의 전통 빵인 뜨르들로(Trdlo)가게에 들러 그것을 만드는 모습도 보고 하나쯤 사서 먹으며 체스키크룸로프성으로 올라가는 것을 추천해 보고 싶다. 뜨르들로는 뜨르델닉(trdelnik)이라고도 하는데 일명 '굴뚝빵'이라 불린다. 빵의 모양이 굴뚝모양이라서 그런 별명이 붙은 것이다. 체코 현지에 가서 먹으면 더욱 맛있겠지만, 한국에서 먼저 먹어 보고 싶다면 서울 신촌에서도 맛을 볼 수 있다.

  1992년에 도시 전체가 유네스코 세계 유산에 등재된 체스

| 체스키크룸로프성(Zamek Cesky Krumlov)

키크룸로프의 랜드마크는 누가 뭐라 해도 '체스키크룸로프성' (Zamek Cesky Krumlov)이다. 1240년 비트코프치(Vitkovci) 가문에 의해 블타바 강이 내려다보이는 돌산 위에 세워진 체스키크룸로프성은 프라하성에 이어 체코에서 두 번째로 큰 성이며, 16세기에 르네상스 양식으로 개축되면서 둥근 지붕의 탑과 회랑 등이 추가되었으며, 성 안에는 영주가 살던 궁전과 예배당, 조폐소, 바로크식 극장과 정원이 재현되어 있어 중세 귀족의 생활상을 느낄 수 있다.

과거에 해자(垓字)가 있었던 다리를 건너 아치형의 성문 안으로 들어가면 가운데에 분수대가 하나 있는 정원이 나타난다. 사

| 체스키크룸로프성의 흐라데크(Hradek)

실 정원이라기보다는 그냥 마당이다. 정문의 왼쪽 구석에는 하얀 색의 예쁜 성탑 흐라데크(Hradek)가 세워져 있다. 르네상스 양식의 성탑인 흐라데크는 체스키크룸로프의 상징이자 마을에서 가장 높은 전망을 자랑하는 곳이다. 성탑은 54.5m의 7층으로 되어 있는데 5층에는 4개의 종이 있고 162개의 계단을 올라 6층에 오르면 S자로 흐르는 블타바 강과 다닥다닥 붙어 있는 아름다운 붉은 지붕들을 볼 수 있는 전망대가 있다. 그리고 7층에는 시계가 있다. 하지만 방문객은 6층까지만 오를 수 있다. 흐라데크는 유료이기에 따로 입장권을 구입해야 한다.

첫 번째 정원을 지나 약간 경사진 오르막길을 오르면 굽은 동굴 같은 터널을 지나게 된다. 그러면 두 번째 정원이 나온다. 이곳 역시 정원이라기보다는 통로 외에 사방으로 건물에 둘러싸인 빈 공간 같은 느낌이다.

| 망토 다리 위

| 망토 다리에서 바라본 체스키크룸로프 전경

| 체스키크룸로프를 가로지르는 블타바 강

　이 공간에서 빠져나오면 우리가 처음 체스키크룸로프로 들어올 때에 지나왔던 망토 다리 위에 다다르게 된다. 아래에서 볼 때는 굉장히 멋있게 보였는데, 막상 위에 올라와서 보니 그냥 평범한 다리다. 하지만 다리 위에서 바라다 보이는 구 시가지의 풍경은 참 아름답다.

　망토 다리를 건너 왼쪽으로 많은 구멍들이 있는 담 옆길을 오르게 되면 야외전망대가 있다. 전망대 아래의 블타바 강과 강의 양 옆으로 늘어선 붉은 지붕들이 보이는 이곳은 체스키크룸로프의 가장 멋진 포토존 중의 하나이다.

　야외전망대에서 위쪽으로 올라가면 야외정원이 나온다. 하지만 우리는 그 정원까지는 가지 못하고, 오른쪽으로 돌아 망토 다리 입구 쪽으로 내려갔다. 내려오는 길에 한 꼬마가 울고 있다. 가족과 함께 이곳에 왔는데 부모가 떼를 쓰는 이 아이를 일부러 그 자리에 놓고 먼저 앞장서 가버린 것이다. 결국 그 아이는 울면서 부모가 있는 방향으로 달려간다. 동서양을 막론하고 떼를 쓰는 아이는 어쩔 수 없는 모양이다.

주차장에 모인 우리는 한참 동안 버스를 기다려야 했다. 주차장 요금이 비싸서 그런 건지, 아니면 기사가 조금 더 편한 곳에 주차하고 쉬고 싶어서인지는 모르겠다. 버스를 기다리는 동안 주차장 가장자리에 세워져 있는 체스키크룸로프의 안내판을 살펴보았다. 시가지 전체를 한 눈에 살펴볼 수 있는 안내판이었다. 시가지 중심을 돌아나가는 블타바 강의 모습이 꼭 말발굽같다.

그렇게 20여 분을 기다렸을까!

마침내 우리의 버스가 도착했다. 우리는 다시 체스키크룸로프에서 170km를 달려 프라하로 돌아왔다. 중국식당에서 저녁을 먹은 우리는 비록 짧은 시간이지만 카를교를 중심으로 야경을 구경한 후 숙소로 돌아왔다.

# 3일째

2016년 5월 11일, 수요일

종교개혁의 선구자,
얀 후스의 도시 프라하

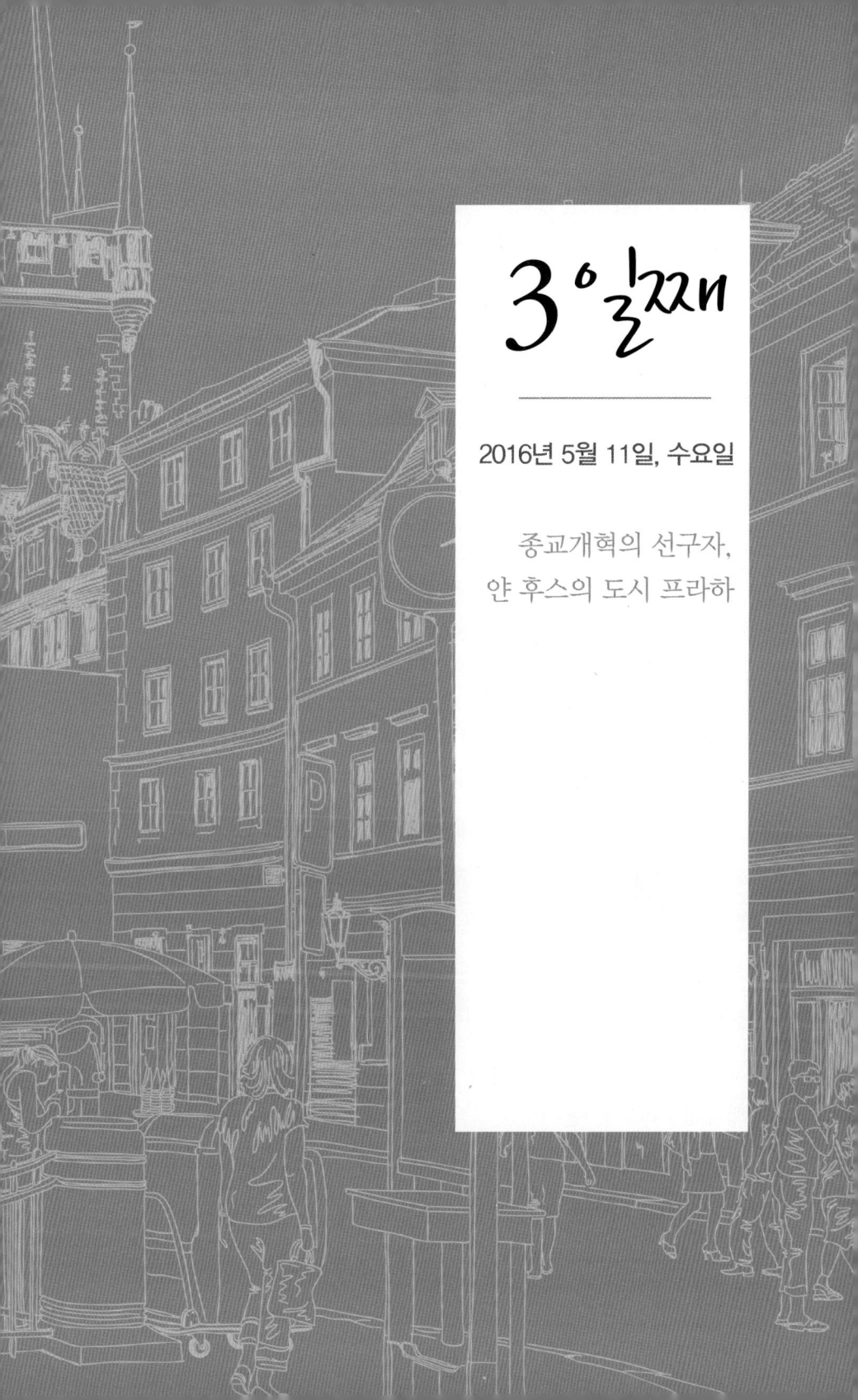

　호텔에서 프라하 시내로 이동하던 중 현지 가이드인 김홍석 씨가 우리에게 질문 하나를 던진다.
　"여행이란 무엇일까요?"
　그는 자신이 생각하는 여행의 정의를 '만남'이라고 표현했다. 그러면서 자신이 여행하면서 겪은 일화를 하나 소개해 주었다.
　대학생 시절에 그는 스페인에 배낭 여행을 갔다고 한다. 그는 길가에 앉아 있는 노인에게 알함브라 궁전(Alhambra Palace) 가는 길을 물었다고 한다. 그 노인은 스페인어로 열심히 알함브라 궁전 가는 길을 설명해 주었다. 하지만 김홍석 씨는 노인의 설명을 잘 알아들을 수 없었다. 스페인어를 모르기 때문이다. 열심히 설명을 하던 노인은 김홍석 씨의 표정을 보더니 자기가 직접 안내해 주겠노라고 했다.
　물론 김홍석 씨는 그것을 감(?)으로 알 수 있었다. 자리에서 일어선 노인은 다리를 저는 사람이었다. 노인은 온전치 못한 다리로 그렇게 40여 분을 걸어 목적지까지 김홍석 씨를 안내해 주었다. 고맙다고 인사를 건넨 김홍석 씨는 알함브라 궁전을 모두 관람하고 밖으로 나왔다.

그런데 문밖에서 그 노인이 기다리고 있지 않은가!

기차역까지 데려다 주겠다면서…. 하지만 그 노인은 아무런 댓가도 바라지 않았다. 가이드는 그러한 자신의 또 다른 경험담들을 이야기 해 주면서 자신이 생각하는 여행은 곧 만남이라고 정의했다.

그의 말에 괜히 설렌다.

'오늘 나는 누구를 만나게 될까?'

'그 만남을 통해 나는 어떤 경험을 하게 될까?'

그 첫 번째 만남은 사람이 아닌 종이(paper)였다. 그냥 종이가 아닌 지폐다. 지방 선교부에서 집에 갈 때 선물비에 보태라며 100유로씩 나누어 주었다. 감사하게 받아 옆에 앉아 있는 아내에게 건넸다. 관광버스 안 모든 남편들이 아리송한 웃음을 짓는다. 돈 봉투의 최종 목적지가 남편에게서 아내에게로 옮겨진 것이 나뿐이 아니기 때문이다. 하지만 행복한 아침이다.

프라하성(Prazsky Hrad)은 우리나라의 한강처럼 체코의 수도인 프라하를 가로 질러 흐르는 블타바 강의 서쪽 언덕에 자리 잡고 있는 성으로 프라하의 상징이자 체코의 상징이다.

프라하성은 9세기 중반에 건설되기 시작하여 14세기 카를 4세 때에 지금과 비슷한 길이 570m, 너비 128m의 성의 모습을

| 프라하성 인근 지도

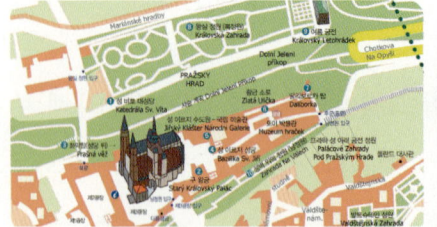

| 프라하성의 근위병

갖추었다. 1918년부터 대통령궁으로 사용되면서, 현재까지 사용되는 성 중 세계에서 가장 큰 성으로 기네스북에 올랐다.

때마침 우리가 프라하성에 도착했을 때에 근위대 교대식이 있었다. 매시 정각에 열리는 근위대 교대식을 보기 위해 이미 많은 사람들이 모여 있었다. 할 수 없이 뒤쪽에서 뒷발을 곧추세워 지켜보아야 했다. 절도있고 각 잡힌 근위대의 모습이 참 멋있다. 교대를 마친 근위대는 마치 쇼 윈도우 속의 마네킹처럼 아무 미

| 프라하성 제2광장

동도 없이 앞만 보고 서 있다. 근위대 옆에 서서 사진 촬영하는 것이 허용되었기에 남녀노소 할 것 없이 경쟁하듯 사진 찍기에 야단법석이다. 근위대 교대식은 매 정각에 있지만, 그 중에서도 정오에 있는 교대식이 가장 큰 규모로 진행된다고 한다.

 우리는 서쪽에 있는 정문이 아닌 왕실 정원 쪽인 북문을 통해 들어갔기에 제일 먼저 제2광장부터 볼 수 있었다. 제2광장의 중앙에는 분수와 우물이 있고, 흰 색깔의 성 십자가 예배당이 있다.

제3광장은 프라하성에서 가장 중요한 역사적 건물들이 남아있는 곳으로 네포무츠키 신부의 묘가 있는 성 비투스 대성당과 현재 대통령이 집무하고 있는 대통령궁과 오벨리스크가 자리하고 있다. 가이드의 설명에 의하면 국내에 대통령이 있으면 대통령궁 지붕에 깃발이 달려 있고, 해외순방 중이면 깃발이 내려져 있다고 한다. 깃발이 달려 있는 것을 보면 국내에 대통령이 있는가 보다.

성 비투스 성당(St. Vitus's Cathedral)은 925년, 바츨라프가 신성로마제국으로부터 받은 성물인 성 비투스의 팔을 보관하기 위해 지으면서 시작되었다. 1060년 이 교회는 한 차례 증축되었지만, 오늘날 우리가 보는 비투스 성당의 모습은 1344년 카를 4세의 명령으로 프랑스 출신 건축가 마티아스(Matthias of Arras)의 설계로 착공하여 중간에 후스 전쟁으로 잠시 작업이 중단되기도 했으나 마침내 1929년에 완공되었다.

비투스 성당은 전체 길이 124m, 너비 60m, 높이 33m로 일반 카메라로는 도저히 풀샷으로 촬영할 수 없을 정도로 크고 높다. 프라하성 안에서 가장 화려한 자태를 뽐내는 비투스 성당은 특히 성당 안의 화려한 스테인드글라스로 유명한데 그 중 대부분이 알폰스 무하(Alfons Mucha)의 작품이라고 한다.

비투스 성당 지하에는 합스부르크 왕가의 무덤들이 있고, 성당 중앙에서 오른쪽으로 가면 은 2톤을 녹여 만든 화려한 조각상으로 장식한 성 네포무츠키 신부의 무덤이 있다. 그리고 본당 뒤쪽에는 7개의 예배당이 있는데, 이중 하나는 성 바츨라프를

| 성 비투스 성당(St. Vitus's Cathedral)

기념하고 그의 무덤이 있는 성 바츨라프 예배당이 있다.

다시 제2광장을 거쳐 마티어스 문(Matthias Gateway)을 지나 제1광장으로 나왔다. 성의 정문에 그리스 신화에 나오는 거인 타이탄 상이 큰 몽둥이와 검을 들고 누군가를 제압하는 모습으로 양쪽에 각각 세워져 있다. 타이탄은 오스트리아의 합스부르크 왕가를 의미하고, 타이탄에게 짓눌려 고통받고 있는 이는 체코를 의미한다고 한다.

우리는 20여 분의 자유 시간을 가진 뒤, 다시 거꾸로 돌아 프라하성을 빠져 나왔다.

| 프라하성의 정문

가이드는 프라하성을 가장 잘 찍을 수 있는 곳이라며 사슴계곡 쪽으로 우리를 안내했다. 과연 그렇다. 그 넓은 프라하성을 사진 한 컷에 담기가 어려운데 그곳에서는 그렇게 할 수 있었다. 사슴계곡 반대편의 왕실 정원의 담벼락에 붙은 담쟁이가 눈에 보인다. 문득 도종환 님의 "담쟁이"라는 시가 떠올랐다.

담쟁이

-도종환-

저것은 벽
어쩔 수 없는 벽이라고 우리가 느낄 때
그때
담쟁이는 말없이 그 벽을 오른다.

물 한 방울 없고 씨앗 한 톨 살아남을 수 없는
저것은 절망의 벽이라고 말할 때
담쟁이는 서두르지 않고 앞으로 나아간다.
한 뼘이라도 꼭 여럿이 함께 손을 잡고 올라간다.
푸르게 절망을 다 덮을 때까지
바로 그 절망을 잡고 놓지 않는다.
저것은 넘을 수 없는 벽이라고 고개를 떨구고 있을 때
담쟁이 잎 하나는 담쟁이 잎 수천 개를 이끌고
결국 그 벽을 넘는다.

| 프라하성의 북문 앞 창문 없는 건물

　사진을 찍고 버스가 주차되어 있는 곳으로 나오는 길에, 그러니까 프라하성의 북문에서 빠져나와 왼편으로 재미있는 건물이 하나 보였다. 왕실 정원 입구의 반대편에 위치한 건물인데, 그 건물의 이름은 모르겠다.
　창문이 전혀 없는 것은 아닌데, 대부분의 창문 자리에는 창문이 보이지 않고 흔적만 보인다. 유리가 없는 막힌 창문인 것이다. 그 까닭은 중세 시대의 '창문세'(Window Tax) 때문이다.
　창문세는 1303년 프랑스에서 처음 도입되었다. 필립 4세가 왕권을 강화하기 위해 다양한 세원이 필요하여 여러 종류의 세금을 신설하였는데 그중에 하나가 창문세이다. 즉 창문의 수나 창문의 폭에 따라 세금이 부과되는 것이다. 그래서 사람들은 창문세를 내지 않기 위해 창문을 막아버리거나 만들지 않았으며, 세금을 적게 내기 위해 폭이 좁고 긴 창문을 달기도 했다. 창문세는 오늘날에도 잘못된 조세제도를 비꼬는 용도로 회자되고 있다.

프라하성에 가기 위해 버스에서 내린 곳으로 다시 나온 우리는 버스 대신에 트램(Tram)을 타보기로 했다. 트램은 노면전차(路面電車) 또는 시가전차(市街電車)라고 불리는데, 유럽에서는 도시 내부나 근교에서 자주 볼 수 있는 교통수단이다. 우리는 트램을 타고 어젯밤에 잠시 들렀던 카를교(Karluv most)로 갔다.

구 시가지와 프라하성을 연결해 주는 카를교는 체코에서 가장 오래 된 다리이며 유럽에서 가장 아름다운 다리 중의 하나다.

이 다리는 신성로마제국의 황제이자 프라하의 전성기를 이끌었던 카를 4세(Karl IV)가 블타바(Vltava) 강의 홍수로 파괴된 유디트(Judith) 다리를 대체하기 위해 독일인이며 성 비투스 성당을 설계한 페테르 파를러(Peter Parler)를 시켜 지은 다리이다. 1357년에 시작하여 바츨라프 4세 때인 1402년에 완공되었다.

16개의 아치가 떠받치고 있는 이 다리는 유럽 중세 건축의 걸작으로 꼽히는데, 특히 17세기 말부터 20세기 초까지 약 300년에 걸쳐 제작된 다리 위의 30개의 성인상(聖人像)도 볼거리다.

| 카를교(Karluv most)

　물론 이 성인상들은 모두 모조품이고 진품은 국립박물관에 전시되어 있다. 이 30개의 성인상들 중에 가장 유명한 것은 성 얀 네포무츠키(Jan Nepomucky, 영명 Nepomuk) 조각상이다. 이 조각상은 앞서 체스키크룸로프의 이발사의 다리 위에서도 본 것이다.
　카를교와 얀 네포무츠키 신부에 대한 슬픈 이야기가 전해진다. 카를 4세(Karl IV)의 아들인 바츨라프 4세(Vaclav IV)가 통치하던 시대에 그에게는 조피에(Zofie)라는 이름의 왕비가 있었다. 조피에는 왕이 전쟁터에 나간 사이에 장군과 사랑에 빠졌다.

| 성 얀 네포무츠키(Jan Nepomucky, 영명 Nepomuk)

왕비는 자신의 외도를 깊이 뉘우치고 네포무츠키 신부에게 고해성사를 했다. 이것을 우연히 엿듣게 된 신하 한 사람이 바츨라프 왕에게 이 사실을 알렸다. 바츨라프 왕은 네포무츠키 신부에게 왕비의 고해 내용을 밝히라고 명하였다. 하지만 그는 거부하였다.

그러자 바츨라프 왕은 네포무츠키 신부에게 제안을 했다.

"나에게 왕비의 고해성사 내용을 밝힐 수 없다면 한 생명에게라도 말하라."

네포무츠키 신부는 왕의 제안을 받아들여 왕의 옆에 있던 개에게 다가가 귓속말을 했다. 이에 분노한 왕은 네포무츠키 신부에게 온갖 고문을 하였고 끝내 그의 혀를 자른 채 블타바 강물에 던져버렸다. 이 일로 네포무츠키 신부는 목숨까지 버리면서 위기에 처한 사람을 지켜주는 수호성인으로 추앙을 받게 되었다.

이후 사람들은 카를교 난간에 십자가 표식을 새겨 넣었고 1683년 네포무츠키 신부의 동상을 세웠는데 동상을 세운 이후 신기한 일이 일어났다. 네포무츠키 동상 앞에서 소원을 빈 사람들의 소원이 이루어진 것이다. 네포무츠키는 다리에서 떨어질 때 "내 마지막 소원을 이 다리에 바치노니 이 다리에 선 자는 모두 소원을 이룰 것이다"라는 말을 남겼다고 한다.

네포무츠키 조각상의 머리에는 5개의 별로 된 후광이 있다. 이는 그가 죽고 난 뒤 5개의 별 모양의 빛이 강 위에 떠올라 사람들이 시신을 찾을 수 있었다는 전설에서 기인하기도 하고, "나는 침묵했다"를 의미하는 라틴어 '타쿠이'(tacui)의 5개의 문자에서 비롯된다고도 한다.

네포무츠키 신부의 조각상 아래에는 두 개의 청동판이 있다. 왼쪽에는 네포무츠키에게 고해하는 왕비와, 왕비의 뒤쪽으로 바츨라프 4세와 네포무츠키 신부가 유일하게 왕비의 고해성사 내용을 말해 준 바츨라프의 개가 조각되어 있고, 오른쪽에는 거꾸로 매달려 강에 떨어지려 하는 네포무츠키 신부와 그를 지켜보기를 강요받으면서도 고개를 돌리고 마는 왕비가 조각되어 있다.

조각상 아래의 이 두 청동판을 보면 유독 반짝이는 부분이 눈에 들어온다.

| 고개를 돌리는 조피에(Zofie) 왕비

소원이 이루어진다는 전설 때문에 수많은 세월 동안, 수많은 사람들이 그 부분에 손을 댔기 때문이다.

바츨라프 4세 옆에 조각되어 있는 개를 쓰다듬으면 애인이나 배우자가 자기에게 평생 잘 해 주고, 다리에서 떨어지는 네포무츠키 신부를 만지면 소원이 이루어진다고 한다.

오늘도 수많은 관광객들이 이 다리를 지나고 있다. 문득 2005년에 SBS에서 방영된 한 드라마가 생각났다. 전도연(윤재희 역)과 김민준(지영우 역)이 출연한 "프라하의 연인"이다.

그들이 이곳 카를교 위에서 나누는 대화이다.

"와 ~ 이 다리 진짜 근사하다."

"그러네."

"고마워. 이렇게 근사한 풍경. 혼자 보지 않게 해 줘서…혼자 봤으면 그저 그랬을지도 모르거든…."

참 다행이다.

나 역시 이곳에 혼자 오지 않았기 때문이다.

'나도 아내에게 이 대사를 한 번 읊어볼까?'

하지만 그만 두었다.

내가 김민준이 아니듯, 아내도 전도연이 아니니까!

그냥 평소대로 속으로만 생각하기로 했다.

나름대로 드라마를 회상하며 카를교를 건널 때 아내는 자꾸만 사진을 찍자고 한다. 고역이다. 매번 이것 때문에 아내와 싸운다. 아내는 현장에 내가 왔음을 증명하는 게 중요하다며 꼭 현장 그림에 내 모습이 들어가야 한단다. 하지만 그런 아내의 생각을 따라가는 것이 참 힘들다.

나는 '현장 + 인물'보다는 '현장 + 역사'를 찍고 싶기 때문이다. 나에게 증명사진(?)은 한 장이면 족한데 말이다. 큰일이다. 아직 여행의 초반인데, 사진 때문에 아무래도 뭔 일이 한번은 벌어질 것만 같다.

카를교를 지나 우리는 어젯밤에 잠시 들렀던 프라하의 구 시가지로 다시 향했다. 프라하의 봄 햇살이 한국의 그것보다 더 강렬한 것 같다.

'봄이 이런데 여름이면 얼마나 더 강렬할까?'

사람들은 '종교개혁'이라고 하면 루터를 먼저 떠올린다. 하지만 그보다 100년 앞서서 종교개혁을 시도했던 사람이 있다. 그가 바로 얀 후스(Jan Hus)이다.

2015년이 얀 후스가 순교한지 600주년 되는 해였다.

얀 후스는 보헤미아 후시네츠(Husinec)에서 1372년 태어났다 (추정). 그는 1348년 동유럽에 최초로 설립된 프라하대학에서 1393년 학사 학위를 받고, 1396년에 인문학 석사 학위를 받았으며, 1400년에 교수가 되었다.

후스의 개혁정신은 위클리프(John Wycliffe)의 영향이 절대적이라고 할 수 있다. 위클리프는 잉글랜드 출신의 신학자이며 급진적 교회개혁가였다. 그는 최초로 영어 성서 완역을 추진했고 교회에 대하여 세속 재산을 포기할 것을 주장했으며, 교회의 신앙과 의식에 대하여 체계적인 비판을 했던 사람이다. 특히 그는 성경만이 그리스도교 신앙의 유일한 원천이라고 보고 교황을 그리스도의 적이라고 정죄하기도 했다.

당시 위클리프가 교수로 봉직하고 있던 영국의 옥스퍼드대학과 후스의 모교인 보헤미아의 프라하대학 사이에는 밀접한 관련이 있었다. 1383년 영국 왕 리차드 2세와 보헤미아 공주 안나와의 결혼으로 양국은 가까운 관계를 갖고, 보헤미아 청년들이 대거 옥스포드대학에 유학생 신분으로 건너가 있었다. 당시 위클리프의 영역 복음서들이 왕비 안나에게 기증되었고, 유학생들은 위클리프의 저서들을 보헤미아로 가져왔다.

이런 이유로, 1380년대 초반기에는 벌써 위클리프의 저서들이 보헤미아 사람들에게 읽혀지고 있었다. 위클리프의 가르침에 깊은 감명을 받고 위클리프주의를 프라하로 들여오는 데 큰 역할을 한 인물은 제롬(Jerome of Prague)이다.

제롬은 후스의 제일가는 친구요 제자이기도 했다. 후스는 영국에 유학한 일이 없으면서도 제롬을 위시한 보헤미아 유학생들을 통하여 위클리프의 저서들을 접하게 되었다.

얀 후스는 라틴어가 아닌 일반 대중이 사용하는 체코어(자국어)로 설교했다. 교회의 면죄부 판매의 부당함을 역설했고 평신도들이 성찬에 참여하도록 했다. 사제들만 마실 수 있었던 포도주를 평신도들도 마시게 했던 것이다. 요즘에는 너무나도 당연한 일인데 이것들 때문에 그는 1411년 교황 요한 23세(Joannes XXIII)에 의해서 파문을 당했다. 당시 신성로마제국의 황제 지그문트(Siegmund)가 보헤미아(현재 체코의 일부분)의 왕을 겸하고 있던 때이다.

신성로마제국의 황제 지그문트의 제안에 의해 열린 콘스탄츠 공의회(Konstazer Konzil, 1414-1418)가 열렸고, 여기에 후스가 초청되었다. 후스는 안전을 약속받고 공의회에 참석했다. 하지만 그는 그곳에서 체포되어 구금되었다. 공의회는 후스에게 그의 주장을 철회하도록 요구했다.

그러나 후스는 그것을 거절하며 이렇게 말했다.

"나는 전능하실 뿐만 아니라 완전히 공의로우시며 유일한 심판관이신 예수 그리스도에게 항소하리라. 나는 그분의 손에 처분을 맡긴다. 왜냐하면 그는 거짓 증인들이나 오류로 가득

찬 회의들에 의해서가 아니라 오직 진리와 공의로 모든 개인들을 심판하실 것이기 때문이다."

콘스탄츠 공의회는 1415년 5월 4일 회의 도중 후스에게 영향을 끼쳤던 위클리프를 정죄하여 그 시체를 파내 불사르도록 결정하고, 7월 6일 후스를 이단으로 정죄하고 콘스탄츠 시 외곽에서 화형을 시켰다. 얀 후스의 생각과 정신은 그가 화형을 당하기 전에 남긴 글에 고스란히 담겨져 있다.

"신실한 그리스도인들이여, 진리를 찾으라. 진리를 들으라. 진리를 배우라. 진리를 사랑하라. 진리를 말하라. 진리를 지키라. 죽기까지 진리를 수호하라. 그것은 진리가 너를 죄와 악마와 영혼의 죽음과 마침내 영원한 죽음으로부터 자유롭게 하기 때문이다."

한편 전해지는 말에 의하면, 후스는 죽기 전에 이 말을 남겼다고 한다.

"당신들이 지금은 거위(Huss라는 이름의 뜻) 한 마리를 불태우지만 백년 후에 당신들이 해칠 수도, 구이를 할 수도 없는 백조가 나올 것이다."

루터의 종교개혁이 일어나기 꼭 100년 전의 일이었다.

1415년 그가 죽은 뒤 많은 보헤미아 기사들과 귀족들은 공식 항의서를 발행하고 신앙 때문에 박해를 받는 사람들을 보호했다. 그리고 프라하의 베들레헴교회의 설교자가 된 야코베크(Jakoubek)를 비롯한 후스의 계승자들이 나타나게 되었는데, 그들을 '후스파'(Hussite)라고 부른다. 이후 후스파는 보헤미아 형제단(Bohemian Brethren)이란 종교단체를 만들었는데, 가톨릭의 심한 박해를 받다가 18세기에 이르러 진젠돌프(Zinzendorf) 백작의 지도 아래 모라비안 형제단(Moravian Brethren)이 되었다.

모라비아 형제단은 후스를 따르던 보헤미아 동부 지방 모라비아에서 일어난 기독교의 한 종파이다. 이들은 가톨릭의 탄압을 받아 뿔뿔이 흩어졌다가 진젠돌프 백작의 보호 아래 새로운 선교공동체를 만들어 유럽, 영국, 서인도제도, 미국 펜실베니아 등지에 선교사를 파송했다. 이들 대부분은 목공, 조리사, 정비공, 제빵업자 등의 기술을 배운 평신도 선교사였다.

훗날 감리교회의 창시자인 존 웨슬리(John Wesley)는 모라비안 교도들의 집회에 참석했다가 성령을 받고 회심을 하게 된다.

| 얀 후스 동상(PomníJana Husa)

프라하 구시가지 광장에 있는 얀 후스 동상(PomníJana Husa)은 1915년 그의 순교 500주년을 기념하여 세워진 것이다.

그 동상의 받침대에는 그가 남긴 '진리에 대한 7가지 제언'이 체코어로 새겨져 있다.

"진리를 찾으라. 진리를 들으라. 진리를 배우라. 진리를 사랑하라. 진리를 말하라. 진리를 지키라. 죽기까지 수호하라."

지금도 얀 후스가 화형당한 7월 6일은 체코의 국경일로 지정되어 있다.

구(舊) 시가지 광장의 시계탑 반대편에는 틴 성당이 있다. 1365년에 건립되고 17세기까지 다양한 건축 양식으로 개조를 거친 틴 성당은 프라하성의 성 비투스 대성당과 함께 프라하의 고딕양식 건물을 대표한다. 프라하 구시가지의 시청사 동쪽 맞은편,

골즈 킨스키(Golz Kinskych) 궁전 바로 옆에 위치한다. 황금 성배(聖杯)를 녹여 부착한 첨탑의 성모마리아상(像), 고딕 양식으로 조각된 실내의 십자가에 매달린 예수 그리스도상, 백랍으로 만든 세례 받침 등이 성당의 명물로 꼽힌다. 특히 높이 80m의 쌍둥이 첨탑은 틴 성당의 상징이라고 할 수 있다.

본래 이 성당은 12세기로부터 외국 상인들이 투숙하던 숙박시설에 딸려 있던 부속교회였으나 1365년에 고딕 양식의 웅장하고 아름다운 건물로 다시 지어져 오늘에 이르고 있다.

틴 성당은 14세기 말부터 15세기 초까지 얀 후스가 이끌던 후스파 세력들이 이곳을 종교개혁운동의 거점으로 사용했다. 이 과정에서 후스파 세력들은 당시 특권층 귀족들에게만 빵과 포도주를 분급했던 성찬의식에 반대하여 모든 사람들에게 동등한 의식이 이루어지길 주장하면서 이를 상징하는 거대한 황금성배와 보헤미아 왕의 조각상을 만들어 성당 건물에 설치하였다고 한다.

그런데 후스전쟁(1419-1434년)에서 개혁파가 실패하게 되자 가톨릭 세력들이 성당 내부를 호화로운 바로크 양식으로 개조하고 보헤미아 왕의 조각상은 성모마리아상으로, 황금성배는 녹여 마리아상의 후광으로 만들어 쌍둥이 첨탑 사이에 세웠다.

이때부터 이 성당의 정식 명칭도 '틴 앞의 성모 마리아 성당'(Kostel Panny Marie Pred Tynem)이 되었다.

| 구 시가지 광장의 틴 성당(Kostel Panny Marie Pred Tynem)

| 틴 성당 앞에서

영문 표기로는 Church of Our Lady before Tyn이다. 하지만 사람들은 일반적으로 틴 성당(Tynsky chram, Tyn church)이라고 간단하게 줄여서 부른다.

사실 틴 성당은 낮보다는 저녁 무렵이나 밤이 더 아름답다. 저녁 무렵에는 석양이 틴 성당의 앞에 있는 레스토랑 건물을 노랗게 물들이고, 밤에는 조명으로 더욱 아름답게 보인다.

광장에서 보았을 때 틴 성당 오른쪽 상점 골목에는 상대성 원리로 유명한 이론물리학자 아인슈타인(Albert Einstein)이 카를대학(지금의 프라하 대학)에 잠시 재직하면서 머물렀다고 하는 집이 있다.

틴 성당의 맞은편에는 프라하의 명물 천문시계탑(Pražský orloj)이 있다. 오를로이(Orloi)라고도 불리는 프라하의 천문시계는 1410년에 프라하 시청사의 요청으로 두 명의 시계공(미쿨라스 Mikulas of Kadan, 하누스 Hanus)과 한 명의 수학자(얀 신델 Jan Sindel)가 제작했다. 현재 작동하는 천문시계 중 가장 오래된 시계이다.

| 프라하의 명물 천문시계탑

이 천문시계는 상하 2개의 큰 원형으로 구성되어 있는데 위쪽은 시계로서 칼렌다리움(Calendarium)이라고 불리고, 아래쪽은 달력인데 플라네타리움(Planetarium)이라고 불린다. 칼렌다리움은 천동설의 원리에 따라 해와 달과 천체의 움직임을 묘사하여 1년에 한 바퀴를 돌면서 연, 월, 일, 시간을 나타낸다. 아래쪽의 플라네타리움은 12절기의 농경생활의 장면을 묘사하여 그 당시의 보헤미아 지방의 생활모습을 보여준다.

이 천문시계에는 전해 내려오는 전설이 하나 있다. 이 시계는 15세기에 '하누스'(Hanus)라는 사람이 만들었는데, 그 아름다움과 기발한 아이디어가 소문이 나자 다

| 천문시계탑이 있는 구 시청사 앞에서

른 도시, 국가에서도 똑같은 것을 만들어 달라는 주문이 쇄도하게 되었다. 한편 이 시계를 독점하고 싶은 프라하의 시청에서는 하누스가 다시는 똑같은 시계를 만들 수 없도록 장님으로 만들어 버렸다. 장님이 된 하누스는 자신의 제자에게 시계를 손으로라도 만져보고 싶다고 하여 시계탑으로 데려가 달라고 부탁을 했다. 그리고 하누스가 시계를 만지자, 그 후로부터 400년 동안 시계가 멈추었다고 한다.

매시 정각이 되면 이 천문시계는 퍼포먼스를 펼친다. 죽음을 상징하는 해골모양의 인형이 밧줄을 잡아당겨 모래시계를 뒤집으면 시계 위쪽에 있는 두 개의 창문이 열리면서 예수님과 12사도가 차례차례 지나간다. 그리고 이때 해골 옆에 있는 터번을 두르고 연주를 하고 있는 터키인과 반대편에 있는 탐욕을 상징하는 지갑을 든 유태인, 허무를 상징하는 거울을 든 인형들이 각자의 몸짓을 한다.

매시 정각이 되면 시계의 퍼포먼스를 보기 위해 천문시계탑 앞으로 수많은 사람들이 몰려든다. 이때 가이드들은 여행객들에게 거듭 주의를 준다. 소매치기를 조심하라는 것이다. 수많은 인파 속에서 퍼포먼스에 정신이 팔려 소매치기를 당하는 사람들이 꽤 많다고 한다. 진짜 엄청난 사람들이 모여 들었다. 드디어 시작이다. 해골모양의 인형이 밧줄을 잡아당기고, 모래시계가 뒤집히고, 창문이 열리고, 인형들이 움직인다. 그렇게 오를로이의 퍼포먼스는 끝이 났다. 하지만 또 다른 소리가 들려온다. 이번엔

오를로이가 아닌 사람들의 소리다.

"에게! 이게 뭐야?"

20초 정도나 될까?

아주 짧은 퍼포먼스에 기대가 컸던 이들은 그저 허탈한 웃음을 지을 뿐이다. 그런데 이것을 보기 위해 이렇게 많은 이들이 세계 곳곳에서 이곳을 찾는다.

어느 새 허기를 느낀다. 구 시가지의 광장에서 잠시 자유 시간을 갖은 뒤, 우리는 아인슈타인이 머물렀었다는 그 집을 지나 초콜릿가게 골목 안에 있는 한 식당에 들어가 점심을 먹었다. 오래 전에 갔었던 터키의 어느 석회암 동굴 식당에 다시 온 듯한 느낌이다. 비록 지하 식당이지만 분위기는 참 좋다.

이제는 체코를 떠날 시간이다. 우리는 독일로 가기 위해 식당을 빠져나와 버스가 있는 곳으로 향했다. 가는 길에 바츨라프 광장을 지났다. 즉 우리는 프라하의 구(舊) 시가지를 빠져 나와 신(新) 시가지로 들어선 것이다.

프라하에는 크고 작은 많은 광장들이 있다. 그 중에서도 가장 대표적인 광장이 바로 조금 전에 방문했던 구 시가지 광장과 이제 막 들어선 신 시가지 광장인 바츨라프 광장(Vaclavske Namesti)이다.

바츨라프 광장은 체코 국립박물관에서부터 무스테크(mustek) 광장까지 이어지는 길이 750m, 너비 약 60m에 달하는 긴 대로의 형태로 되어 있다. 이 이름은 신 시가지 광장에 우뚝 솟아있

| 신 시가지 광장인 바츨라프 광장(Vaclavske Namesti)

는 바츨라프 기마상의 이름을 따서 붙여진 이름이다. 과거에는 말을 파는 마시장과 곡물을 파는 곡물시장이었던 이곳은 14세기에 이르러 카를 4세에 의해 지금의 모습으로 확장되었다.

지금은 중앙에 녹지가 조성되어 있고, 양 옆은 차도와 인도로 나뉘어져 있다. 오늘날 광장 옆에는 각종 상점, 카페, 은행 등이 즐비하게 늘어서 있다.

여기에서 잠깐 우리는 이 광장의 이름과 관련된 바츨라프에 대해서 알아볼 필요가 있다.

현재 체코의 대통령인 바츨라프 끌라우스(Vaclav Klaus), 그리고 이전 대통령이었던 바츨라프 하벨(Vaclav Havel)의 이름이 모두 바츨라프라는 예를 들어서도 알 수 있듯이 바츨라프라는 이름은 체코에서 무척 흔하게 쓰이는 이름이다. 그리고 바츨라프 광장, 바츨라프 레스토랑, 성 바츨라프 성당 등 여러 지명이나 건물의 이름으로도 많이 쓰인다.

체코의 최초 왕조인 프르셰미슬 왕조(Dynastie Plemyslovcu)의 왕이었던 바츨라프는 기독교도였던 아버지 브라띠슬라브(Vratislav)와 이교도였던 어머니 드라호미라 루쯔까(Drahomira Lucka) 사이에서 태어났다.

바츨라프는 권좌에 오르자마자 이교도인 그의 어머니와 동생에 의해 박해받았던 기독교를 재정비하고 강화하는 데 힘썼다. 기독교 신앙과 가톨릭교회의 수호자였던 그는 비신앙인이었던 자신의 어머니가 이교 신앙을 거부한 기독교인을 고문하기 위해 세운 고문대와 십자가들을 보고 있을 수가 없었다. 그는 이러한 모든 고문대를 없애 버렸다. 따라서 기독교 신자들은 더 이상 끔찍한 고문과 처형으로 고통을 당하는 일이 없게 되었다.

그는 그의 어머니가 금지시켰던 것들을 다시 허락했다. 예를 들어, 성직자들이 교회 내에서 사람들을 가르칠 수 있게 했고, 학교의 교사들이 젊은이들에게 도덕과 교회규범의 계율을 심어주도록 했다. 그에게 있어서 가장 중요한 것은 기독교 신앙이었다. 그러기 때문에 그는 가톨릭 신앙을 갖지 않은 어린이들, 소년들, 젊은이들 그리고 이교도의 아이들을 가능한대로 또 어떤 몸값을 지불하고서라도 데려와 신앙인으로 만들려고 하였다.

또한 그는 자선을 베푸는 것이 곧 구원에 이르는 길이라고 생각했다. 그는 사람들이 굶주리는 것을 몹시 싫어했기 때문에 굶주린 사람들에게 먹을 것을 주고 목마른 사람들에게 마실 것을 주었으며 가난한 이들에게 입을 것과 순례자들에게 안식처를 주었고 죽은 이와 죽임을 당한 사람들을 묻어주었다. 옥에 갇힌 이들도 내버려두지 않고 그들을 찾아갔을 때 그 죄값을 치러주고 악취나는 감옥으로부터 그들을 풀어주었다. 그는 또한 병든 이들도 치료하였는데 질병과 여러 가지 장애를 입은 이들을 구해주었으며 그들의 고통을 가라앉히고 이전의 건강을 회복시켜 주었다.

그의 동생 볼레슬라브(Boleslav)가 자신의 어린 아들의 세례를 위해 바츨라프를 초대하였다. 그로서는 처음으로 집안의 문제와 관련된 일이었으나 그는 순교의 때가 다가온 징조를 느끼고 사제에게 고해성사를 한 후 그의 영원한 구원을 보증하는 거룩한 빵을 받았다. 그리고 한 밤중에 평소와 다름없이 하나님께 기도를 드리러 가던 중 어머니 드라호미라의 부추김을 받은 동생 볼레슬라브의 칼에 찔려 목숨을 거두었다.

935년의 일이다.

그는 정복자가 아니었고 특별히 주목할 만한 업적을 남긴 인물이 아니지만 어린아이들과 가난한 이웃들을 위해 선행을 베푼 착하고 어진 왕으로 체코인들로부터 존경을 받고 있다. 훗날 사람들은 그를 성인으로 추대했으며, 프라하성 제3광장에 있는 성 비투스 성당(St. Vitus Cathedral)의 바츨라프 예배당 안에 그의 유해를 안치했다. 매년 9월 28일은 '성 바츨라프의 날'(St. Wenceslas Day)로 기념되는 체코의 국경일이다.

| 시민들의 평화적 시위를 통해 벨벳 혁명이 일어났다.

'체코!' 하면 프라하가 떠오르고, '프라하!' 하면 프라하의 봄이 떠오른다. 1968년 체코인들은 자유·인권·민주를 외치며 이곳 바츨라프 광장에 모였다. 이러한 체코의 민주화의 물결을 사람들은 '프라하의 봄'(Prazske jaro)이라고 부른다. 그러나 프라하의 봄은 구 소련의 탱크에 의해 무참히 짓밟혔다.

하지만 체코인들의 자유에 대한 이런 열망들이 바탕이 되어 1989년 11월 극작가이자 인권 운동가였던 바츨라프 하벨(Vaclav Havel)은 반체제 연합인 '시민 포럼'을 조직해 공산 독재 체제를 무너뜨리며 피 한 방울 흘리지 않고 체코슬로바키아의 민주화 시민 혁명을 이룩하였다. 시민 혁명이 성공한 뒤, 체코의 대통령이 된 하벨은 한 연설에서 "우리는 평화적으로 혁명을 이루어 냈다. 이는 벨벳 혁명이다"라고 말했다. 여기서 '벨벳 혁명'(Velvet Revolution) 이라고 말한 까닭은 부드러운 벨벳처럼 피를 흘리지 않고 평화적 시위로 정권 교체를 이루어 냈기 때문이다. 이처럼 바츨라프 광장은 화려하면서도 슬픈 역사를 간직한 신 시가지의 중심이다.

노곤한 몸을 다시 독일로 향하는 버스에 의지한다. 우리 부부는 중간에서 약간 뒷부분에 앉았는데, 앞자리에서 웅성거리는 소리가 난다. 왜 그런지 궁금하여 물었더니, 폴란드 사람인 버스기사 보그단(Bogdan)이 "버스 안에서 뭘 먹지 말라"고 했단다. 누구인지는 몰라도 과자를 먹다가 제지를 당한 모양이다. 그 이후로 앞부분에 앉은 분들은 물외에 아무 것도 먹지 못했다. 하지만 뒤쪽에 앉은 사람들은 보그단의 이야기를 하며 몰래 몰래 호박씨(?)를 깠다. 사실은 해바라기씨다. 몰래 먹는 음식이 이런 맛인가 보다. 참 맛있다.

체코의 모든 여정을 마치고 이제는 독일행이다. 여행사 직원인 백미래 대리는 우리의 모든 일정이 순조롭게 잘 진행되고 있다며 좋아한다.

어느 덧 체코 국경을 넘어 독일 땅이다. 우리나라처럼 국가 간의 경계가 휴전선으로 막혀 있는 것도 아니고, 또 바다를 건너는 것도 아니어서 세심하게 관찰하지 않으면 국경을 넘었는지조차 알 수 없다. 그렇게 독일로 들어선 우리는 어느 휴게소에 들어섰다. 기사도 쉬어야 하고, 우리도 몇 시간 동안 밀린 숙제(?)도 해결해야 하니 말이다. 사실 휴게소라고해야 우리나라 졸음쉼터 크기만 하다.

그런데 고속도로 순찰대인지 아니면 국경 경찰인지는 잘 모르겠지만, 경찰 비슷한 사람 둘이 우리 버스 기사에게 무슨 서류를 요구했다. 그런데 기사는 그들이 요구하는 서류를 갖추지 못한 모양이다. 그것 때문에 우리는 한참이나 그렇게 붙잡혀 있어야 했다. 기다리다 지친 한 목사님이 오른손을 들며 독일 경찰(?)에게 "할렐루야!"를 외친다. 하지만 아무 소용이 없다. 이번에는 또 다른 목사님이 침묵을 깨고 한마디 거든다.

"이럴 땐 누구에게 연락을 해야 하지? 지역구 의원인 박병석 의원에게 연락을 해야 하나?"

두 분의 농담에 우리는 지루함 속에서도 웃을 수 있었다. 우리는 1시간 20분 동안이나 그렇게 아주 자유로운 상태에서 붙잡혀 있어야 했다. 결국 우리는 오늘의 일정에 차질을 빚게 되었다. 에르푸르트대학과 아우구스티누스 수도원을 방문할 계획이었는데 아무래도 오늘은 힘들 것 같다. 이런 것을 두고 호사다마(好事多魔)라고 하는가 보다. 독일로 출발하기 전에 백대리가 한 말이 생각난다.

"우리의 일정이 막힘없이 순조롭게 잘 진행되고 있어요."

늦은 시간에 에르푸르트에 도착한 우리는 현지 가이드인 조지완 씨와 만난 후, 곧장 식당으로 향했다. 메뉴는 그리스식 스테이크였다. 맛있다. 그런데 함께 곁들여진 볶음밥은 왜 그리 짠지! 짜도 너무 짜다. 일행 중 단 한 사람도 볶음밥을 전부 먹은 사람은 없었다.

번갯불에 콩 구워먹듯 초스피드로 저녁 식사를 마치고 식당을 나오는 우리를 독일 사람들은 신기한 듯 바라본다.

그도 그럴 것이 그들은 많은 대화를 나누며 두어 시간에 걸쳐 식사를 하는데, 우리는 30분도 채 안 되어 식당 문을 나서니 얼마나 신기했겠는가!

우리는 에르푸르트에서 버스로 20분 거리에 있는 바이마르(Weimar)의 파크 인(Park Inn) 호텔로 향했다.

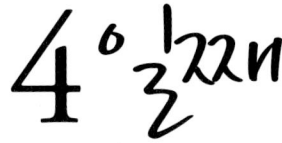

# 4일째

2016년 5월 12일, 목요일

루터의 영적 고향
스토테른하임,
에르푸르트,
아이제나흐,
프랑크푸르트

어제 일정에 차질이 있었기에 오늘은 아침 일찍부터 서둘러야 했다. 먼저 마틴 루터가 수도사가 되겠다며 서원을 했던 스토테른하임(Stotternheim)으로 향했다.

전임 감리사였던 이대성 목사님이 농담을 건넸다.

"오늘 날씨가 어떻냐?"

누군가의 대답이 들려온다.

"걱정하지 말어~. 벼락은 안 떨어진댜~."

여기에 지방 선교부 총무인 이성용 목사님이 재치있게 한 마디 거든다.

"괜찮어~. 우리는 이미 서원 했잖어~."

모두들 피곤할 텐데 목사님들의 농담으로 아침을 상쾌하게 시작할 수 있게 되었다.

마틴 루터(Martin Luther)와 관련된 장소를 본격적으로 찾아 나서기에 앞서 그의 이름에 대하여 살펴보는 것도 좋을 듯 싶다.

마틴 루터의 '루터'는 그의 성(姓)이고, '마틴'은 이름이다. 그의 이름이 '마틴'으로 붙여진 것은 그가 마틴 성인(Saint Martin)의 축일인 1483년 11월 11일에 세례를 받았기 때문이다. 마틴 루터의 아버지는 그 시대의 관습에 따라 11월 10일에 태어난 루터를 그 다음날인 11월 11일에 세례를 받게 했다. 그가 세례를 받은 날이 가톨릭에서 '마틴 성인'을 기리는 날이어서 '마틴'(Martin)이라는 세례명을 얻게 된 것이다.

성 마틴(Saint Martin)은 316년경 파노니아(Panonia-오늘의 헝가리)에서 이교도로 태어나서 10세 때에 기독교인이 되었다. 그는 로마제국의 군인이었던 아버지의 권유에 따라 군인이 되었다. 그가 프랑스의 아미앙(Amiens)에서 복무하고 있던 추운 겨울날, 거지 한 사람이 겉옷도 없이 추위에 떨고 있는 것을 보고, 자기의 겉옷을 반으로 잘라 나누어 주었다는 전설은 그를 양복장이의 수호성인이 되게 했다. 그날 밤, 마틴은 그리스도가 반쪽만 겉옷을 걸친 거지 모습으로 나타나는 꿈을 꾸었다.

그 꿈이 계기가 되어 그는 율리우스 황제에게 "나는 그리스도의 군사이기 때문에 싸울 수 없습니다"라며 군인의 신분을 버렸다. 그 후 그는 그의 영적 스승인 힐라리우스 주교와 함께 리귀제에서 은수자들의 공동체를 세웠다. 이것은 갈리아 지방 최초의 수도원이었다. 그러다가 프랑스 '투르 지방'의 주교로 일해 달라는 청을 받고, 프랑스 투르로 갔다. 마틴은 성벽 밖 작은 오두막 골방에서 지내며 선행과 자선을 베풀며 살았다.

한번은 성당에서 미사를 집전하는데, 회중석에서 겉옷을 입지 않고 추위에 떠는 거지를 보게 되었다. 그는 전에도 그랬던 것처럼 자기의 겉옷을 벗어 거지에게 입혀 주고는 다시 성만찬을 집례했다. 마틴이 포도주 잔을 높이 들어 축사할 때 하늘에서 불덩이가 내려와 그의 머리 위에 머물렀으며 금실로 짠 베일이 그의 소매를 감쌌다고 한다.

그는 살아 있는 동안 기적을 일으키는 사람으로 명성을 얻었고, 순교자가 아니면서도 사람들로부터 성인으로 널리 추앙받은 사람이었다.

우리가 향하는 스토테른하임(Stotternheim)은 에르푸르트에서 약 6km 정도 떨어진 외곽의 작은 시골마을이다. 정말 한적하다. 그런데도 이곳에 순례자들이 찾아오는 이유는 그곳에 루터의 돌(Luther stein)이라고 불리는 기념비가 있기 때문이다. 널따란 들판 한 가운데 2m 남짓한 높이로 홀로 서 있는 이 돌은 루터가 수도사가 되겠다고 서원한 것을 기념하여 세운 기념비이다.

마틴 루터가 어떻게 해서 수도사가 되기로 결심했는지에 대해서는 정확히 알려진 바가 없다. 하지만 그의 종교적 심성을 뒤흔든 두 가지의 사건이 있었다.

첫 번째 사건은, 그가 인문학을 공부한 것이다.

그는 에르푸르트대학에서 공부하면서 고대 인문주의자들과 중세 철학자들의 글을 읽게 되었고, 또한 그때 처음으로 라틴어 성경도 읽어볼 수 있었다. 에르푸르트대학 도서관에서 처음으로 성경을 읽어본 루터는 이렇게 말했다고 한다.

"이 책을 보게 되어 매우 기쁘다. 그리고 언젠가는 나도 이런 책을 하나 갖게 될 만큼 복 받은 사람이 되고 싶다."

이때부터 루터는 성직자의 길에 대해 관심을 갖기 시작했던 것이다.

두 번째의 사건은, 번개 사건이 일어나기 2년 전에 실수로 칼에 의해 동맥이 끊어진 일이다. 그때, 루터는 어지러울 정도로 피를 많이 흘렸다고 한다. 하지만 다행히도 의사가 일찍 도착하여 제때 응급처치를 받을 수 있었다. 루터는 그런 일을 겪은 뒤에 죽음에 대해 더 깊이 생각하게 된다.

그러나 그가 수도사가 되기로 결심하게 된 결정적인 사건은 바로 이곳, 스토테른하임에서의 번개 사건이다. 루터는 그의 만년에 쓴 『식탁 담화』(Tischreden)에서 이 사실을 밝히고 있다. 루터는 그의 부모가 살던 만스펠트(Mansfeld)에서 학교가 있는 에르푸르트로 돌아가던 중 이곳 스토테른하임 근처의 길에서 벼락을 만나게 된다.

너무나 두렵고 무서웠던 루터는 그 자리에 엎드려 광부의 수호성인인 성 안나에게 "도와주소서. 성 안나여. 수도사가 되겠나이다"라며 서원을 했다고 한다.

그 역사적인 날이 바로 1505년 7월 2일이었다.

그 일로 루터는 법률가가 되기를 원했던 아버지의 뜻을 버리고, 보름 후인 7월 17일에 당시 가장 엄격하다고 알려진 성 아우구스티누스 수도원으로 들어가 수도사가 되었다. 마틴 루터는 이때의 심경을 『수도 서약에 관하여(1521)』라는 글에 다음과 같이 적었다.

"내가 수사가 된 것은 자유롭게 결정한 것도 아니고 원해서도 아니었다. 갑자기 죽을지도 모른다는 공포와 고뇌에 휩싸여 어쩔 수 없이 서약하게 되었다."

우리가 그곳에 도착한 시각에는 이미 일단의 순례자들이 모여 기도를 하고 있었다. 고맙게도 그들은 기념비에서 5-6m 정도 떨어진 거리로 비켜주었다.

기념비(Luther stein)의 앞과 뒤, 그리고 옆면에는 루터의 서원과 관련된 글이 짧게 새겨져 있었다.

기념비의 앞면에는 세 부분에 걸쳐서 각각 이렇게 새겨져 있다.

| 루터 기념비(Luther stein)

Geweihte Erde

Wendepunkte der Reformation

In einem Blitz vom Himmel

wurde dem jungen Luther

hier der Weg gewiesen

거룩한 땅

종교개혁으로의 전환점

하늘로부터 오는 번개 속에

이곳에 있던 젊은 루터를 향한

그의 길이 제시되어 있었다.

기념비의 오른쪽과 왼쪽 면에는 각각,

2. Juli. 1505
1505년 7월 2일

Ex Thuringia lux
튀링겐 지방에서 빛이 나오다

기념비의 뒷면에는,

Hilf Du Sankt Anna

ich will ein Mönch werden
도우소서. 성 안나여
내가 수도사가 되겠나이다

유명 관광지나 유적지에는 앞으로 나아가기조차 힘들더니, 이곳은 참으로 한적하다.

시내에서 떨어진 곳이어서 그럴까?

아니면 아직 이른 아침이어서 그럴까?

차질이 벌어진 어제의 일정을 오늘에 다 소화하려면 "서둘러야 한다"는 가이드의 재촉에 우리는 다시 버스를 타고 에르푸르트 시내로 향했다.

에르푸르트(Erfurt)는 독일 중부지방에 위치한 튀링겐의 수도로서 약 20만 명의 시민이 살고 있는 중소도시이다. 큰 저택과 세심하게 복원된 중세 목골조의 건물, 그리고 많은 수도원과 교회들이 한 데 어우러져 빚어내는 조화로운 도시이다. 그래서 사람들은 에르푸르트를 '튀링겐의 로마'라고 부른다. 일찍부터 이곳은 상업의 중심지로 알려졌었는데, 무엇보다도 마틴 루터와 깊은 인연이 있는 곳으로 루터의 영적인 고향(Luthers geistige Heimat)이라고 말할 수 있다.

마틴 루터는 수도사가 되기 전에 에르푸르트대학(alte Universität Erfurt)에서 공부했었다. 에르푸르트대학은 1385년에 세워진 하이델베르그(Heidelberg)대학과 1388년에 세워진 쾰른(Köln)대학 다음으로 1392년에 설립된 독일에서 세 번째로 오래된 대학이다.

마틴 루터는 1501년 4월에 18세의 나이에 에르푸르트대학에 입학하여 1년 6개월이 지난 1502년 학사 자격을 취득했다. 그 후 2년 반이 지난 1505년에 문학 석사(M.A) 학위를 취득했다. 그는 학생들 중 가장 최단기간에 학사와 석사 과정을 끝냈는데, 17명의 학생 중 2등을 했다고 한다.

스토테른하임에서 수도사가 되겠다고 서원한 마틴 루터는 아우구스티누스 수도원(Augustinerkloster)으로 들어갔다.

아우구스티누스(Augustinus)는 4세기 말과 5세기 초에 활동했던 위대한 신학자이며 교부였다. 한 때 마니교의 이성적이고 체계적인 교리에 이끌려 마니교에 심취했었고, 17세의 나이에 한 젊은 여인과 14년 동안 동거하면서 데오다투스(Adeodatus: 신으로부터 주어진)라는 아들을 낳기도 했던 그는 밀라노의 주교였던 암브로시우스를 만나 심한 내적 갈등을 겪게 되었다. 그러던 중 "집어 읽으라"는 어린 아이의 노랫소리를 듣고 성경을 집어 읽었는데, 그때 읽은 성경구절이 로마서 13장 13절-14절이었다.

"낮에와 같이 단정히 행하고 방탕하거나 술 취하지 말며 음란하거나 호색하지 말며 다투거나 시기하지 말고 오직 주 예수 그리스도로 옷 입고 정욕을 위하여 육신의 일을 도모하지 말라"(롬 13:13-14).

| 아우구스티누스 수도원(Augustinerkloster)

　그리하여 아우구스티누스는 386년 부활주일에 암브로시우스에게 세례를 받고, 그 이듬해에 낙향하여 북아프리카로 돌아와 수도생활을 시작했다.
　우리에게 '히포 사람 아우구스티누스'(Augustinus Hipponensis)로 잘 알려진 그의 이름은 '좋은 징조의' 또는 '덕망 있는'이란 뜻의 라틴어 '아우구스툼'(Augustum)에서 유래했다. 우리에게는 아우구스티누스라는 이름보다는 영어식 이름인 어거스틴(Augustine)이라는 이름으로 더 잘 알려진 인물이다.
　유럽에는 아우구스티누스의 뜻을 실천하기 위해 세워진 많은 수도원이 있다. 그중에서도 에르푸르트의 아우구스티누스 수도원은 당시 2000여개의 아우구스티누스 수도원 조직 전체를 대표했으며 수도원 학교와 도서관을 갖추어 일반 대학부 과정을 공부할 수 있었다. 이 수도원은 2차 세계대전 당시 영국군의 폭격으로 267명의 수도사들과 교인들이 죽은 비극의 현장이기도 하다. 마틴 루터는 1505년에 있었던 스토테른하임에서의 벼락 사건을 계기로 이 수도원으로 들어와서 1511년까지 머물렀다. 한마디로 이곳 아우구스티누스 수도원은 루터 생애의 전환점이 된 영성 훈련장이라고 할 수 있다.

마틴 루터는 그의 나이 24세 때인 1507년 2월 27일에 부제(deacon)로, 4월 4일에는 에르푸르트 대성당(성 마리아 대성당)에서 신부로 서품을 받았다. 그리고 5월 2일에 바로 이곳 아우구스티누스 수도원에서 첫 미사를 집례하게 되었다. 그가 집례하는 첫 미사에 그의 아버지도 참석하고 있었다.

마틴 루터의 아버지 한스 루터는 20여 명의 친척과 함께 이 미사에 참석한 후 수도원에 20굴덴(Gulden, '금'이라는 뜻의 'Golden'에서 나온 말)의 돈을 기부하였다고 한다. 한스 루터는 아들이 법률가가 되기를 바랐지만, 신부가 된 아들의 모습을 지켜보기 위해 그곳을 찾아온 것이다. 그 또한 자식에게는 질 수밖에 없는 한 사람의 아버지였나 보다. 그런데 2003년에 개봉된 에릭 틸(Eric Till) 감독의 "루터"(Luther)라는 영화에서는 루터의 아버지가 화를 내면서 돌아가는 모습으로 그려졌다.

이 첫 미사에서 루터는 스토테른하임에서의 경험을 다시 겪게 된다. 가톨릭은 '화체설'을 믿는다. 사제가 축사를 하는 동안 제단 위의 빵과 포도주가 예수 그리스도의 살과 피로 바뀌는 변화의 이적이 일어난다고 믿는 것이다. 당시 루터 또한 그렇게 믿고 있었기에 지금 자신 앞에서 일어나게 될 빵과 포도주의 변화를 생각할 때에 두렵고 떨릴 수밖에 없었던 것이다.

이때의 심경을 루터는 이렇게 말했다.

"사제서품 후 에르푸르트에서 첫 미사를 봉헌하며 '살아계시며 유일하신 주 하나님께 저를 바칩니다'라고 고백할 때, 나는 그 제단에서 도망치고 싶은 충동을 느꼈다. 만일 수도원장이 뒤에서 나를 붙들지 않았다면 정말 그렇게 했을 정도로 나는 정신이 없었다. 그때 나는 '주님과 이야기를 나누는 이 자가 과연 누구란 말인가?'라고 생각했다. 그 이후에도 나는 이런 충동을 크게 느끼며 미사를 드렸다."

수도원에 있는 동안 루터를 가장 괴롭힌 것은 다름 아닌 죄책감에서 오는 두려움이었다. 어느 날 루터가 꿈을 꾸었다. 사탄이 와서 루터에게 책을 펴 보였다. 루터가 자세히 보니 자기가 어릴 때부터 지금까지 지은 모든 죄가 기록되어 있는 죄의 목록이었다.

사탄이 물었다.

"이게 다 네가 지은 죄냐?"

루터는 "그렇다"고 대답했다.

그러자 사탄이 말했다.

"네가 이렇게 더러운 죄를 짓고도 구원을 얻겠단 말이냐?"

사탄의 말에 루터는 낙심했다. 그때에 하늘로부터 음성이 들렸다.

"그리스도의 보혈이 너의 죄를 깨끗이 씻었느니라."

그리고는 예수님의 보혈이 루터의 죄목록에 부어졌다. 그러자 루터에게 왔던 사탄이 소리 없이 물러갔다고 한다.

한편 아우구스티누스 수도원에는 소설같은 실재가 존재한다. 아이러니(irony)라고 표현해야 할까?

마틴 루터가 첫 미사를 집례한 바로 그 제단에서 한 계단 아래의 바닥에는 자카리아(Johannes Zachariae) 신부의 무덤이 있다. 그는 1414-1415년에 열린 콘스탄츠 공의회에서 검사 역할을 맡아 체코의 종교개혁자 얀 후스(Jana Husa)를 이단자로 정죄하여 화형시키는 데 결정적인 역할을 한 사람이다. 그 공로로 그는 교황에게서 '후스를 이긴 자'(Hussomastix = Husüberwinder)라는 칭호를 받기도 했다.

얀 후스는 그의 나이 45세 때인, 1415년 7월 6일 화형을 당하기 직전에 이런 말을 남겼다고 한다.

"당신들은 오늘 한 마리 거위를 구워 태우지만, 100년 뒤에 내가 타다 남은 재에서 백조 한 마리가 나타나 노래를 부를 것이다. 당신들은 그 백조를 결코 구워 먹을 수 없을 것이다."

당시 얀 후스를 비판하는 사람들은 그의 설교를 '거위가 떠드는 것'이라고 조롱했는데, 그의 이름인 '후스'가 체코어로 '거위'라는 뜻이기도 했기 때문이다. 얀 후스가 남긴 말은 그가 죽은 지 102년 후인 1517년에 마틴 루터가 비텐베르크 성당 문에 95개의 논제를 붙이므로 성취되었다. 종교개혁의 비판자들은 루터와 논쟁할 때마다 "후스의 말과 똑같다"며 그를 비판했다고 한다. 이후 거위는 얀 후스의 상징이, 백조는 루터의 상징이 된다.

그런데, 그 후스를 죽이는 데 결정적인 역할을 한 자카리아 신부의 무덤이 있는 그 자리에서 마틴 루터가 수도사가 되기 위해 양팔을 벌리고 엎드려 서원했고, 또 신부로서 첫 미사를 집례한 것이다. 당시 부패한 가톨릭교회를 지키는데 앞장섰던 사람이 묻혀있는 곳에서, 훗날 종교개혁에 앞장섰던 루터가 서게 된 것이다. 이래서 역사는 재미있는가 보다.

아우구스티누스 수도원에서 고트하르트 거리(Gotthardstraße)를 따라 걸었다. 조금 걷다보니 하천 위에 전통 독일식 가옥 같은 긴 건물이 보였다. 하지만 그것은 그냥 건물이 아니라 다리였다. 다리의 이름은 크뢰머부루케(Krämerbrücke)였다.

에르푸르트는 200여 개의 다리가 있어서 '다리의 도시'라고도 불린다. 많은 다리 중에 가장 유명한 것이 '크뢰머교'이다. '크뢰머'는 독일어로 '잡화상'을 의미한다. 게라(Gera) 강의 상류에 세워진 이 다리에 많은 상인들이 활동했던 데서 유래한 모양이다.

125m의 길이로 유럽에서 가장 긴 다리로 알려진 이 다리는 1117년에 나무로 지어졌다가, 1325년 아치형의 돌다리로 교체되었다.

다리 위에 원래는 62개의 작은 집이 있었으나 현재는 32개로 줄어들었다. 다리의 양 끝에는 교회가 있었는데 이 중 에기디엔교회(Aegidienkirche)가 남아있다. 1872년에 사유화되었다가 1958년에 다시 교회로 사용되기 시작했는데, 현재는 미연합감리교회 소속의 교회로 사용되고 있다.

우리는 에기디엔교회 앞 광장에서 크뢰머 다리를 건너 다시 버스에서 내렸던 에르푸르트 대성당(Erfurter Dom)으로 향했다.

에르푸르트 대성당은 사실 성 마리아 대성당(Katholischer Dom St. Marien)을 가리킨다. 대성당 안으로 들어가는 문에는 12사도의 부조가 있고, 그것의 오른쪽으로 돌면 또 하나의 문이 있는데 그곳에는 열 처녀의 비유(마 25:1-13)를 묘사한 부조가 있다. 그런데 열 처녀의 부조를 자세히 보면, 한쪽의 다섯 처녀의 손에는 기름병이 없고 반대편의 다섯 처녀의 손에는 기름병이 들려져 있는 모습이다. 성서 시대 유대인들의 혼인식은 신랑이 신부의 집에 오는 것으로 시작된다.

지금도 많은 경우에 그렇게 하지만, 중동의 혼인식은 저녁과 밤에 행해진다.

| 크뢰머부루케(Krämerbrücke)

이 때 신랑을 맞이하는 이는 들러리 처녀들의 몫이다. 그런데 당시 혼인식에는 신랑이 더디 오는 것이 빈번했다고 한다. 따라서 슬기로운 들러리는 신랑이 늦게 올 수도 있다는 가능성에 대비하여 예비의 기름을 준비했다. 실제로 예수님이 말씀하신 열 처녀의 비유는 예수님 자신의 재림 사건을 두고 하신 말씀이다. 하지만 어느 누구도 "그날과 그때"(마 25:13)를 알지 못하기 때문에 항상 깨어 준비하는 자세가 필요한 것이다.

대성당의 탑 안에는 중세 시대의 스윙벨들(Swingbells) 중 가장 큰 것으로 알려진 '글로리오사'(Gloriosa)라는 종이 있다. 본래 Gloriosa라는 말은 '영광스러운'이라는 뜻의 라틴어이다. 종의 엄청난 크기 때문에 이 이름이 붙여진 것인지, 아니면 종의 겉모양이나 그것의 울림이 아름다워서 Gloriosa라는 백합과의 꽃의 이름을 이 종에 붙인 것인지 궁금하다. 이 종은 1497년에 보우(Wou)라는 사람이 만든 것으로 지름 2.57m, 높이 2.5m, 무게 11.5t에 이른다. 지금은 전기로 종을 울린다고 한다.

대성당 내부에는 화려하고 아름다운 고딕 양식의 제단이 있는데 이 뒤쪽에는 18m높이의 화려하고 거대한 13개의 유리창이 있다. 이 창은 중세 스테인드글라스 예술의 최고라 평가 받는다.

한편 성 마리아 대성당과 관련하여 유명한 것이 또 하나 있는데, '성당 계단'이라는 뜻의 돔 슈투펜(Domstufen)이 바로 그것이다.

에기디엔교회(Aegidienkirche)

| 성 마리아 대성당(Katholischer Dom St. Marien)

| 열 처녀의 비유(마 25:1-13)를 묘사한 부조

돔 슈투펜은 에르푸르트의 상징인 성 마리아 대성당과 세베리 성당(Severikirche) 사이에 있는 70개의 계단을 말한다. 매해 8-9월에는 모차르트의 음악을 연주하는 공연과 오페라 공연이 이 계단에서 이루어진다. 음악공연은 3주간 저녁 내내 펼쳐진다.

무엇보다도 종교개혁지를 순례하는 우리에게 있어서 이곳 에르푸르트 대성당의 의미는 마틴 루터와의 관련성에서 찾을 수 있다. 이 성당은 마틴 루터가 1507년에 사제 서품을 받은 것으로 유명하다. 지금도 이곳 에르푸르트에서는 루터의 생일인 11월 10일에 그의 추모 행사가 열린다. 수천 명의 에르푸르트 시민들과 관광객들이 대성당 광장에 모여 마틴 루터의 생일을 축하하며 그를 기린다. 이 때 대성당 앞 광장은 수많은 촛불로 빛의 바다를 연출한다고 한다.

　어제의 일정까지 소화하느라 숨 가쁜 오전을 보냈다. 이젠 바르트부르크성이 있는 아이제나흐(Eisenach)로 향했다. 아이제나흐는 옛 동독 지역으로 인구 4만이 조금 넘는 작은 소도시이다. 하지만 통일이 된 이후 이곳은 연 40만 명이 찾아오는 관광도시가 되었다.

　1시간 정도를 달려 바르트부르크성 주차장에 도착했다. 이젠 약간의 등산이 필요하다.

　적의 침입을 방어할 견고한 성을 오르는 게 어디 그리 쉬운 일인가!

　하지만 건강한 사람에게는 별 문제가 되지 않는다. 성까지 오르는 데 10분 정도면 충분하기 때문이다. 그리고 깊이 파인 해자 위에 놓인 다리를 건너면 된다.

　아이제나흐(Eisenach) 시가 훤히 내려다보이는 산 위에 세워진 바르트부르크성(Schloss Wartburg)은 1067년에 스프링거 공국의 루드비히 백작(Count Ludwig der Springer)이 건축했다. 아이제나흐에서 가장 유서 깊은 이 성의 이름에 관하여 전해 내려오는 이야기가 있다.

　루드비히 백작이 아이제나흐의 남서쪽에 있는 410m 높이의 이곳에 올라와서 외쳤다고 한다.

　"기다려라(Wart). 산아. 너는 나를 위해 성(Burg)이 될 것이다."

| 바르트부르크성(Schloss Wartburg)

　위의 '기다리다'라는 뜻의 '바르텐'(Warten)의 명령동사 Wart와 성(城)이란 뜻의 Burg가 합쳐져서 Wartburg가 된 것이다. 따라서 우리가 일반적으로 부르는 이름인 '바르트부르크성'은 실상 '바르트성'이 되는 것이다. 흔히 우리가 실수하는 '역전 앞'과 같은 형태이다.

　바르트부르크는 루터와 깊은 인연이 있는 곳이다. 이곳에서 10개월 동안 숨어 지냈었고, 또한 신약성경을 독일어로 번역한 곳이기도 하다.

　1521년에 열린 보름스 회의(the Diet of Worms)에서 루터는 그의 주장과 저술에 대한 철회를 강요받았다. 하지만 그는 그것을 거절했다. 그러자 4월 25일 보름스 회의는 루터에게 보름스를 떠나라고 명령했다. 보름스를 떠나 비텐베르크로 가던 루터는 5월 4일 밤에 5-6명의 괴한들에게 납치된다. 그들은 작센의 선제후(electoral college, 신성로마제국의 황제를 선출할 수 있는 일곱 명의 제후를 뜻한다) 프리드리히 3세(Friedrich III)의 기사들이었다. 그들은 루터를 이곳 바르트부르크로 데려왔다. 납치극을 가장한 루터의 구출작전이었던 것이다. 루터는 1521년 5월부터 이듬해 3월까지 10개월간 융커 외르그(Junker Jörg)라는 이름의 기사 신분으로 바르트부르크에 머물렀다.

목재와 석회벽으로 만들어진 복도를 걸어가다 보면 일명 루터의 방(Lutherstube)이라고 불리는 작은 방을 만나게 된다.

나무로 만들어진 책상과 의자가 하나 놓여 있다. 바로 이곳에서 루터는 11주 만에 헬라어판 신약성경을 자국어인 독일어로 번역하고 12권의 책과 논문을 저술했다. 이 때 번역된 신약성경은 1522년 9월에 처음으로 출판되어 『9월 성경』(*September Testament*)이라고도 불린다. 그 후 루터는 비텐베르크대학의 동료들과 함께 1판의 오류를 수정하여 그해 12월에 개정판을 출판하였다. 또한 루터는 다른 신학교수들의 도움을 받아 구약성경도 독일어로 번역하기 시작했다. 완역하는 데는 무려 12년이나 걸렸다.

그리하여 마침내 1534년에 루터는 독일어 성경의 신구약 합본을 출판하게 된다. 루터의 독일어판 성경은 독일어만 읽을 줄

| 루터의 방(Lutherstube)

 안다면 어린아이도 읽을 수 있을 정도로 쉽게 번역되었다. 그동안에는 라틴어로 된 성경을 사제들만 읽을 수 있었기 때문에, 교회에서 가르쳐 주는 대로 믿을 수밖에 없었다. 교황이나 사제의 말이 곧 진리요 하나님의 말씀이었던 것이다.

 그런데 스스로 성경을 읽어보니 교황이나 사제의 말에 오류가 있었음을 깨닫게 된 것이다. 즉 평신도들은 '구원을 하나님이 주시는 것이지 교황이 주는 것이 아님'을 알게 된 것이다. 이러한 분위기 속에서 아우구스티누스 수도원의 설교자들도 "우리를 구원하는 진리는 교황에게 있는 것이 아니고 하나님의 말씀인 성경 속에 있다"며 설교하기 시작했다. 루터가 번역한 독일어판 성경은 자연스럽게 종교개혁운동으로 이어져 나간 것이다.

한편 루터의 독일어 성경은 인쇄기술의 발달로 삽시간에 전 독일에 퍼져 베스트셀러가 되었고 그래서 독일어의 표준화를 이루는데 큰 공헌을 한 것으로 알려져 있다.

그러나 루터는 이 열악한 환경에서 우울증에 시달리기도 했고 "잉크로 마귀와 싸우고 있다"라는 기록을 남길 정도로 힘들었던 것 같다. 글을 써서 마귀와 싸우고 있다는 뜻이겠지만 루터가 벽에 나타난 마귀에게 잉크병을 던져 벽에 얼룩이 남았다는 루머가 남기도 했다. 재미있게도 루터의 방 벽면에 멀리서보면 꼭 파리처럼 보이는 마귀를 매달아 놓았다.

바르트부르크성 안에는 성녀로 추앙받는 엘리자베스(Elisabeth)의 방이 있다. 엘리자베스는 헝가리의 프레스부르크(Pressburg)에서 국왕 앤드레 2세(Endre II)와 왕비 제르트루다(Gertruda)의 딸로 태어났다. 그녀는 14세 되던 해에 튀링겐(Thuringen) 영주 헤르만 1세(Hermann I)의 둘째 아들인 루트비히 4세(Ludwig IV)와 결혼하였다. 비록 이 결혼이 정치적 이유로 이루어졌지만 두 사람은 행복하게 살면서 세 자녀를 두었다. 그러나 1227년에 루트비히 4세가 풀리아(Puglia)로 출정하는 십자군에 참여하였다가 이탈리아 남동부 오트란토(Otranto)에서 전염병으로 사망하고 말았다. 그때 그녀의 나이 21살이었다.

그 후 그녀는 온갖 슬픔을 극복하고 새로운 삶을 살기 위하여 몸부림치다가 자선활동에 전념하기 위하여 집안의 많은 재산을 가난한 사람들에게 나누어 주었으며, 마침내는 세속을 떠나게 되었다. 이때부터 그녀는 헤센(Hessen)의 마르부르크(Marburg) 성에 살면서 가난하고 병든 사람들을 돌보는 데 헌신하였다. 그러다가 그녀는 불과 24년밖에 살지 못하고 마르부르크에서 별세하였다. 그녀는 1235년 5월 28일 성령 강림 대축일에 이탈리아 페루자(Perugia)에서 교황 그레고리우스 9세(Gregorius IX)에 의하여 시성되었다.

14세기 이후 엘리사베스의 성화는 망토에 장미꽃을 담고 있는 모습으로 그려졌는데, 이는 가난한 사람들에게 주려고 몰래 빵을 감추고 나가다가 남편에게 들키자 그 빵이 장미꽃으로 변했다는 전설에 따른 것이다. 그래서 그녀는 빵 제조업자와 빵 집의 수호성인이다.

바르트부르크성 안에는 많은 유물들과 조각들을 전시해 놓은 박물관이 있다. 바르트부르크 박물관(Wartburg Museum)은, 한 때 바르트부르크성(Wartburg)이 황폐화되었을 때 괴테(Goethe)가 이곳에 올라 안타까워하며 박물관 설치를 제안하여 만들어진 것이라고 한다. 성 안에서 사용하던 물건들, 조각품들, 루터가 번역한 성경들이 전시되어 있다.

전시물들을 돌아보던 중 가이드가 한 조각품 앞에 서서 우리들을 불러 모았다. 천칭을 들고 있는 여인의 조각상이다. 뒤늦게 도착한 나는 가이드의 설명을 제대로 듣지 못했다. 유스티티아(Justitia)에 관한 설명을 한 것 같다. 유스티티아는 양손에 각각 천칭과 칼을 들고 있는 모습의 로마의 신화 속 여신이다. 법원 앞에 가면 볼 수 있는 조각상이다. 그녀의 이름에서 '정의'라는 단어의 Justice가 나왔다. 가이드는 조각상의 여인이 악마를 짓밟고 있는 모습을 잘 보라고 말했다.

나는 일행 모두가 다른 곳으로 이동할 때 홀로 남아 다시 그 조각상을 바라보았다. 그리고 조각상 옆에 있는 작은 설명판을 읽어보았다.

| 영혼의 무게를 재는 대천사 미카엘

Archangel Michael as a soul weigher
영혼의 무게를 재는 대천사 미카엘

그랬다. 그 조각상의 주인공은 대천사 미카엘이었다.

대천사 미카엘은 다니엘서(단 10:13; 12:1)와 유다서(유 1:9), 그리고 요한계시록(계 12:7)에서 언급된 천사이다. 사탄(그리고 그의 세력들)과 더불어 싸우는 천사로 나타난다.

중세의 교회는 신자들에게 최후의 날에는 대천사 미카엘이 영

| Ercole de' Roberti의 미카엘(St Michael)

혼의 무게를 달아 악한 영혼은 지옥의 유황불로, 선한 영혼은 천국으로 보낸다는 교리를 강조했다. 이 시대의 그림이나 조각상을 보면 미카엘이 발로는 사탄을 밟고 있고, 손에는 영혼이 담겨있는 천칭을 들고 있는 모습으로 나타난다. 천칭의 한쪽에는 선한 영혼이 담겨있고, 다른 쪽에는 악한 영혼이 담겨 있다. 그런데 악한 영혼이 담겨있는 부분이 내려가면 그는 지옥으로 떨어지는 것이다.

이처럼 영혼의 무게를 재는 모티브를 일컬어서 사이코스타시아(psychostasia)라고 한다.

인류역사에서 영혼의 무게달기(Weighing Souls) 기원은 이집트의 『사자의 서』(Book of the Death)에서 찾을 수 있다. 큰 저울의 한쪽에는 영혼이 담긴 파라오의 심장을, 다른 쪽 접시에는 정의의 여신을 상징하는 타조 깃털을 올려놓고 저울 앞에 앉은 자칼의 머리를 가진 아누비스(Anubis)가 영혼의 무게를 달고 있다. 여기서는 저울의 양 쪽 무게가 평형을 이루어야 파라오의 부활이 가능하다고 전해진다.

| 영혼의 깃털과 심장을 재는 모습(『사자의 서』)

 그러면 왜 중세 시대에 이러한 영혼의 무게달기 같은 그림이나 조각이 유행했을까?
 이화여자대학교 대학원 미술사학과 교수로 재직 중인 박성은 교수는 『플랑드르 사실주의 회화』(이화여자대학교 출판부, 2008)라는 책에서 그 이유를 두 가지로 설명했다.
 하나는 종말론 사상이 세상을 휩쓸던 A.D. 1000년 전후의 유럽 상황과 12-13세기의 전쟁과 기근과 페스트 등의 위기의식이 최후의 심판이란 모티브로 확장한 것이고, 또 하나는 신 중심의 중세 기독교 사회에서 교회가 기독교 신자들을 통제하고 관리하는 데 있어서 강력한 공공의 시각장치였다는 것이다.
 중세 시대를 살았던 이들은 영혼의 무게를 다는 대천사 미카엘의 모습을 보면서 얼마나 두렵고 떨렸을까?
 문득 미카엘 조각상에서 자리를 옮기며 했던 가이드의 말이 떠오른다.

"우리가 비록 중세 가톨릭의 교리를 믿고 있지는 않지만, 당시 사람들이 이 조각상을 보면서 자신을 돌아보려 했던 그 마음만큼은 가졌으면 좋겠습니다."

고통의 원인이 모두 욥의 죄 때문이고 책망하는 세 친구들에게 한탄하듯 자신을 변론하던 욥의 말도 생각이 난다.

"하나님께서 나를 공평한 저울에 달아 보시고 그가 나의 온전함을 아시기를 바라노라"(욥 31:6).

궁금해진다.
'나의 영혼의 무게는 얼마나 될까?'
이미 몇 장 촬영을 했는데도 또 한 번 촬영을 하고 싶은 마음에, 돌아선 몸을 다시 '영혼의 무게를 재는 대천사 미카엘'에게로 향했다. 미카엘의 발에 밟힌 악마의 손이 유난히 크게 눈에 들어온다. 밟혀 있는 중에도 악마의 손은 영혼이 담긴 천칭의 그릇을 끌어 내리려 애쓴다.

바르트부르크성을 내려온 버스는 아이제나흐 시내로 들어갔다.

오늘은 강행군이다. 가이드의 발걸음도 바쁘다. 많은 이들이 뒤쳐져도 기다려주지 않는다. 일부러 그렇게 하는 것 같다. 어제 하지 못한 일정까지 모두 해 내려니 가이드의 마음이 바쁜 것

| 루터의 동상(Lutherdenkmal)

이다. 바흐 하우스(Bach Haus) 앞 주차장에서 내린 우리는 아이제나흐에서 가장 번화하다고 할 수 있는 카를 거리(Karlstraße)의 중국식당〈JADE〉로 향했다. 모두들 어제 저녁에 먹었던 그리스식 식당의 음식에 관해 한마디씩 한다. 거기에 비하면 여기 음식은 먹을 만하다.

  우리가 점심을 먹은 중국식당에서 조금만 더 직전해 내려가면 카를 광장(Karlsplatz)에 이른다. 카를 광장 중앙에 루터의 동상(Lutherdenkmal)이 서 있다. 루터의 동상 아래에는 루터가 바르트부르크에서 신약성경을 번역하는 장면이 부조되어 있다. 그리고 동상의 뒷면에는 EIN FESTE BURG IST UNSER GOTT(직역: 우리의 하나님은 강력한 성이다)라는 글씨가 새겨져 있다. 이것은 마틴 루터가 로마 카톨릭에 항거하던 절정기인 1529년에 시편 46편을 배경으로 만든 찬송가의 첫 가사이다.

  우리의 찬송가에는 585장에 수록되어 있는데, "내 주는 강한 성이요"라고 번역되어 있다.

| 루터 하우스(Luther Haus)

다시 거꾸로 카를 거리(Karlstraße)를 빠져나오면 마르크트 광장(marktplatz)이 나온다. 이 광장의 왼쪽 끝에 게오르그교회(Georgenkirche)가 서 있다.

원래는 가톨릭교회였으나 루터의 종교개혁 이후 개신교회로 바뀌었다. 1521년, 보름스 제국의회로 가던 중 루터는 이곳 게오르그교회에서 설교를 했고, 돌아오는 길에도 이곳에 들러 설교를 했다고 한다. 한편 게오로그교회는 바흐(J. S. Bach)와도 깊은 연관이 있는 곳이다. 바흐는 이곳에서 세례를 받았다.

현재의 고딕 양식 건물은 1515년에 지어졌으며, 여기에 1902년에 신고딕 양식의 첨탑이 추가로 세워졌다. 교회 내부에는 바흐의 동상이 있다.

마르크트 광장에서 다시 바흐 하우스 쪽으로 조금 걸어 나오면 루터 하우스(Luther Haus)가 있다.

루터는 1483년 11월 10일, 과거 동독의 작센 지역인 아이슬레

벤(Eisleben)이라고 하는 작은 마을에서 태어났다. 루터가 태어난 지 6개월 쯤 되어 루터의 부모는 약간의 돈과 재산을 가지고 고향을 떠나 큰 광산 지역인 만스펠트(Mansfeld)로 이사하여 정착하였다. 아버지 한스(Hans Luther)는 루터가 법학을 공부하여 만스펠트 백작의 법률고문이 되는 것이 꿈이었다. 교육에 집념이 강한 아버지는 어린 루터를 라틴어 학교에 입학시켰다.

그리고 루터가 14살이 되었을 때 루터의 아버지는 그를 아이제나흐에 있는 라틴어 학교로 전학시켰다. 루터는 1498년에 아이제나흐에 와서 에르푸르트대학에 가기 위해 이곳을 떠난 1501년까지 약 3년간 머물렀는데 이 때 그가 살았던 우르술라 코타(Ursula Cotta) 부인의 집이 바로 이곳이다. 이 집은 아이제나흐에서 가장 오래된 목골조 건물 중 하나이다.

코타 하우스(Cotta Haus)는 1898년부터 오랫동안 '루터의 지하실'(Lutherkeller)이라는 이름의 여관으로 사용되었다가 2차 대전의 피해를 복구한 후, 1956년에 튀링겐 주 지방 교회가 루터를 기념하여 이 집을 박물관으로 개관했다.

루터 하우스 앞에는 흥미로운 것이 하나 세워져 있다. 그것은 한 그루의 사과나무와 그 앞에 있는 돌에 새겨진 글귀이다.

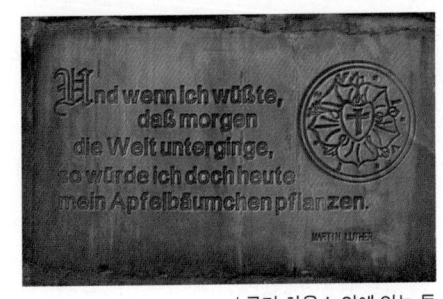

| 루터 하우스 앞에 있는 돌

Wenn ich wüsste, dass morgen die Welt unterginge, würde ich heute ein Apfelbäumchen pflanzen
내일 지구가 멸망한다는 것을 알아도 나는 오늘 한 그루의 사과나무를 심겠다.

전혀 낯설지 않은 말이다.

스피노자(Benedictus de Spinoza)가 남긴 너무나도 유명한 말이다. 실존주의 철학자 스피노자는 "내일 지구의 종말이 오더라도 나는 오늘 한 그루의 사과나무를 심겠다"고 말했다.

그런데 스피노자보다 100년도 훨씬 전에 살았던 마틴 루터가 했던 말이라니!

추측컨대 스피노자는 루터가 한 위의 말을 알았을지도 모른다. 아니, 분명히 알았을 것이다.

스피노자는 부유한 유대인 상인의 둘째 아들로 태어났다. 그의 아버지는 스피노자가 유대교의 성직자가 되기를 원했다. 그는 14세 때에 유대인 학교를 수료하고 모라틸라의 율법 학교에 입학했다. 그런데 그곳에서 함께 공부하던 한 청년이 유대교회로부터 신학적인 문제로 파문을 당했고, 그 일로 그 청년이 자살을 하는 사건이 발생했다.

그것에 충격을 받은 스피노자는 더 깊이 유대교와 철학에 대해 연구하기 시작했다. 그 역시 기존의 유대신학에 반하는 주장을 펼치게 되었다. 그러다가 그의 나이 24세 되던 해에 유대교회의 장로들 앞에 불려가 심문을 받게 되었다. 그는 유대교회로부터 많은 압박과 암살의 위협을 받았다. 심지어 "신학에 대해 침묵을 지켜주면 오백 달러의 연금을 주겠다"는 회유를 받기도 했다. 하지만 그는 그것을 거절했다. 결국 스피노자는 유대교회로부터 온갖 저주를 받고 파문을 당하고 만다.

그에 대한 유대교회의 파문 내용은 다음과 같다.

"천사들의 결의와 성인의 판결에 따라 스피노자를 저주하고 제명하여 추방하노라. 잠잘 때도 일어날 때도 저주받으라. 나갈 때도 저주받을 것이며, 들어올 때도 저주받을 것이다. 주께서는 그를 결코 용서하지 마옵시고, 주의 분노가 이 사람을 향해 불타게 하소서. 어느 누구도 말이나 글로써 그와 교제하지 말 것이며, 그에게 호의를 보여서도 안 되며, 그와 한 지붕 아래 머물러서도 안 되며, 그의 가까이에 가서도 안 되며, 그가 저술한 책을 읽어서도 안 되느니라."

어찌 그리도 루터의 일생과 판박이일까? 아마도 스피노자는 루터와 자신을 동병상련(同病相憐)으로 여겼을 것이다. 그리하여 100년 전에 루터가 했던 말을 자신의 처지에서 되뇌었을지도 모르겠다.

그렇다면 '내일 오게 될 지구의 종말'의 의미가 사실은 자신에게 닥쳐올 운명을 말하는 것일까?

| 바흐 하우스(Bach Haus)

    루터 하우스를 지나 계속 걸으면 바흐 하우스에 도착하게 된다.

    점심을 먹기 위해 아이제나흐에 도착하여 버스에서 내린 바로 그곳 앞이다.

    '시냇물'이라는 뜻의 너무나도 멋진 이름, 바흐.

    '음악의 아버지'라는 명예로운 칭호를 가진 바흐.

    바로 이곳이 그가 태어나고 유년시절을 보낸 집이다.

    요한 세바스챤 바흐(Johann Sebastian Bach)는 그가 어려서 부모님을 여의었다. 그래서 그는 그의 큰 형이 살고 있던 아이제나흐에서 약 40km 떨어진 오르드루프에 가서 살게 된다. 따라서 이곳 바흐하우스는 바흐가 태어나고 10년 정도 살았던 집이다.

바흐협회(Neue Bachgesellschaft, New Bach Society)에서 1906년에 바흐의 생가를 사들여 1907년 5월 27일에 박물관으로 개관하였는데, 1944년 제2차 세계대전 당시 폭격으로 심각하게 부서졌다고 한다. 전쟁이 끝나고 동독정부가 다시 복원을 하여 1947년 3월에 재오픈하였고, 1973년에 내부시설을 다시 리모델링하여 오늘에 이르렀다고 한다.

| 바흐 동상

바흐 하우스 앞에는 바흐의 탄생 200주년을 기념해 세운 동상이 있다.

한편 루터파의 교육을 받으며 성장한 바흐는, 자신이 작곡한 작품에 'JBS, SDG'라는 서명을 했다고 한다. JBS는 자신의 이름 Johann Sebastian Bach의 약자이고 SDG는 'Soli Deo Gloria'의 약자로서, 루터가 말했던 '오직 하나님께 영광을'이라는 의미이다.

참 바쁜 하루였다. 가이드 조지완 씨는 정말 숨 가쁘게 우리를 이끌었다. 그녀도 어쩔 수 없었을 것이다.

어제 하지 못했던 일정을 오늘의 일정에 포함하여 모두 소화하려니 얼마나 힘들었겠는가!

바흐의 동상 앞에서 사진 찍기에 여념이 없는 일행들에게 빨리 버스에 타라고 소리친다. 버스는 아이제나흐를 떠나 2시간 30분 거리에 있는 프랑크푸르트로 향했다. 아이제나흐에서 프랑크푸르트로 가는 방향은 서남쪽이다. 이동 중에 못내 아쉬움이 생긴다. '마틴 루터!'하면 바로 떠오르는 도시인 비텐베르크(Wittenberg)를 방문하지 못한 아쉬움이다. 루터가 95개조의 반박문을 붙임으로 종교개혁의 시발점이 된 바로 그곳을 보지 못한 것이다. 비텐베르크는 아이제나흐에서 동북쪽에 위치해 있으니 우리는 지금 비텐베르크와 점점 멀어져가고 있는 것이다.

바르트부르크에 10개월간 은신해 있던 루터는 1522년 3월 6일에 다시 비텐베르크로 돌아왔다. 그가 은신해 있는 동안 비텐베르크에서는 동료교수인 칼슈타트의 무력개혁의 시도가 있었다. 평신도들에게 포도주를 제공하고, 혁신적인 예배형식과 예복의 도입, 가톨릭 미사를 행하던 수도사들에 대한 탄압, 성상의 제거 등이 폭력적으로 이루어졌다. 비텐베르크에 돌아온 루터는 교회에서 8일간 연속하여 설교를 했다. 그는 '폭력'이 아닌 '말씀'을 강조했다. 하나님의 말씀이 온전히 전파만 된다면 다른 모든 것들은 저절로 오게 된다고 믿었기 때문이다. 그는 이렇게 설교했다.

"나는 말씀을 설교하리라. 나는 말씀을 말하리라. 나는 말씀을

적으리라. 그러나 나는 어느 누구도 강제하거나 강요하지는 않으리라. 믿음은 자유롭게 되기를 원하지 강제되거나 강압으로 받아들여지기를 원치 않는다."

목사인 내가 들어도 이 말은 너무 멋있다.
아무래도 이 말이 설교가인 나의 좌우명이 될 것 같다.
비텐베르크에 관련된 많은 이야기들이 있지만, 루터와 관련된 비화 하나만 소개해 보려고 한다.
1525년 6월 13일 루터는 님프취(Nimptsch) 수도원을 탈출한 16살 연하의 카타리나 폰 보라(Katherina von Bora)와 결혼하여 이곳 비텐베르크에서 살았다. 집안의 살림과 아이를 키우는 것은 카타리나의 몫이었다. 결혼 초기에 루터는 결혼생활에 대하여 꽤 힘들었던 것 같다. 얼마나 힘들었는지 "하나님 맙소사, 결혼생활의 고통이 이렇게 수두룩해서야 원! 아담과 하와가 9백년이나 살면서 다투었을 말다툼을 생각해봐"라고 말했을 정도였다. 하지만 시간이 지나면서 루터는 결혼생활에 적응해 나갔고, 카타리나를 진심으로 사랑하게 되었다. "나는 그리스도보다 카티를 더 신용하고 있군"이라고 자책할 정도였다고 한다. 두 사람 사이에 이런 일화가 전해진다.
루터가 낙심하여 모든 것을 포기하고 좌절할 때 어느 날 그의 앞에 카타리나가 상복을 입고 나타났다.
"누가 죽었어요?"라고 묻는 루터의 질문에 그녀는 "하나님이

| 카타리나 폰 보라(Katherina von Bora)

돌아가셨어요"라고 대답했다.

이 말을 들은 루터는 "무슨 그런 쓸데없는 소리를 해요"라며 화를 냈다. 그때 카타리나가 이렇게 말했다.

"만약에 하나님께서 죽지 않으셨다면 당신이 이렇게 좌절하고 낙심할 이유가 무엇입니까?"

그녀의 말을 들은 루터는 다시 용기를 얻었다는 이야기이다. 위대한 종교개혁자의 옆에는 위대한 아내가 있었던 것이다.

중학교 시절에 읽었던 책 중에 『안네의 일기』가 있다. 이 책의 주인공인 안네 프랑크(본명: Annelies Marie Frank)는 본래 독일의 프랑크푸르트에 살던 유대인이었다. 그런데 독일의 유대인 학살 정책 때문에 그곳을 떠나 네덜란드의 암스테르담으로 이주했다. 『안네의 일기』는 안네 프랑크가 아버지로부터 13세의 생일 축하선물로 받은 일기장에, 독일군을 피해 아버지의 식품 공장 창고와 사무실에서 2년 동안 숨어 지내면서 일어난 일들을 기록한 것이다. 누군가의 밀고로 독일군에게 붙잡혀 강제 수용소로 끌려갔고, 장티푸스에 걸려 숨졌다. 훗날 가족 중 유일하게 살아남은 안네의 아버지 오토 프랑크(Otto Frank)가 그녀의 일기를 발견하여 네덜란드어로 출판하게 되었다.

안네 프랑크의 고향이자 독일의 대표적인 고전주의 문호인 괴테의 고향이기도 한 프랑크푸르트(Frankfurt)의 정식 명칭은 '프랑크푸르트 암 마인'(Frankfurt am Main)이다. 즉 '마인 강가의 프랑크푸르트'이다. 이는 옛 동독 지역에 있는 동명의 프랑크푸르트(Frankfurt an der Oder)와 구별하기 위해서다.

라인강의 지류인 마인 강변에 위치한 프랑크푸르트는 유럽 경제와 문화의 중심 도시이다. 금융의 도시답게 프랑크푸르트는 유럽중앙은행(Europaische Zentralbank: EZB)을 비롯해 많은 은행이 있다. 한편 프랑크푸르트는 박람회의 도시이다. 특히 세계최대 규모의 국제 도서전과 역시 세계최대 규모의 모터쇼가 유명하다.

버스에서 내린 우리가 프랑크푸르트에서 제일 먼저 만난 것은 유대인 학살 추모탑이다.

추모탑이라기보다는 밧줄로 꽁꽁 묶여서 몸을 비틀고 있는 유대인의 모습을 한 동상이다. 2차 대전 당시 독일군에 의해 학살당한 유대인들을 추모하며 세운 동상이다. 동상의 밑에는 유대인들을 강제로 수용했던 수용소들의 이름이 새겨져 있는데, 가장 앞 부분에 우리에게도 익숙한 이름인 '아우슈비츠'(Auschwitz)가 새겨져 있다. 철저하게 과거의 잘못을 인정하고 반성하는 독일과 철저하게 과거의 잘못을 숨기고 오히려 미화하려는 일본의

| 유대인 학살 추모탑(프랑크푸르트)

모습이 너무나도 대조적임을 이곳에 와서도 느끼게 된다.

유대인 학살 추모탑이 있는 거리에서 왼쪽으로 2-3분을 걸어가면 광장 하나와 그것에 딸린 둥근 건축물을 만나게 된다. 이 건축물은 독일인들에게는 유서깊은 역사적 건물이다. 사실 이 건물은 파울교회(Paulskirche)라는 이름의 교회 건물이었다. 1789년부터 건축이 시작되었다가 나폴레옹의 침입으로 중단되었다. 그러다가 1833년에 완공되었다. 현재의 건물은 2차 대전 후 재건된 건물이다.

이 건물은 독일인들에게는 평화와 민주주의의 상징이다. 1848년 5월 18일에 이곳에서 제1회 독일 국민회의가 열렸는데, 이 때 59개항의 독일 헌법의 기초가 마련되었다. 그로부터 100년 후에 이때 만들어진 독일헌법의 기초가 독일 연방기본법의 근간이 되었다. 또한 검정, 빨강, 파랑색으로 구성된 독일 국기도 이 때 열린 국민회의에서 결의되었다.

| 파울교회(Paulskirche)

    한편 파울교회는 경건주의의 실제적 창시자인 필립 야곱 스패너(Philipp Jakob Spener, 1635-1705) 목사와도 깊은 인연이 있는 곳이다. 경건주의는 1600년대에 시작된 신앙적 흐름을 말하지만 주로 1670-1675년에 스패너 목사에 의해 시작된 운동을 가리킨다. 마틴 루터의 종교개혁이후 유럽에는 루터파와 개혁파, 그리고 로마 가톨릭으로 갈리게 되었다. 이들은 서로를 정죄하며 무력으로 싸우기까지 했다. 그러다가 1555년에 아우구스부르크 종교 평화회의에서 화해를 하게 되었다.
    이때부터 기독교 세 종파는 무력 대신에 논쟁과 변증으로 싸우기 시작했고 이에 많은 신조와 신학 체계가 세워졌다. 루터가

종교개혁을 한지 100년도 안 되어 교회는 교리에만 사로잡혀 복음의 생명력을 잃어가고 있었던 것이다. 하지만 사람들은 이러한 거대한 신조나 신학보다는 "이런 것들이 나에게 어떻게 적용되며 경험되는지"에 더 관심을 갖게 되었다. 즉 '교리'보다는 '삶,' '객관적인 교리'보다 '주관적인 체험'으로 그 강조점이 이동된 것이다. 이것이 1600년대의 유럽의 분위기였다.

따라서 1635년에 태어난 스패너는 자연스럽게 경건한 삶을 위해 애쓰고 이 방향에 따라 교회를 개혁하려는 개혁적 정통주의 분위기에서 자라게 된 것이다. 원래 학자의 길을 가고자 했던 스패너는 프랑크푸르트의 수석 목사로 청빙을 받아 평생 목회의 길을 걷게 되었다. 그를 경건주의의 실질적인 창시자로 만든 사건은 그가 20년 동안 목회를 했던 바로 여기에서 일어났다. 1669년에 스패너는 바리새적인 거짓된 경건을 비판하는 설교를 하면서 경건한 삶을 위하여 애쓸 것을 권면하였다. 이 설교에 감동된 몇 사람의 요청으로 1670년에 스패너의 목사관에서 소그룹 모임이 시작되었다. 그 유명한 '경건의 모임'이 시작된 것이다.

스패너는 '경건의 모임'을 고린도전서 14장을 근거로 제안하였다.

"하나님 말씀이 살아 움직이게 하기 위하여 옛 사도들이 했던 방식을 다시 교회 모임에 시도하는 것이 유익할 것이다. 정규적인 설교 예배 외에 바울이 고린도전서 14장에서 묘사했던 것과 같은 모임을 하는 것이다. 이 모임에서는 공예배에서처럼 한 사람만이 가르치지 않는다. 목회자 말고 은사와 깨달음을 가진 다른 사람들도 무질서나 다툼이 없이 같이 이야기할 수 있고 말하는 주제에 대하여 자신의 신앙적 생각을 나눌 수 있다. 그럴 때 다른 사람들은 들어야 할 것이다."

스패너는 교회 갱신의 구체적인 대안으로 '경건의 모임'과 더불어 '가정에서 개인 성경읽기,' '교회에 모여 같이 성경 읽기' 등을 제안했다. 공적인 모임 외에 다른 모임이 법적으로 금지되어 있었던 당시 상황을 생각해 볼 때 스패너의 '소그룹 모임'은 파격적인 것이었다. 이처럼 스패너 목사는 실제적인 경건주의의 창시자이며 소그룹 운동의 아버지인 셈이다. 스패너의 경건주의는 그 후 모라비안과 영국의 웨슬리, 휘트필드의 대각성운동의 원동력이 되었다.

현재의 이 건물은 교회로서의 기능보다는 프랑크푸르트 시민의 중요한 행사장의 역할을 맡고 있다. 각종 문화행사나 시상식이 이곳에서 열린다.

파울교회 근처에는 '로마인의 광장'이라는 뜻의 '뢰머 광장' (Römerberg)이 있다. 뢰머 광장은 과거에 로마 군이 주둔한 곳이라 하여 붙여진 이름이다. 프랑크푸르트의 구시가지 중앙에 위치하고 있다. 신성로마제국 당시에 황제의 대관식이 끝난 후 축하연이 열렸던 유서 깊은 장소이지만 2차 세계대전 당시에 대부분 파괴되었다.

지금의 모습은 중세의 모습으로 복구된 것이다. 뢰머 광장은 9세기부터 박람회가 열렸으며 지금도 각종 국제전시장이 열리는 대형 광장으로, 관광객들에게 인기 있는 프랑크푸르트의 랜드마크이다.

뢰머 광장의 중앙에는 '정의의 분수'(Justitia-Brunnen)가 있다. 1543년에 시작하여 1611년에 완공된 이 분수의 가운데에는 오른손에는 검을, 왼손에는 천칭(저울)을 들고 있는 유스티티아(Justitia)가 서 있다.

로마신화에서 정의의 여신으로 알려진 유스티티아는 그리스 신화에서는 디케(Dike)로 불린다. 디케는 제우스와 율법의 여신 테미스 사이에 태어났으며 원칙과 질서를 수호하고 인간세상의 분쟁을 판별하였으나 인간의 타락이 심해지자 하늘로 올라가 처녀자리가 되었다. 디케는 로마신화에서 유스티티아로 불리는데, 이것이 영단어 Justice(정의)의 어원이 되었다.

본래 디케는 그리스에서는 칼만 들고 있는 것으로 나타나는데, 로마로 넘어오면서 천칭(저울)이 추가되었다. 천칭은 치우침 없는 공정한 정의를 나타내는데, 이를 어기는 경우 칼로 다스린다는 의미를 가진다. 대개 유스티티아 상은 법원 앞에 세워진다. 그런데 이곳에서는 시청사 앞에 세워져 있어서 유스티티아가 시청을 바라보는 형상이다.

천칭(저울)을 들고 있는 유스티티아(Justitia)

| 오스트차일레(Ostzeile)

   공무원들로 하여금 올바르게 공무를 행하라는 무언의 압력은 아닐까라는 생각을 해 본다.
   광장의 남쪽에는 고딕 양식의 성 니콜라이 교회(Nikolaikirche)가 있다. 흰색 바탕의 벽면과 붉은 벽돌의 조화로운 장식이 심플하면서도 아름답다. 지금은 루터교회로 사용되고 있다.
   광장의 동쪽으로는 프랑크푸르트를 중심으로 활약하던 15세기 쾰른의 비단상인들이 지었다고 전해지는 오스트차일레(Ostzeile)가 있다. 오스트차일레는 "동쪽의 줄"이라는 뜻이다. 즉, 광장 동쪽에 일렬로 줄지어 서있는 건물들이라는 뜻이다. 독일 전통가옥인 목조건물로 이루어진 뾰족한 건축물이 줄지어 나란히 서 있다. 하지만 현재의 건물들은 2차 세계대전 때 폭격으로 파괴된 것을 복원한 것이다.

　오스트차일레를 오른쪽으로 두고 그 뒤편으로 우뚝 솟은 대성당이 보인다. 852년에 세워진 이 성당은 교황이 바돌로매의 유골을 이곳에 선물로 보낸 이후 성 바돌로매 대성당(Sankt Bartholomäus Domplatz)이 되었다. 성 바돌로매는 예수님의 12제자 중의 한 사람으로 아르메니아에서 가죽이 벗겨지는 형벌을 받고 순교했다고 전해진다.

　바티칸의 시스티나 성당(Cappella Sistina)에 있는 "최후의 심판"이라는 그림을 그린 미켈란젤로가 바돌로매의 벗겨진 살가죽에 자신의 얼굴을 그려 넣었다는 일화는 유명하다. 현재 바돌로매의 유해는 로마 테베레 강에 있는 이졸라 티베리나(Isola tiberina) 섬에 세워진 바돌로매 성당에 있고, 그의 유해 중 일부인 두개골 조각이 이곳 독일 프랑크푸르트의 바돌로매 성당에 있다고 한다.

　한편 프랑크푸르트의 바돌로매 성당은 신성로마제국 시대에 이곳에서 황제의 대관식이 열렸기에

| 바돌로매 성당(Kaiserdom)

일명 카이저돔(Kaiserdom)이라고도 불린다.

유스티티아가 칼과 천칭을 들고 바라다보는 곳에 구 시청사가 있다. 성 바돌로매 대성당에서 대관식을 마친 황제는 이 건물에 와서 연회를 열었다고 한다. 1405년부터 시의회가 귀족의 저택 3채를 사들여 시청사로 개조해 사용하기 시작했으며 이 중에 중앙의 한 채를 뢰머(Römer)라고 불렀다. 2차 세계대전이 한창인 1944년 연합군 폭격으로 파괴된 것을 재건하여 현재에 이르고 있다.

이 건물의 2층 발코니에는 세 개의 깃발이 게양되어 있다. 광장에서 볼 때에 가장 왼쪽에는 유럽연합 깃발, 중앙에 독일 국기, 오른쪽에는 프랑크푸르트가 속해 있는 헤센(hessen)주의 깃발이 게양되어 있다.

한편 2층 발코니는 특별한 일이 있을 때에만 개방되는데, 외국인으로는 처음으로 우리나라의 차범근 씨가 여기에 섰다고 한다. 그가 분데스리가에서 선수생활을 할 때 1985-86시즌에 그가 속한 팀이 우승하여 MVP로 선정되어 이곳에 섰다고 한다. 그 후에 그의 아들인 차두리 선수도 프랑크푸르트팀에서 뛰며 팀이 2부 리그에서 다시 1부 리그로 승격된 축하 행사에서 그 발코니에 올랐다고 한다.

고단하다. 어딘가에 잠시 누워 쉬었다 가고픈 마음이 간절하다. 그런데 사람들은 벌써부터 지인들에게 나누어줄 선물에 관심이 많다. 가이드는 일행의 간절한 요청(?)에 한인이 운영하는 가게로 우리를 안내했다. 1970-1990년대에 우리나라 주부들의 선망이었던 헹켈(Henckels)칼, 일명 쌍둥이칼을 판매하는 가게였다. 쌍둥이 마크가 하나 붙었을 뿐인데 참 비싸다.

'물건도 그만큼 좋겠지!'라며 괜히 나 자신을 위로한다.

가게를 나와 버스를 기다린다. 누군가의 농담이 지친 우리들을 웃게 만든다.

"오늘은 싸우지들 마세요. 칼부림 납니다."

저녁메뉴는 한식이다. 한인이 운영하는 〈길손〉식당이다. 사장님은 친절하게 길손님인 우리를 맞아주셨다. 마침 생일을 맞이한 대전중앙교회 사모님을 위해 케익도 준비되어 있었다. 아마도 동행한 대전중앙교회 부목사님이 감리사님께 귀띔을 한 모양이다. 서로를 챙겨주고 배려하는 모습이 보기에 참 좋다.

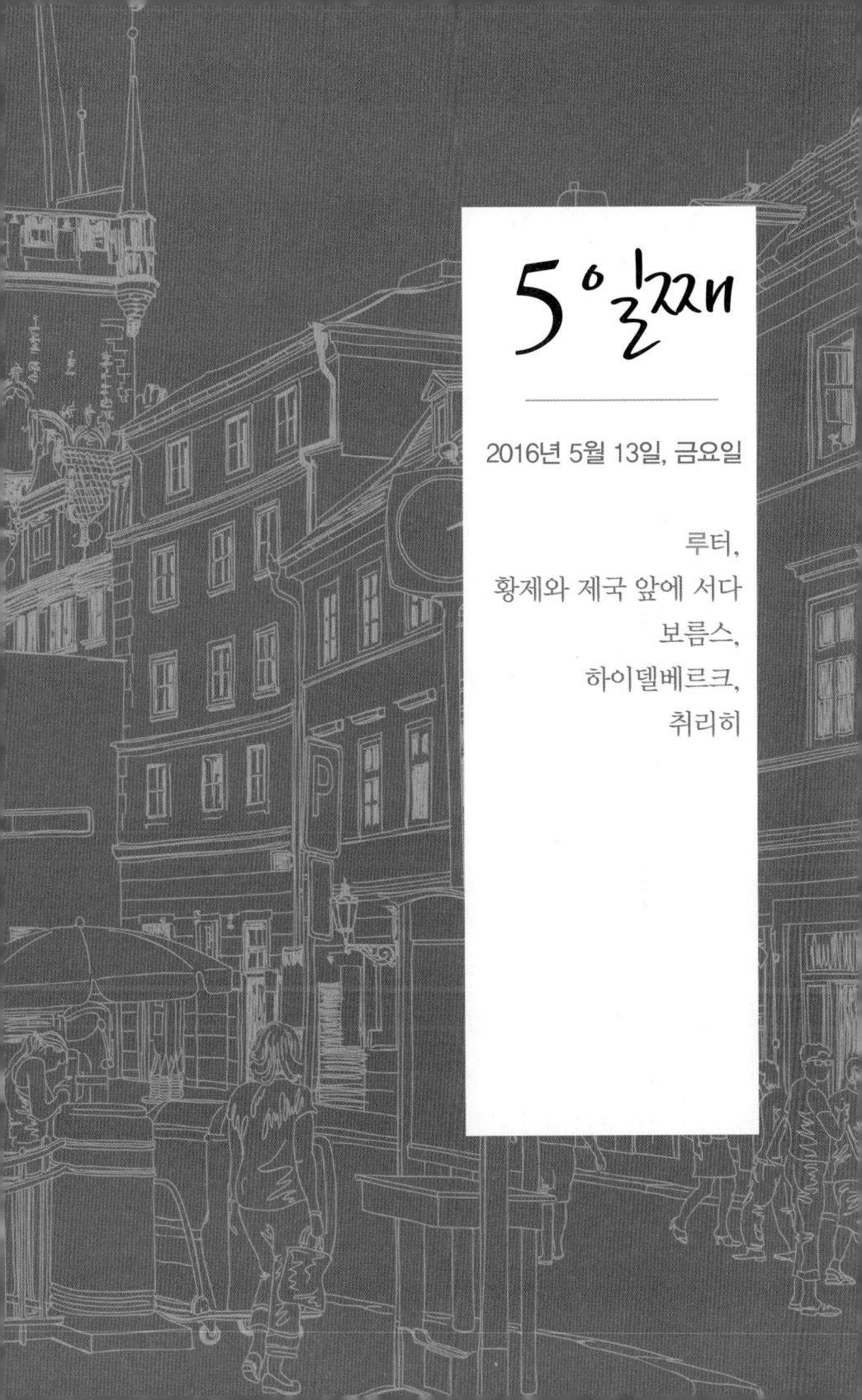

# 5일째

2016년 5월 13일, 금요일

루터,
황제와 제국 앞에 서다
보름스,
하이델베르크,
취리히

 어제의 강행군으로 피곤할 법도 한데, 아침 일찍 눈이 떠진다. 카를 5세 앞에서 당당히 자신의 주장을 변론했던 루터를 만나려니 가슴이 설레는가 보다. 아니 당당했다기보다 얼마나 두렵고 떨렸겠는가!

 그러니 당일에 대답하지 못하고 하루의 말미를 달라고 요청했겠지.

 오늘은 바로 그곳 보름스로 간다. 호텔에서 아침을 먹은 우리는 1시간을 달려 보름스에 도착했다. 보름스(Worms)는 독일 남서부 라인란트팔츠 주에 있는 도시이다. 한 때 훈족에 의해 철저히 파괴되기도 했었는데 메로빙거 왕조에 의해 재건되어 600년경 주교령이 되었다. 이곳의 주교는 1803년경 정·교가 분리될 때까지 신성로마제국의 군주로서 오랫동안 영토를 관할하였다. 100여 차례나 되는 제국 회의 등 여러 가지 중요한 회의가 이곳에서 이루어졌는데, 그 중에 가장 유명한 것이 1122년에 체결된 보름스 협약이다. 교회가 타락해지자 교회를 개혁하려는 움직임이 수도원을 중심으로 확산되었다. 이러한 과정 속에서 교황 그레고리우스 7세(Gregorius VII)와 하인리히 4세(Heinrich IV) 사이에 다툼이 생겼다. 이른바 성직자 서임권 다툼(Investiture Controversy)이 그것이다.

교황 그레고리우스 7세는 교회가 타락한 요인을 세속권력이 성직자를 임명한 것에서 찾았다. 그래서 교황은 황제의 성직자의 서임 행위를 금지시켰다. 그러자 황제 하인리히 4세는 즉각 이에 반발했고, 교황은 그런 황제에게 파문과 폐위를 선고했다. 황제의 파문과 폐위라는 전례 없는 사건에 사람들은 동요하기 시작했다. 황제의 중앙집권에 불만을 가진 제후들은 반(反) 황제의 움직임이 표면화되기 시작했고, 황제의 비호를 받던 주교들도 당황했다.

따라서 귀족과 주교들은 교황의 주재 하에 이 문제를 논의하기 위해 아우크스부르크에서 논의하기로 합의했다. 교황은 이 회의에 참석하기 위해 출발했다. 1077년 한 겨울에 하인리히 4세는 알프스를 넘어 회의에 참석하기 위해 북향하던 교황과 북이탈리아의 카노사 성에서 만났다. 맨발에 허름한 옷을 입고 무릎을 꿇은 황제는 3일 동안 교황에게 용서를 구했다. 이것이 바로 그 유명한 '카노사의 굴욕'(Humiliation at Canossa) 사건이다.

이러한 굴욕을 어찌 잊을 수가 있겠는가!

하인리히 4세는 그 후 자신의 세력을 구축하고 자신의 반대파를 제거한 후 로마로 진격했다. 그레고리우스 7세는 피신하여 몇 개월 후에 사망했고, 하인리히 4세는 클레멘스 3세(Clemens III)라는 대립교황(對立敎皇)을 세운 후, 성 베드로 성당에서 자신의 황제 대관식을 올렸다.

그레고리우스 7세의 정치적 주장이 모두에게 지지를 받은 것은 아니지만, 그는 기독교의 최고 권력자로서의 교황의 지위와 권위를 높이는 데 기여하게 되었다. 그리하여 그의 뒤를 이은 교황들도 그의 개혁 작업을 계승하게 된다. 마침내 1122년 교황 칼릭스투스 2세(Calixtus II)와 황제 하인리히 5세(Heinrich V)의 타협으로 보름스 협약(Concordat of Worms)이 체결된다. 즉 국왕이 주교 서임권을 포기하는 대신 주교는 국왕의 봉신이 된다는 내용이다. 이로써 성과 속의 두 세력 간의 서임권 투쟁이 일단락되었다.

하지만 무엇보다도 보름스는 마틴 루터와 관련이 있는 도시이다. 1521년 마틴 루터가 황제 카를 5세 앞에서 재판받은 곳이 바로 보름스이다.

보름스에 도착한 우리는 먼저 보름스 대성당(Wormser Dom)으로 향했다.

카이저 돔(Kaiserdom) 또는 성 베드로 대성당(St. Peter Dom)이라고도 불리는 보름스 대성당은 마인츠 대성당(Mainzer Dom), 슈파이어 대성당(Speyerer Dom)과 더불어 오토 왕조의 3대 왕실 성당의 하나이다.

l 보름스 대성당(Wormser Dom)

1018년 부르하르트(Burchard) 주교(主敎)에 의해 세워진 성당 터에 1181년에 기공, 1320년에 완공했다. 보름스 대성당은 네 개의 둥근 탑과 두 개의 큰 돔 그리고 끝에 찬양대석이 설치된 바실리카 양식의 형태를 갖고 있다. 신성로마제국 시대에 보름스에서 100회 이상 제국의회(Imperial diet)가 열린 것은 이 성당이 있었기 때문이다.

부르하르트 주교의 동상이 세워져 있는 성당의 남문을 통해 안으로 들어가면 왼쪽으로 성당의 내부 주제단(主祭壇)을 볼 수 있다. 주제단은 마인츠의 선제후이자 보름스의 영주 주교인 프란츠 루드비히 폰 팔츠(Franz Ludwig von Pfalz)의 유언으로 만들어졌다고 한다. 당시 바로크 양식의 대표적인 건축가였던 요한 발타자르 노이만(Johann Balthasar Neumann)이 설계했다고 한다. 주제단의 왼쪽에는 예수상이, 오른쪽에는 마리아상이 있다.

보름스 대성당을 나와 뒤쪽으로 나오면 넓은 평지가 나온다. 이곳은 보름스 대성당 주교의 궁전 터인데, 바로 이곳에서 마틴 루터가 재판을 받았다.

주교궁이 1689년에 화재로 소실된 이후 18세기에 바로크양식으로 재건되었다가 다시 1794년에 파괴되었다고 한다. 이후 1884년에 코르넬리우스 폰 하일(Cornelius von Heyl)이라는 귀족이 정원이 딸린 집을 지었는데, 그 건물이 바로 오늘날에 미술관으로 사용되고 있는 하일스호프 미술관(Kunsthaus Heylshof)이다. 지금 우리가 들어선 넓은 평지는 사실 하일스호프 미술관에 딸려 있는 정원인 것이다.

보름스 대성당에서 하일스호프 정원(Heylshof Garten)에 들어가면 오른쪽으로 루터가 재판을 받았던 자리를 표시하는 표지석이 있다

Hier stand vor Kaiser und Reich. Martin Luther 1521
여기 황제와 제국 앞에 서다. 마틴 루터 1521

루터가 보름스 회의에 소환되었을 때에 사람들은 그를 만류했다. 그들은 꼭 100년 전 교회개혁의 기치를 내걸었던 체코의 얀 후스(Jan Hus)가 끝내 화형당했던 사건을 잘 기억하고 있었기 때문이다. 후스가 당했던 운명을 루터가 보름스에서 당하지 않으리라는 보장이 없었다. 하지만 루터는 자신을 만류하는 이들

| 루터가 재판을 받았던 자리를 표시하는 표지석

에게 이렇게 말했다.

"우리는 보름스에 입성할 것입니다. 지옥의 모든 문들과 하늘의 모든 권세들이 막으려고 할지라도…."

훗날 루터는 친지에게 보낸 서신에서 보름스 입성에 관해서 이렇게 술회했다.

"이 날이 제게는 '종려주일'이었습니다."

예수님은 종려주일에 많은 사람의 환영을 받으며 예루살렘에 입성하셨다. 하지만 예수님은 곧 십자가의 고난을 당하셨다. 루터는 바로 그 일을 상기시킨 것이다.

제국 회의에 참석한 첫날에 트리에르 대주교의 고문관은 루터에게 물었다.

"그대 이름으로 출판된 이 책들을 그대의 것으로 인정하는가?"

"이 책들에서 쓴 내용을 철회할 준비가 되어 있는가?"

루터는 하루의 여유를 달라고 요청했다. 숙소로 돌아온 루터는 그날 밤 이렇게 기록했다.

"그리스도께서 살아계신 한 나는 내가 쓴 글의 한 줄도, 아니 한 글자도 취소하지 않으리라."

그 다음 날인 1521년 4월 18일. 루터는 다시 제국 회의장에 섰다. 그는 하나님께 기도했다.

"내가 여기 섰습니다. 나는 달리 할 말이 없습니다. 하나님 나를 도와주소서. 아멘."

그리고 루터는 카를 5세가 보는 앞에서 자신의 주장을 철회하지 않겠노라며 당당히 말했다. 이에 카를 5세는 "루터의 법익(法益)을 박탈하고 재산을 몰수하며 그의 저서를 전파하는 자들과 그를 따르는 자들도 처벌한다"는 보름스 칙령에 서명한다.

도무지 발길이 떨어지지 않는다.

알 수 없는 부끄러움이 엄습한다.

'과연 나도 루터처럼 담대할 수 있을까?'

모두가 떠난 자리에 잠시 남아 마음의 기도를 올린다.

500년 전, 루터가 섰던 보름스 그 자리에 섰습니다.

그는 죽을 줄 알면서도 그 자리에 섰습니다.

바울이 그랬던 것처럼,

예수가 그랬던 것처럼…

그는 당당했습니다.

황제 앞에서, 고소자(告訴者) 앞에서, 많은 귀족들 앞에서…

성경이 가르쳐 준 양심의 소리에 부끄럽지 않기 위해서입니다.

500년 후,

내가 그 자리에 섰습니다.

그 앞에서 부끄럽습니다.

성경 앞에서 부끄럽습니다.

예수의 십자가 앞에서 부끄럽습니다.

오늘 나는 그저 여행객으로 이 자리에 섰을 뿐입니다.

그러기에 내겐 루터가 느꼈을 두려움도, 죽음의 위협도 없습니다.
하지만 두려움 대신에 부끄러움이 나를 떨게 합니다.
부끄럽게 느껴질 때마다
루터가 섰던 이 자리를 기억하겠습니다.
내가 여기에 섰습니다. 주여, 나를 도우소서. 아멘.

하일스호프 정원에서 나와 골목길을 건너 왼쪽 크라임힐덴 거리(Kriemhilden Straße) 방향으로 5분 정도 걸어가면 루터 광장(Lutherplatz)이 나온다. 그곳에 1868년 세계의 루터교회가 힘을 모아 만든 루터 기념비(Luther Denkmal)가 세워져 있다. 원래는 제국 회의가 열렸던 보름스 대성당 인근에 세우려고 했었는데 가톨릭의 반발로 이곳에 세웠다고 한다.

세계에서 가장 큰 종교개혁 기념비인 루터 기념비는 중앙에 성경을 들고 있는 루터의 조각상이 있고, 루터 조각상 바로 아래로 오른쪽으로 돌아 체코의 얀 후스(Han Hus), 영국의 존 위클리프(John Wiclif), 프랑스 발도파의 페트뤼스 발데스(Pertus Waldes), 이탈리아의 지롤라모 사보나롤라(Girolamo Savonarola)의 좌상이 있다. 이들은 모두 루터 이전에 살았던 종교개혁운동의 선구자들이었다.

그리고 루터상의 앞 부분에는 오른쪽에 헤센의 영주 필립(Philipp der Großmütige)이, 왼쪽에는 작센의 영주 프리드리히(Friedrich der Weise)의 조각상이 서 있다. 루터상의 뒤쪽으로는 오

| 루터 기념비(Luther Denkmal)

른쪽에 필립 멜랑히톤(Philipp Melanchthon), 왼쪽에는 로이힐린(Johannes Reuchlin)의 조각상이 서 있다. 위 네 사람은 루터의 협력자들이었다.

그리고 위의 네 사람의 중간 중간에 앉아 있는 세 명의 여인을 볼 수 있는데, 각각 종교개혁 당시의 도시를 상징한다. 우선 프리드리히와 로이힐린 사이에 있는 여인은 아우크스부르크(Augsburg)를 대표하는 여인이다. 그녀는 종려나무 가지를 손에 들고 있다. 루터파 진영의 사람들은 1530년 6월 25일에 이곳 아우크스부르크에서 멜랑히톤이 작성한 신앙고백서(Augsburger Bekenntnis)를 카를 5세에게 제출했다. 1555년에는 카를 5세와 개신교측 영주들로 구성된 슈말칼덴 동맹(Schmalkaldischer Bund) 간에 평화조약(Augsburger Religionsfrieden)을 맺음으로 30년 전쟁이 시작되기 전까지 공식적으로 신교와 구교 간의 종교 다툼이 멈추게 되었다. 이 협정으로 영주와 도시의 신앙 선택권이 승인되었으며, 신앙이 같은 영주에게로 자유롭게 이주하여 살 수 있게 되었다.

이러한 이유로 아우크스부르크는 평화를 상징하는 도시가 되었다. 종려나무는 평화의 왕으로 예루살렘에 입성하는 예수를 환영하며 연도의 인파가 손으로 흔들고 바닥에 깔았던 나무로 성서에서 유래한 것이다. 로이힐린과 멜랑히톤 사이에는 스파이어(Speyer)를 상징하는 여인이 앉아 있다. 스파이어는 1529년 이곳에서 열려 보름스 칙령(루터의 저서를 전파하거나 그를 따르는 무리들을 추방한다는 칙령으로, 카를 5세가 1521년에 보름스에서 서명했다)을 다시 적용하려는 제국 회의 의결에 반대하여 루터를 따르는 사람들이 강력히 반박한, 그 결과 프로테스탄트(Protestant)라는 용어가 만들어진 곳이다.

헤센의 영주 필립과 멜랑히톤 사이에 있는 여인은 마그데부르크(Magdeburg)를 상징하는데 매우 슬픈 표정을 짓고 있는 것이 인상적이다. 그것은 30년 전쟁(1618-1648) 중에 일어난, 특히 가톨릭 군의 수장이었던 요한 체르클라에스의 주도로 마그데부르크에 자행된 학살과 파괴를 표현했기 때문이다. 'ㄷ'자 벽의 안쪽에는 당시 종교개혁을 지지한 에르푸르트를 비롯한 27개 도시를 기념하여 27개의 둥근 문장에 이름을 새겨 넣었다.

루터상의 기단 정면에는 보름스에서 루터가 남긴 그 유명한 말이 독일어로 새겨져 있다.

Hier stehe ich, ich cann nicht anders. Gott helfe mir, Amen
내가 여기 섰습니다. 나는 달리 할 말이 없습니다. 하나님 나를 도와주소서. 아멘.

보름스의 제국 회의장을 빠져나와 비텐베르크(이 때 프리드리히가 보낸 기사들이 루터를 아이제나흐의 바르트부르크로 데려간다)로 향하던 루터처럼 이제 우리도 보름스를 빠져 나갔다. 다만 우리가 향하는 곳은 비텐베르크가 아닌 하이델베르크이다.

하이델베르크(Heidelberg)는 라인 강과 네카어(Neckar) 강 합류점 근처에 위치한다. 인구 15만 명의 작은 도시이지만 고성(古城)인 하이델베르크성, 알테 브뤼케, 독일 최초의 대학인 하이델베르크대학, 철학자의 길 등 많은 유적과 관광지가 있어서 매년 수많은 관광객들이 찾는 곳이다.

목사인 나에게 '하이델베르크'는 제일 먼저 하이델베르크 요리문답을 떠오르게 한다. 물론 나는 장로교회의 목사가 아니지만, 교파와 관계없이 목사들에게는 익숙한 이름일 것이다.

하이델베르크 요리문답에 대해 언급하기 전에 우리는 하이델베르크와 루터와의 관계부터 알아보는 것이 좋을 듯하다.

루터가 비텐베르크대학 교회의 문에 붙인 95개조의 논제가 파장을 일으키자 결국 교황 레오 10세는 루터를 이단으로 정죄하고 파문했다. 교황으로부터 루터의 이단적 근거를 찾도록 지시를 받은 요한 슈타우피츠(Johan Staupitz)는 루터에게 자신의 새로운 신학을 설명하도록 요청했다. 이 때 루터는 하이델베르크와 인연을 맺게 된다.

1518년 4월 26일 하이델베르크대학의 인문학부 강당에서 논쟁이 시작되었다. 그 자리에서 루터는 비텐베르크 밖에서는 처음으로 자신의 개혁 사상을 공표하게 된다. 여기에 참석한 많은 이들이 루터의 새로운 신학 사상에 동조하게 된다. 그들 중 일부는 이후 개신교회의 설교자와 개혁자가 되었고, 이들의 활약으로 독일 남서부 지역에서 개혁 사상이 널리 확산되었다.

이처럼 하이델베르크뿐만 아니라 독일 전역에 루터의 종교개혁운동이 확산되었다. 그러다가 1540년에 접어들면서 하이델베르크에는 칼빈의 지지자들이 대거 몰려들게 되었다. 따라서 이곳에는 루터파와 칼빈파와 그리고 쯔빙글리파까지 합세하여 혼재하게 되었다. 당시 이곳을 다스리고 있던 프레드릭 3세(Frederick III)는 각 교파의 충돌을 원하지 않았다. 그러면서도 그는 칼빈 쪽에 호감을 갖고 있었다.

그는 신학적인 혼란을 제거하고 후손들에게 건전한 종교교육을 할 수 있는 교육서를 만들도록 명령했다. 이에 하이델베르크대학 교수인 우르시누스(Zacharias Ursinus)와 궁정 설교가인 올리

| 하이델베르크성(Heidelberg Castle)

비아누스(Caspar Olevian)가 주축이 되어 만든 것이 하이델베르크 요리문답(The Heidelberg Catechism)이다. 하이델베르크 요리문답은 1563년에 팔츠의 수도였던 이곳 하이델베르크에서 열린 총회에서 공식 채택되었다. 오늘날 하이델베르크 요리문답은 웨스트민스터 소요리문답과 더불어 칼빈파 개신교에서 가장 영향력 있는 신앙고백으로 여겨지고 있다.

가이드는 우리를 가장 먼저 하이델베르크성(Heidelberg Castle)으로 안내했다. 독일에서 가장 유명한 성터의 하나이며 하이델베르크의 상징적 건축물이다. 9년 전쟁(대동맹전쟁, War of the Grand Alliance)에서 파괴될 때까지 이 성은 라인 궁중백작(Pfalzgraf bei Rhein)의 거성이었다. 1689년 루이 14세의 군대에 의해 파괴되고 1693년에 부분적으로 복구되었다. 1764년 번개로 인해 화재가 발생하여 성의 일부가 또다시 훼손되었다. 성을 복구해야 하는가에 대한 오랜 논란 끝에 1868년에 'Castle Field Office'가 설립되어 성의 일부가 복구되었다.

성으로 오르기 위해서는 두 가지 방법이 있다.

하나는 걸어서 올라가는 방법이다. 하지만 올라가는 길이 조금 가파르기에 노약자들에게는 추천하고 싶지 않다. 하지만 쉽게 올라가는 방법이 있다. 그것은 푸니쿨라(Funicular railway)라는 일종의 산악열차를 타는 것이다. 사실 '푸니쿨라'는 우리에게 낯선 단어가 아니다. 이탈리아 나폴리의 민요인 '푸니쿨리 푸니쿨라'(Funiculi Funicula)라는 노래를 많이 들어보았을 것이다. 예전에 세계 3대 테너였던 루치아노 파바로티, 플라시도 도밍고, 호세 카레라스가 내한하여 부른 이 노래가 아직도 생생히 들려오는 듯하다.

1880년 이탈리아 베수비오산에 푸니쿨라가 설치되었다. 하지만 사람들은 무서워서 아무도 그것을 타려고 하지 않았다. 그래서 나폴리시는 노래를 만들어서 푸니쿨라를 홍보했다. 그 노래가 바로 '푸니쿨리 푸니쿨라'이다. 잠시 뇌도 식힐 겸 '푸니쿨리 푸니쿨라'의 우리말 가사를 살펴보자. 인터넷에서 이 노래를 찾아 들어보면 더 좋을 것이다.

새빨간 불을 뿜는 저기 저산에 올라가자

올라가자, 그곳은 지옥 속에 솟아 있는 곳

보고 가자 보고 가자

산으로 올라가는 전차 타고 누구든지 올라가네

흐르는 저 연기는 손짓을 하네

올라 오라 올라 오라, 가자 가자 저기 저산에

가자 가자 저기 저산에,

푸니쿨리 푸니쿨라 푸니쿨리 푸니쿨라

누구나 타는 푸니쿨리 푸니쿨라

가자 가자 저기 저산에, 가자 가자 저기 저산에,

푸니쿨리 푸니쿨라, 푸니쿨리 푸니쿨라,

누구나 타는 푸니쿨리 푸니쿨라

우리는 성 아래의 역에서 성의 입장권 역할도 하는 열차 티켓을 구입하여 푸니쿨리를 타고 올라갔다. 하이델베르크성으로 오르는 푸니쿨리를 여기서는 '베르그반'(Bergbahn)이라고 부른다.

5분도 채 걸리지 않은 것 같은데 벌써 내려야 한다. 푸니쿨리에서 내린 우리는 하이델베르크성이 있는 방향으로 걸어 들어갔다. 몇 개의 계단을 올라 일행 중 제일 먼저 성에 오른 나는 성채에 붙어 튀어나온 벽을 볼 수 있었다. 엘리자베스 문(Elisabethentor) 바로 앞에 있는, 이 허물어진 벽의 일부처럼 보이는 담벼락 중간에는 대리석 판이 부착되어 있었다. 마리안네 폰

| 마리안네 폰 빌레머(Marianne von Willemer)의 시비(詩碑)

빌레머(Marianne von Willemer)의 시비(詩碑)였다.

괴테는 사람들에게 소문난 연애박사로 알려져 있다. 때로는 그것이 플라토닉 러브로 포장되어 우리에게 아름답게 전해지기도 하지만, 어쨌든 그는 1832년 83세의 나이로 죽기까지 많은 여인들과 사랑에 빠졌다. 그는 인생의 말년에도 세 차례의 연애를 했다. 그는 그의 나이 58세에 18세의 미나 헤르츨리프(Minna Herzlieb)와 사랑에 빠져 그 소녀를 모델로 소설『친화력』(Die Wahlverwandtschaften, 1809)을 썼고, 65세 때에는 30세의 마리안네 폰 빌레머와도 사랑에 빠져『서동시집』(西東詩集, Westöstlicher Divan, 1819)을 남겼고, 마지막으로 그의 나이 74세 때에는 19세의 어린 우를리케 폰 레베초(Urlike von Levetzow)를 사랑하여 그녀와의 정을 담은『마리엔바더의 비가』(Marienbader Elegie, 1823)를 남겼다. 이중 마리안네 폰 빌레머의 시가 여기에 새겨져 있는 것이다. 시비에 새겨져 있는 시를 읽다보면 그녀가 괴테를 얼마나 사랑했으며, 그 사랑으로 얼마나 행복해 했는지를 짐작할 수 있다. 그 시의 내용 중에 우리에게 가장 잘 알려진 부분은 시비(詩碑)의 아래로부터 4번째 줄에 있는 부분이다.

Hier war ich glucklich, liebend und geliebt!
여기에서 나는 사랑했고 사랑받았으므로 행복했노라.

괴테는 1814년 8월에 처음 마리안네를 만났다. 그 다음 달에 마리안네는 결혼하여 유부녀가 되었다. 하지만 두 사람은 계속해서 사랑의 편지를 주고 받았다. 때로는 시로, 때로는 다른 사람이 알 수 없도록 암호로 연정의 마음을 이어갔다. 이때 괴테와 마리안네가 주

| 괴테가 마리안네에게 보낸 시

고 받은 시들이 『서동시집』의 8번째 권인 『줄라이카의 서』(Buch Suleika)이다. 여기에서는 마리안네를 줄라이카(Suleika)라는 이름으로, 괴테 자신을 하템(Hatem)이라는 이름으로 바꾸어서 등장시켰다.

특히 괴테가 1815년 9월 마리안네에게 은행잎 2장과 함께 보낸 시는 사랑하는 연인들의 마음을 흔들기에 충분하다.

### 은행나무 잎(Gingo Biloba)

- 괴테 -

동방에서 건너와 내 정원에 머물고 있는

이 나뭇잎에는

신비한 의미가 담겨있어

그 뜻을 아는 이들에게 감동을 준답니다.

하나의 생명체일까요?

아니면 두 존재인 것을

하나로 알고 있는 걸까요?

이런 의문에 답을 찾다가

마침내 그 뜻을 깨닫게 되었답니다.

당신도 내 노래를 들으며 느낄 수 있겠죠?

내가 하나이며 둘 인 것을.


마리안네와 이별한 후 괴테는 그의 일기장에 냉정한 어투로 이렇게 썼다고 한다.

"여자들과의 관계만으로 삶을 채울 수는 없으며 이런 관계들은 많은 복잡한 일과 고통과 괴로움으로 이끌어간다. 그것은 우리를 부대끼게 하거나 아니면 완전한 공허로 데려간다."

생을 얼마 남기지 않은 그 나이에라도 그것을 깨달았으니 다행이라고 칭찬해 주어야 할까?

하지만 "개 버릇 남 못 준다"는 말이 있듯이 그의 평생의 습성이 어디로 가겠는가!

74세 나이의 괴테는 만난 지 5주 만에 겨우 19살인 우를리케 폰 레베초(Urlike von Levetzow)에게 청혼을 한다. 뛰어난 문학적 감성만큼이나 가슴이 뜨거운 사람이었나 보다. 하지만 우를리케(Urlike)는 괴테의 청혼을 거절한다. 하지만 그녀는 어린 시절 괴테와의 첫 사랑을 간직한 채 평생을 독신으로 보냈다고 한다. 괴테는 그때 거절당한 청혼의 시련을 『마리엔바더의 비가』에 담아 노래했다.

(중간생략)
꽃이 모두 저버린 이날
다시 만나기를 희망할 수 있을까
천국과 지옥이 네 앞에 두 팔을 벌리고 있다
사람의 마음은 얼마나 변덕스러운지.

더 이상 절망하지 말라!
그녀가 천국의 문으로 들어와
두 팔로 너를 안아 주리라

| 엘리자베스 문(Elizabethentor)

천재적인 바람둥이라고 해야 할까?

아니면 망년 든 노인네라고 해야 할까?

이것도 아니면 예술가의 뜨거운 시적 감성을 가진 연륜 깊은 노인이라고 해야 할까?

아무튼 열정 넘치는 괴테가 부럽기만 하다.

하이델베르크성의 첫 관문에서 운 좋게도 괴테의 8번째 연인 마리안네 폰 빌레머를 만난 나는, 다시 몸을 돌려 반대편의 엘리자베스 문으로 걸어갔다.

엘리자베스 스튜어트(Elizabeth Stuart)는 스코틀랜드의 왕 제임스 1세의 딸이었다. 17세의 나이에 동갑내기인 팔츠(Pfalz)의 선제후 프리드리히 5세와 결혼하여 하이델베르크에서 살게 되었다. 두 사람은 정략결혼에 의해 맺어졌다. 하지만 두 사람은 행복하게 지냈다고 한다.

그래서일까?

두 사람 사이에 태어난 자녀가 무려 13명이나 된다. 프리드리히가 엘리자베스를 얼마나 사랑했는지의 증표가 바로 엘리자베스 문이다. 프리드리히는 엘리자베스의 19번째 생일을 맞아 이 문을 선물했다. 그야말로 깜짝 선물이다. 엘리자베스가 눈치 채지 못하도록 그는 하룻밤 만에 이 문을 세우게 했다고 한다.

이런 사람들 때문에 나 같은 남편들은 고달프다. 여기저기 흩어져서 갖은 폼을 잡으며 사진 찍기에 여념이 없던 사모님들이 가이드가 던진 한 마디에 갑자기 남편을 찾기 시작한다.

"부부가 손잡고 이 문을 통과하면 금슬이 좋아진답니다."

남들 다 부부 동반하여 문 앞에서 사진을 찍는데, 우리만 그냥 지나칠 수 없었다. 엘리자베스 문 앞에 선 나도 멋쩍게 아내와 함께 한 컷 찍었다.

엘리자베스 문을 나와 왼쪽으로 돌면 궁전의 입구로 들어가는 탑이 나온다. 여기서 입장권을 검표한다. 푸니쿨라(funicula)의 티켓이 곧 성 안으로 들어갈 수 있는 입장권도 겸하고 있으니 잃어버리지 않도록 조심해야 한다.

성문을 통과하면 넓은 광장이 나오는데 광장의 오른쪽에 있는 건물이 오트하인리히 궁(Ottheinrichsbau)이고, 정면에 보이는 건물이 프리드리히 궁(Friedrichsbau)이다. 오트하인리히 궁으로 올라가는 계단 끝에 아름다운 왕비가 서 있다. 계단 아래쪽에 카메라가 있는 것을 보니 아마도 방송국에서 나왔는가 보다.

우리가 향한 곳은 정면의 프리드리히 궁이다. 궁의 지하에는 세계에서 가장 큰 와인 통이 있다. 정말 크다. 사람들이 없는 틈을 이용해서 재빨리 사진을 찍었다. 그런데 가이드는 우리를 나무계단을 통해 그것의 뒤로 안내한다. 거기에 또 다른 술통이 있는데, 그것이 바로 하이델베르크 툰(Heidelberg Tun)이라고 불리는 술통이다. 1751년 선제후 카를 테오도르(Karl Theodor) 시대에 만들어졌다고 하는데, 높이가 8m이고 무려 221,726 리터의 와인이 들어간단다.

하이델베르크는 피아노 독주곡 "사육제 Carnaval Op.9"로 유

| 하이델베르크 툰(Heidelberg Tun)

명한 로베르트 슈만(Robert Schumann)이 하이델베르크대학에 다니면서 음악의 꿈을 키웠던 곳이다. 1840년에 슈만이 작곡한 "시인의 사랑"의 마지막 곡인 16번 "지겨운 추억의 노래"의 가사에 이런 내용이 있다.

"하이델베르크의 술통보다 더 큰 통에 과거의 혐오스러운 노래와 꿈을 바다에 던지자"

"하이델베르크 툰" 앞 벽면에는 페르케오(Perkeo)의 실물상이 걸려 있다.

르케오는 술통을 지키던 이탈리아 출신의 키 작은 사람이었다. 사람들이 그에게 "술 한 잔 하자!"고 말하면 그는 이탈리아어로 "페르케 노?"(Perche no)라고 대답했다고 한다.

이 말은 "좋고 말고요?"(Why not?)라는 뜻이다.

그래서 그의 이름이 페르케오가 되었다. 그는 하루에 18리터의 와인을 15년 동안 마신 대주가였다. 그는 키가 작아서 언제나 놀림을 받았는데 술기

| 페르케오(Perkeo)의 실물상

운을 받아 거인의 기분을 느꼈는지도 모르겠다.

그의 죽음에 대해 전해 내려오는 이야기는 두 가지다.

하나는 어느 날 만취한 그가 술을 더 마시기 위해 술통을 들여다보다가 빠져 죽었다는 것이다. 그래서 사람들은 "술을 좋아하는 사람으로서는 최고의 죽음이었다"고들 말한다. 칭찬인지 비아냥인지는 모르겠다. 또 하나는 어느 날 그가 병이 들었는데, 의사가 "건강을 위해 술을 끊어야 한다"고 말하자 그 다음날 죽어있었다고 한다. 더 이상 술을 마시지 못한다는 말에 죽을 정도로 술을 정말 좋아하기는 했나 보다.

술통이 있는 지하에서 나와 다시 프리드리히궁의 뒤쪽 테라스로 가면 멋진 하이델베르크의 전경을 볼 수 있다. 이곳 바닥 대리석에 신기하게도 사람의 발자국 모양이 찍혀 있다. 옛날 1970년대에 새마을운동의 일환으로 마을의 신작로에 시멘트가 깔리면 어른들 몰래 자신의 발자국을 찍어 놓는 짓궂은 아이들이 있었다. 꼭 그 모양으로 그 단단한 대리석 위에 발자국이 찍혀 있다. 가이드는 우리에게 그 발자국에 발을 대보라고 말한다. 모두들 자신의 발을 발자국에 대본다. 남들을 따라 나도 한 번 해보았다. 그런데 내 발과 정확히도 들어맞는다. 왠지 기분이 좋았다.

가이드가 미소를 머금고 전해 내려오는 그 발자국에 대한 내력을 말해 주었다. 왕이 전쟁에 나간 사이에 왕비가 정을 통하고 있었는데, 일정보다 빨리 돌아온 왕 때문에 왕비의 정부가 급히

| 프리드리히궁의 뒤쪽 테라스 바닥에 찍힌 발자국

창문에서 뛰어 내렸을 때 찍힌 발자국이라고 한다. 발자국과 일치한 사람이 그때 창문에서 뛰어내린 사람이란다.

그렇다면 내가 그때 그 사람이란 말인가?

괜히 쑥스러워진다.

명실 공히 하이델베르크의 랜드마크라고 할 만한 하이델베르크성을 걸어 내려와 푸니쿨라를 탔던 역사 안에 있는 식당으로 들어갔다. 한국 사람들이 흔히 독일의 족발이라고 부르는 슈바인학세를 파는 식당이다. 슈바인학세는 독일 바이에른 지방에서 즐겨먹는 돼지고기 요리이다. 재료로 사용되는 부위가 우리나라의 족발과 비슷해서 '독일의 족발'이라고 부르지만 우리나라의 족발과는 달리 돼지의 발끝 부분을 사용하지 않는 차이가 있다.

슈바인학세(Schweinshaxe)라는 이름은 돼지를 뜻하는 'Schwein'에 연결어미인 'S,' 그리고 돼지의 정강이나 넓적다리를 뜻하는 'Haxe'가 합해진 합성어이다. 간혹 학세(haxe)를 '학센'(haxen)으로

| 슈바인학세(Schweinshaxe)

알고 있는 사람을 보게 되는데, Haxen은 Haxe의 복수형이다. 우리나라의 족발은 하나로 2-3명이 함께 먹는데, 슈바인학세의 다리 한쪽은 1인분이다. 독일식 김치라고 불리는 자우어크라우트(Sauerkraut)와 으깬 감자를 곁들여 먹는다. 자우어크라우트(Sauerkraut)는 '신맛이 나는(Sauer) 양배추(kraut)'라는 뜻으로 소금에 절여 발효시킨 양배추다.

꽤 나이 들어 보이는 백발의 웨이터가 학세가 담긴 접시를 나르면서 고막이 터질 것 같은 큰 소리로 외친다.

"친구, 친구! 전달… 빨리 빨리!"

그가 여행으로 지친 우리에게 뜻밖의 웃음 선물을 주었다.

생각했던 것보다 슈바인학세의 맛이 괜찮게 느껴졌다. 물론 일행 모두가 그렇게 느낀 것은 아니다. 독일음식은 대체로 염도가 높은 편이다. 체코에서 처음 독일의 에르푸르트에 도착하여 먹은 그 짠 음식이 지금도 기억이 난다. 슈바인학세 그 자체는 그리 짜지 않으나 거기에 곁들인 자우어크라우트는 짜다. 앞서 설명했듯이 소금에 절였기 때문이다. 그래서 슈바인학세를 먹을 때는 맥주와 함께 먹어야 제 맛이라고 한다. 하지만 우리는 맥주 대신 콜라를 마셨다. 그래서 그런지 어째 궁합은 맞지 않는 것 같았다.

식당을 빠져나와 중앙에 성모 마리아 동상이 세워져 있는 코른마르크트 광장(kornmarktplatz)을 지나 다시 헤라클레스상이 서 있는 마르크트 광장(Marktplatz)으로 향했다. 거기에 하이델베르크에서 제일 유명한 성령교회(Heiliggeistkirche)가 있다.

종교개혁자 마틴 루터가 독일 사람이었듯이 독일은 여타 어떤 나라들보다도 신교와 구교의 갈등이 심했던 나라였다. 급기야는 신교와 구교를 지지하는 세력 간에 전쟁이 발발하게 되었는데, 그 전쟁이 바로 30년 전쟁이다.

본래 성령교회는 가톨릭의 성당이었는데 전쟁 중에 가톨릭이 우세하면 가톨릭이 사용했고, 개신교가 우세하면 개신교가 사용했다. 때로는 신교와 구교가 함께 사용하기도 했다. 당시 두 세력은 서로 마주치지 않기 위해 교회의 내부 중앙에 벽을 세워서 왼쪽은 구교가, 오른쪽은 신교가 사용했다. 문도 원래 하나였는데 오른쪽에 새 문을 만들어서 신교도들이 출입할 수 있게 했다. 현재 이 교회는 개신교회에서 사용하고 있고, 중앙의 벽은 철거되어 있지 않다.

| 성령교회(Heiliggeistkirche)

| 브뤼켄토어(Bruckentor)

| 브뤼켄토어 옆에 있는 원숭이 조각상

성령교회를 지나 네카어 강(Neckar River) 쪽으로 내려가면 흰색의 둥근 쌍둥이 탑문인 브뤼켄토어(Bruckentor)가 보인다. '다리의 문'이라는 뜻의 이 건축물은 외부의 적으로부터 마을을 방어하기 위해 세워진 문이다.

이 문을 통과하기 전에 우리는 문 왼쪽에 있는 원숭이 조각상 앞에 섰다. 별것 아닌 것 같은 이 원숭이 조각품이 사람들에게는 꽤 인기있는 명물이다. 1979년 조각가 게르노트 룸프트(Gernot Rumpt)가 만든 이 원숭이 조각상은 왼손에 거울을 하나 들고 있는 모습이다. 이 거울을 만지면 재수가 좋다는 말에 얼마나 많은 관광객이 만졌는지 반들반들하다.

원숭이 조각상에 대한 3가지의 이야기가 전해진다.

첫째, 네카어 강 주변에 살던 영리한 원숭이가 손에 들고 있는 거울로 사람의 선악을 구분했다고 한다.

둘째, 적이 침입했을 때 원숭이들에게 거울을 나눠주고 성을 돌아다니게 하여 거울에 반사되는 빛으로 성에서 수많은 병사들이 방패를 들고 있는 것처럼 위장했다는 설이다.

세째, 주인에게 늙었다고 버림받은 원숭이가 거울을 들고 주인에게 "너도 늙는다"라는 뜻으로 사람들의 얼굴을 비추었다는 설이다. 서유석의 노래 중에 '너 늙어 봤냐 나는 젊어 봤단다'라는 가사가 생각이 나서 혼자 웃으며 원숭이 조각상을 한참 동안 바라보았다.

이 문을 통과하면 왼쪽에 선제후 칼 테오도어의 조각상이 있고 오른쪽에는 아테나(Athena)의 조각상이 세워져 있는 카를 테오도어 다리(Karl Theodor Bruecke)를 건널 수 있다. 여기 사람들은 이 다리를 '오래된 다리'라는 뜻의 '알테 브뤼케'(Alte Bruecke)라고 부른다. 이 다리는 처음에는 나무로 만들어졌으나, 홍수로 강물이 불어나거나 화재로 무너지는 경우가 많아지자 카를 테오도어의 명령에 따라 1788년 지금의 돌다리로 다시 세워졌다. 하지만 이 다리는 제2차 세계대전 말기에 진군해 오는 연합군을 저지하기 위해 폭파되었었다. 현재의 다리는 1947년에 완전히 복원된 것이다. 괴테는 이 다리를 건너며 이렇게 말했다고 한다.

"네카어 강 다리에서 바라보는 경치는 세계 어느 곳도 따르지 못한다."

이 다리 위에서 바라보는 하이델베르크성의 모습은 정말 멋지다.

카를 테오도어 다리를 건너면 그리 높지 않은 하일리겐베르크 (Heiligenberg, 신성한 산)로 오르는 길이 있다. 이 길은 야스퍼스, 칸트, 헤겔 등의 철학자들이 걸었던 길이라고 해서 '철학자의 길' (Philosophenweg)이라는 이름이 붙여진 것이다. 특히 칸트는 매우 규칙적으로 이 길을 걸었다고 하는데, 얼마나 규칙적이었는지 사람들은 산책하는 칸트를 보며 시계의 시각을 맞췄다고 한다. 칸트는 친구가 없었다고 한다. 그래서 그는 사람들에게 "친구들이여, 내게는 친구가 없다네"라고 말하기도 했다는데, 어쩌면 이 길을 걸으며 했던 사색과 고독이 그의 친구였는지도 모르겠다.

칸트의 산책과 관련하여 전해 내려오는 일화가 있다.

어느 날 칸트가 산책을 하던 중 발을 저는 한 거지소년에게 돈을 주었다. 이 소년은 깊이 머리를 숙여 감사를 표했다. 이후 칸트는 이 소년에게 돈을 주기 위해 일부러 잔돈을 갖고 나갔다. 멀리서 칸트가 오는 것을 보면 이 소년은 다리를 절면서도 칸트에게 달려가 인사를 하고 돈을 받았다. 그러기를 반복하자 이 소년은 인사도 하지 않고 당연한 듯이 손을 내밀었다. 그러던 어느 날 칸트가 잔돈을 가지고 있지 않아 이 소년에게 돈을 주지 못했다. 그러자 이 소년은 인상을 찌푸렸다. 그러는 소년을 보며 칸트는 속으로 생각했다.

'내가 이 소년을 망치고 있구나.'

그 후 칸트는 산책코스를 바꾸었다고 한다.

아쉽게도 우리는 일정상 '철학자의 길'은 오르지 못했다. 이것이 단체여행의 단점이다. 자유여행이었다면 시간과 일정에 관계 없이 저 길을 올라가 보았을 텐데 그러지 못해서 참 아쉽다. 칸트가 서운해 할지도 모르겠다. 아니면 내가 철학자의 자질이 없든가…!

'철학자의 길'을 눈앞에 두고 발걸음을 돌려 다시 성령교회가 있는 쪽으로 향했다. 그 옆으로 '춤 리터 호텔'(Romantikhotel Zum Riter St. Georg)이 있다. 이 호텔은 프랑스 출신의 기사 카롤루스 벨리어(Carolus Belier)에 의해서 세워졌다. 프랑스는 전통적으로 가톨릭 국가였다. 종교개혁 후에 개신교 신자에 대한 차별과 박해가 국민들 사이에 심화되었다. 그 문제를 해결하기 위해 앙리 4세(Henri IV) 국왕은 개신교 교도들에게도 가톨릭 교도들과 동등한 종교적 자유를 보장하는 낭트칙령(Edict of Nantes, 1598년)을 발표하여 종교 간 화합을 도모하였다. 하지만 후대 왕인 루이 14세(Louis XIV)는 낭트 칙령을 철회함으로써 개신교도들의 종교의 자유와 정치의 자유를 전면적으로 박탈하였다. 그러자 프랑스의 개신교도들인 칼빈파에 속한 위그노(Huguenot)들은 위기를 느끼고 영국이나 독일 등지로 망명을 했다.

그 중의 한 사람이 바로 카롤루스 벨리어이다. 그는 포목상으로 번 돈으로 이 건물을 지었다. 팔츠왕위계승전쟁(War of the Palatine Succession, 1689년-1697년)으로 도시 전체가 파괴되었을 때에도 이 건물은 온전했기 때문에 파괴된 시청을 보수하는 기간인 1693년부터 1703년까지 시청사로 사용되기도 했었다.

| 성 게오르크 기사의 집(Hous Zum Riter Sankt eorg)

1703년부터 지금까지 300년 넘게 호텔로 이용되고 있다. 이 호텔의 정식 명칭은 '성 게오르크 기사의 집'(Hous Zum Riter Sankt Georg)이다.

여기까지 우리를 안내한 조지완 씨가 갑자기 'Coming out'을 하겠다고 선언을 한다. 모두의 시선이 그녀에게로 집중된다.

도대체 뭘 커밍아웃하겠다는 거지?

사실은 자신의 남편이 감리교회의 목사란다.

그러면 그렇지!

우리는 그녀를 만난 첫날부터 의심을 했었다. 분명 신학을 했거나 루터에 대해서 깊이 연구한 사람일거라고. 그래서 본인에게 물어보아도 대답을 하지 않더니 헤어질 때가 되어서야 진실을 말하는 거다. 본인도 감리교신학대학에서 기독교교육학을 전공했다고 한다. 결국 그녀도 감리교회 목사의 부인이었던 것이다.

사모님들의 반응이 급반전했다. 같은 감리교회의 목사 부인이라는 것만으로도 호감이 가는가 보다. 유명 연예인이라도 만난 사생팬(특정 연예인에 대한 극성팬을 지칭하는 용어)처럼 그녀와 사진 찍느라고 야단이다. 한 가지라도 더 알려주고 싶어 했던 조지완 사모님께 지면을 통해서 다시 감사드린다.

현지 가이드로 수고해 주신 조지완 사모님과 헤어진 우리는 백대리의 인솔로 스위스 취리히로 향했다. 긴 시간을 달려가야 한다.

무려 4시간을 달려야가야 하니 아마도 우리의 여행길 중에 가장 긴 시간을 버스 안에서 보내야 할 듯하다.

어느 덧 스위스 국경이다. 그런데 버스가 또 문제다. 다른 차들은 금방금방 처리가 되어 국경을 통과하는 데 우리만 지체가 된다. 알고 보니 버스운행시간이 초과되었기 때문이란다. 유럽의 버스는 2시간마다 쉬어주어야 한다. 아니면 4시간마다 30분을 반드시 쉬어야 한다. 또한 밤에는 11시간 이상을 쉬어 주어야 운행재개가 가능하다.

정확히 말하면 버스를 쉬게 하는 것이 아니라 버스 기사를 쉬게 하는 것이다. 안전을 위한 좋은 제도인 것 같다. 결국 우리는 알 수 없는 이런 저런 이유와 함께 1시간 이상을 스위스 국경에서 머물러야 했다. 설상가상으로 비가 내리기 시작했고, 주말이 시작되는 금요일 오후라서 도로가 매우 막혔다. 예약된 취리히의 식당(Gratt Hof)에는 밤 9시에야 도착할 수 있었다. 그곳에서 새로 만난 한국인 가이드 최덕규 씨가 "시장하시죠? 그래서 살라드와 메인을 함께 나오게 했습니다. 먼저 나온 살라드를 드시고 계시면 곧 메인 요리가 나올 겁니다"라며 지친 우리를 위로한다.

'살라드라!'

처음 들어보는 음식 이름이다. 드디어 그 문제의 '살라드'가 나왔다. 그러자 모두가 합창하듯 일제히 "하하하" 웃고 말았다. '살라드'의 정체는 '샐러드'였던 것이다. 무슨 특별한 음식이라도 먹을 수 있을까 하고 기대했던 우리들은 그만 웃고 만 것이다. 사실 인구의 20% 정도가 프랑스계이며 이탈리아어와 독일어를 함께 사용하는 스위스에서 샐러드를 '살라드'(salade)라고 발음하는 것은 지극히 자연스러우나 미국식 영어 발음에 익숙한 우리에게는 낯선 발음이기에 웃음이 나온 것이다. 참고로 샐러드(Salad)는 소금(salt)에서 유래된 말이다. 채소에 소금을 뿌려 만들었기 때문이다. 그렇게 우리는 스테이크와 살라드(?)에 웃음이라는 조미료를 더한 늦은 저녁 식사로 하루를 마무리했다.

# 6일째

---

2016년 5월 14일, 토요일

스위스 종교개혁의 성지
그리고 하얀산
제네바, 샤모니

   아침부터 섭섭한 내용이 전달되었다. 취리히 관광이 어렵겠다는 것이다.

   일정상 어렵겠다는데 어찌하겠는가!

   단체여행을 하다보면 꼭 이런 일이 발생한다. 예전에 로마를 포함한 터키와 그리스 여행 때에도 그랬다. 로마를 가지 못하겠다는 것이다. 얼마나 서운했던지….

   그렇게 취리히 일정은 취소되고 우리는 곧바로 제네바로 향했다. 3시간 정도를 달려가야 한다. 비가 내리니 조금 더 걸릴지도 모르겠다. 제네바로 가는 내내 가이드 최덕규 씨는 마이크를 놓을 줄 모른다. 독일에서의 조지완 사모가 우리에게 루터에 대하여 하나라도 더 알려주고 싶어 했다면, 최덕규 씨는 어떻게 하면 우리를 웃겨 줄지를 고민하는 것 같다.

   버스 안에서 일행 중 한 사모님이 가이드에게 "지금까지 식사 때마다 고기를 많이 먹었는데, 고기가 아닌 다른 음식을 먹었으면 좋겠다"는 요청을 했다.

가이드가 대답했다.

"지금까지 '일용할 양식을 주시옵소서'라고 기도했기 때문에 '양손'으로 먹을 수 있는 '양식'이 나왔으니, 이제는 '한 손'으로 먹을 수 있는 '한식'으로 준비해 보겠습니다."

취리히 일정이 취소된 일로 속상해 하던 일행의 입에서 '하하하'가 흘러나온다. 가이드의 농담이 효과가 있었나 보다. 이 여세를 몰아 가이드가 우리에게 질문을 던진다.

"일본 사람들이 왜 독도에 군침을 흘리는지 아십니까? 독도가 일본말로 '다케시마'라고 하잖아요? 그것을 거꾸로 읽어보세요. '맛있겠다'(마시케다)입니다. 그래서 그들이 그렇게 독도에 군침을 흘리는 겁니다."

이번에는 헷갈린다. 웃어야 할지 말아야 할지.

벌써 2시간을 달렸다. 버스가 쉬어야 한다. 휴게소에서 잠시 쉰 우리는 또 다시 버스를 탔다. 일행 중 최연소자인 23개월 된 아기에게 어떤 분이 사탕을 주며 말했다.

"까까. 까까 먹어!"

그러자 기회를 포착한 가이드가 손사래를 치며 말한다.

"유럽에서는 '까까'라고 하시면 안 됩니다. '까까'는 '똥'을 의미합니다. 지금 목사님은 저 애기에게 똥을 먹으라고 한 겁니다."

말이라는 것은 참 재미있다.

같은 발음인데도 그 의미는 전혀 다를 수 있으니 말이다. 혹 유럽을 여행하는 분들은 꼭 참고하시기 바란다. 이쪽에서는 대변을 '까까'(caca)라고 하고, 소변을 '삐삐'(peepee)라고 말한다.

가이드의 쉴 수 없는 농담을 듣다가, 때로는 졸다가 하면서 3시간 30분을 달려 제네바(Geneva)에 도착했다. 제네바는 동서 72km, 남북 14km에 달하는 스위스 최대의 호수인 레만호(Leman Lake)의 서쪽 끝자락에 있으면서 프랑스와 가까운 곳에 위치해 있다. 국제연합 유럽본부와 국제적십자위원회가 있는 국제적인 도시이다.

무엇보다도 제네바는 존 칼빈(Jean Calvin)의 도시이다. 루터의 종교개혁의 중심지는 독일의 비텐베르크이고, 쯔빙글리의 종교개혁의 중심지는 취리히이며, 칼빈의 종교개혁의 중심지는 제네바이다.

루터가 1517년 종교개혁을 시작할 때에 칼빈의 나이는 아홉 살이었다. 프랑스에서 태어난 칼빈은 열네 살 때에 공부를 위해 파리로 갔다. 그가 파리에 도착한 날, 아우구스티누스파의 수도사 장 발리에르(Jean Valliere)가 이단으로 몰려 공개 처형을 당했다. 루터의 책을 소지하고, 읽었다는 이유였다. 그는 혀가 잘린 뒤 화형을 당했다. 프랑스 국왕이 신교를 박해하자 칼빈은 스위스의 제네바로 건너갔다. 마침 그때는 제네바가 종교개혁을 지지한다고 선언한 1536년이었다. 그 해 10월에 제네바에 온 칼빈을 기욤 파렐(Guillaume Farel)이 설득하여 두 사람은 함께 스위스의 종교개혁운동을 하게 된다. 이때 칼빈의 나이는 27세였고, 파렐은 그보다 20살 많은 47세였다.

그런데 칼빈은 온건파인 루터와는 달리 급진적 개혁을 주장했다. 급진적이라기보다는 엄격한 신앙을 강조했다. 즉 루터는 "비성경적이 아닌 것은 성경적이다"라는 생각으로 성경에 어긋나지 않으면 가톨릭의 요소들도 수용하려고 했다. 하지만 칼빈은 엄격하고 철저한 신앙생활을 요구했다. 그의 개혁운동이 너무 엄격해서 심지어는 삼위일체를 부인하는 어떤 사람을 화형에 처하기도 했으며, "종교개혁적 신앙고백에 참여하지 않는 시민은 누구든지 도시에서 추방해야 한다"고 주장했다.

그러다보니 칼빈 자신이 반대파에 의해 한때 제네바에서 추방당하기도 했었다. 이처럼 칼빈의 종교개혁운동은 매우 엄격해서 지금까지도 찬사와 동시에 비판을 받기도 한다. 하지만 "개혁된 교회는 항상 개혁되어야 한다"(ecclecia semper reformanda)는 그의 종교개혁운동의 구호는 지금도 유효하며 지속되어야 한다.

평소 병약했던 칼빈은 1564년 5월 27일 토요일 54세의 일기로 하나님께로 갔다. 그리고 그의 시신은 제네바 시의 플레인팔라시스(Plainpalasis) 공동묘지에 안장되었다. 그의 장례식에는 그 어떤 예식도, 설교도, 찬송도 없었으며, 제네바 시민들도 장례식에 참여하지 않았다. 게다가 칼빈의 무덤에는 그 어떤 비문이나 기념의 글도 없었다. 그것은 "내가 죽으면 내 무덤에 묘비를 세

| 존 칼빈의 무덤

우지 말라"고 한 그의 유언에 따른 것이었다.

 이러한 이유로 칼빈의 무덤은 아무도 찾지 않는 무명의 묘가 되었다. 그러다가 18세기에 와서 많은 사람들의 요구에 따라 무덤의 위치를 추정할 수 있도록 칼빈의 이니셜(J. C)을 작은 돌에 새겨 그의 무덤임을 알게 했다고 한다. 다른 일설에 의하면 네덜란드 사람이 칼빈의 묘를 어렵게 찾아 확인하고 이니셜을 새겼다고도 한다. 지금은 그의 무덤 앞에 그의 무덤임을 알리는 작은 표지판이 세워져 있다. 칼빈이 하늘에서 그것을 보고 있다면, 혹시 노할지도 모를 일이다. 하지만 그의 뒤를 이을 후예들의 본보기를 위해 그 정도의 돌 조각은 그가 이해해 주었으면 좋겠다.

 제네바에 도착한 우리는 제일 먼저 식당에 들렀다. 가이드는 '한 손'으로 먹을 수 있는 '한식'으로 준비한다고 했는데, 그는 우리를 〈한룽(HAN-LUNG)〉이라는 중국식당으로 안내했다. 그래도 한식과 비슷한 같은 동양식이니 봐주는 것으로 하자.

점심 식사 후 우리는 바스티옹 공원(Parc des Bastions)으로 향했다. 바스티옹 공원은 제네바 시민들이 휴식을 위해 가장 많이 찾는 곳이다. 바스티옹(Bastion)은 '요새'라는 뜻으로, 본래 이곳은 1817년에 제네바 성 밖 해자를 메운 땅에 조성한 식물원이었다. 바스티옹 공원의 산책로를 따라가다 보면 다양한 기념물, 분수, 조각상들을 볼 수 있다. 특히 50여종의 희귀식물들이 식재되어 있는데, 그 중에서도 우리를 반기는 것은 하얀 꽃을 피운 마로니에였다. 살면서 가장 많은 숫자의 마로니에를 본 것 같다. 한편 바스티옹 공원에는 종교개혁 기념벽(Monument de la Reformation)이 있어서 '종교개혁 공원'이라고도 불린다.

바스티옹 공원을 사이에 두고 왼쪽에는 칼빈이 1559년에 세운 '제네바 아카데미'를 모태로 한 제네바대학이 자리하고 있고, 오른쪽에는 종교개혁 기념벽이 위치하고 있다. 종개혁 기념벽은 1909년 존 칼빈(Jean Calvin) 탄생 400주년을 기념하여 길이 100m, 높이 5m의 석벽으로 세워졌다.

종교개혁 기념벽의 중앙에는 종교개혁의 주요 인물 네 명의 조각상이 세워져 있다. 왼쪽부터 스위스의 종교개혁가이자 칼빈을 제네바에 남게 한 기욤 파렐(Guillaume Farel), 칼빈(Jean Calvin), 칼빈이 1559년에 세운 '제네바 아카데미'의 초대 교장이었으며 칼빈이 설명한 예정론을 '이중 예정론'으로 확립시킨 테오도르 드 베즈(Théodore de Bèze), 제네바에 망명 중 칼빈에게서 깊은 영

| 스위스의 종교개혁가들(파렐, 칼빈, 베즈, 낙스)

| 바스티옹 공원(Parc des Bastions)에서

향을 받고 고국으로 돌아가 스코틀랜드 장로교회를 세운 존 낙스(John Knox)가 조각되어 있다. 그들의 손에는 모두 성경이 들려 있다. 그리고 그 옆으로는 위의 네 사람의 조각과는 조금 작은 크기로 영국의 크롬웰 등 다른 종교개혁가들 및 종교개혁의 협력자들의 모습이 조각되어 있다. 또한 기념벽에는 1535년 제네

바 종교개혁의 표어였던 "Post tenebras Lux"(어둠 뒤에 빛이 있으라)라는 글귀가 라틴어로 크게 새겨져 있다.

종교개혁 기념벽의 양쪽 끝에는 루터와 쯔빙글리의 기념비가 세워져 있다. 독일에서의 종교개혁이 루터와 관련되어 있다면, 스위스에서의 종교개혁은 칼빈과 쯔빙글리와 관련되어 있다. 칼빈은 제네바에서, 쯔빙글리는 취리히에서 활동했다. 국가 연합인 연방제의 특성에 따라 스위스에서는 다양한 축을 중심으로 여러 종교개혁자들이 이끌었던 것이다.

당시 종교개혁자들은 모두 신앙의 기준을 '성경'에 두었다는 공통점을 가지고 있었지만 관점의 차이가 있었다. 루터파는 "비성경적이지 않으면 성경적이다"라는 관점이었고, 쯔빙글리와 칼빈의 개혁파는 "성경에 나오지 않은 것은 비성경적이다"라는 관점이었다. 특히 양 진영은 성찬론에서 의견의 차이가 심했다. 물론 종교개혁자들 모두는 빵과 포도주가 주님의 몸과 피로 변화한다는 가톨릭의 화체설(化體說)을 반대했다. 하지만 루터는 빵과 포도주가 변화되는 것은 아니지만 주님이 실제 빵과 포도주에 함께한다는 공재설(共在說)을 주장했다. 반면에 쯔빙글리와 칼빈은 영적 임재설(또는 기념설)을 주장했다.

특히 성찬론에 대한 루터와 쯔빙글리의 견해차는 매우 컸다. 쯔빙글리의 입장에서 볼 때에 루터의 공재설은 가톨릭의 화체설과 비슷하다고 느꼈기 때문이다. 두 사람은 1529년 독일의 마르부르크(Marburg)에서 만났다.

생 피에르 대성당(Cathedrale Saint-Pierre)

그러나 두 사람의 견해차가 너무 심했다. 쯔빙글리는 눈물을 흘리면서 루터에게 손을 내밀었다. 하지만 루터는 손을 거두면서 말했다.

"당신은 나와 다른 영을 가졌습니다."

두 사람의 의견은 영영 합의되지 못했다.

그래서 그럴까?

두 사람의 기념비는 서로 반대쪽에 마주하여 서 있다.

종교개혁 기념벽의 오른쪽으로 가서 도로를 건넌 다음, 언덕 위로 올라가면 건물들 사이로 골목이 보인다. 그 골목을 따라가다 보면 생 피에르 대성당(Cathedrale Saint-Pierre)이 보인다.

시가지의 중심에 있는 생 피에르 대성당은 로마네스크 양식과 고딕 양식이 복잡하게 얽힌 제네바의 대표적인 건축물이다. 즉 전면의 건물은 전통적인 그리스의 전통 양식인 도리아 양식을 모티브로 한 신 고전주의의 양식으로 지어졌고, 그 오른쪽 건물

| 존 칼빈이 앉았던 의자

은 로마네스크 양식, 그리고 후면의 건물은 고딕 양식으로 되어 있다. 그것은 생 피에르 대성당이 한꺼번에 지어진 것이 아니고 오랜 시간에 걸쳐 각각 지어졌기 때문이다. 각각의 건물이 건축될 때마다 그 시기에 유행했던 건축 양식으로 지어졌던 것이다. 전면의 대성당건물 오른쪽에는 종교개혁을 이끌었던 칼빈이 설교를 했다고 전해지는 예배당이 있다.

칼빈은 파렐의 요청에 의해 제네바에 남아 이곳 생 피에르 대성당에서 성경교사로서의 임무를 수행했었다. 성당의 내부는 그리 화려하지 않다. 종교개혁 당시 성당 내부의 화려한 것들이 모두 제거되었기 때문이다. 성당 지하에는 4세기경의 예배당 흔적을 볼 수 있는 발굴전시관이 있다. 특히 1407년에 만들어져 첨탑에 매달린 클레멘스라는 이름의 종은 무게가 무려 6,000kg에 달한다. 생 피에르 대성당은 종교개혁 이후 개신교의 교회가 되었다.

생 피에르 대성당을 둘러본 우리는 다시 칼빈 거리(Rue Jean Calvin)를 되돌아 종교개혁 기념벽 앞을 지나 버스로 왔다. 이제 우리는 만년설이 뒤덮인 알프스 산맥의 몽블랑을 보기 위해 샤모니(Chamonix)로 간다. 날씨가 흐린데 만년설의 풍광을 제대로 볼 수 있을지 걱정이다.

샤모니로 가는 1시간 30분 정도의 버스 안 투어는 결코 지루하지 않았다. 때로는 계곡이, 때로는 눈 쌓인 산이, 또 때로는 폭포가 우리의 눈을 즐겁게 해 주었기 때문이다. 길옆으로 종종 나타나는 마을들에는 거의 어김없이 교회의 모습이 보인다. 그리고 교회의 탑에는 시계가 부착되어 있다. 갑자기 궁금증이 생긴다.

'왜 유럽의 성당이나 교회에는 시계탑을 세웠을까?'

이 궁금증은 후에 한국에 돌아와 『시계와 문명』(카를로 M. 치폴라 저)이라는 책으로 해소되었다.

기계식 시계가 발명되기 전, 유럽 사람들은 성당이나 수도원의 종소리가 시간을 알리는 유일한 방법이었다. 그래서 성당이나 수도원에는 거의 종탑이 있었던 것이다. 한 때 수도원에서는 정확한 기도 시간을 알리기 위하여 종을 치는 사람을 고용하기도 했었다.

한편 해시계나 물시계가 아닌 기계식 시계가 발명된 것은 14세기경이다. 자연히 기계식 시계가 도시의 중앙이나 광장 근처에 세워져 있던 성당의 종탑에 설치된 것이다.

공공 시계는 유럽 전역에 확산되었다. 성당, 교회, 시청사 등 도시의 중심 시설에 설치되어 시간마다 자동으로 종을 울리는 대형 시계의 존재는 세계 어디에서도 찾아볼 수 없는 광경이었다. 1309년에 밀라노 산테우스토르조 교회를 시작으로 1324년 보베의 대성당, 1335년 밀라노 산 고타르도 교회, 1340년 클뤼니 수도원, 1344년 파도바 광장, 1353년 제노바, 1356 볼로냐, 1359년 샤르트르 대성당, 1362년 페라라, 1370년 파리 궁정에 공공 시계가 설치되었다.

사람들은 자신들이 사는 곳의 공공 시계를 무척 자랑스러워 했다. 15세기 프랑스의 한 문헌에 따르면 "도시를 빛낼 크고 훌륭한 시계를 갖고 있다는 명성을 두고 다른 도시와 경쟁했다"고 한다.

놀랍게도 최초로 시계를 제작했던 사람들은 바로 대포 장인들이었다. 초창기 대부분의 시계가 쇠나 청동으로 만든 거대한 공공 시계였기 때문에, 시계 제작자들이 대장장이나 자물쇠공, 총포공 등 일반적으로 금속을 다루는 노동자들이었다고 한다.

인터넷을 검색해 보니, "죽기 전에 꼭 보아야 할 6개의 시계탑이 있다"고 한다. 1859년에 세워져 영국의 방송사들이 시보로 사용할 정도로 정확하다는 영국 런던에 있는 빅벤(Big Ben), 1499년에 만들어진 이탈리아 베네치아의 중심인 산마르코 광장의 시계탑, 600년의 역사를 자랑하는 체코 프라하의 구시청사 벽에 걸려있는 천문시계, 16세기에 처음 제작되어 19세기 중반에 보수된 러시아 모스크바의 스파스카야(Spasskaya) 시계탑, 높이 601m의 탑에 설치되고 지름이 43m에 달하는 사우디아라비아의 메카에 있는 시계탑, 새 천년을 기념해 2000년에 만들어진 지름 약 6m의 폴란드 바르샤바 문화 과학 궁전의 첨탑 시계가 바로 그것이다. 이중에서 우리는 이미 체코의 프라하에서 천문시계를 보았고, 앞으로 이탈리아의 베네치아에서 산마르코 광장의 시계탑을 보게 될 것이다.

| 에귀 뒤 미디(Aiguille du Midi) 전망대를 오르기 위한 로프웨이 역

샤모니(Chamonix)는 해발 1,038m에 위치한 프랑스 남동부의 소도시이다. 험준한 산속의 계곡에 위치한 샤모니는 1741년 영국사람 윈드햄(Windham)과 포코크(Pocoke)에 의해 처음 세상에 알려졌다. 그러다가 1760년 몽블랑에 관심을 갖게 된 제네바의 자연과학자 소쉬르(H.B.Saussure)가 정상을 정복하는 사람에게 상금을 내걸었다. 이후 26년이 지난 1786년 8월 8일에 의사 미셸 파카르(Michel Paccard)와 그의 동료 장 발마(Jacques Balmat)에 의해 해발 4,807m의 몽블랑이 정복된다.

이후 샤모니는 '샤모니 몽블랑'(Chamonix-Mont-Blanc)으로 이름이 변경되었고, 1924년에는 제1회 동계 올림픽을 개최했다.

| 샤모니 몽블랑의 석양

그 이후에도 각종 국제경기가 개최되면서 전 세계에 알려지게 되었다.

이곳은 알프스 등산의 출발점이며, 국립 스키학교와 등산학교가 있어 겨울 스포츠를 즐기는 이들의 성지와 같은 곳이다.

몽블랑(Mont-Blanc)은 Mont(Mountain)와 Blanc(White)가 합해진 단어로 '하얀 산'이라는 뜻이다. 이탈리아어로는 몬테 비앙코(Monte Bianco)라고 한다. 정상에 1년 내내 하얀 눈이 쌓여 있어서 붙여진 이름이다. 몽블랑의 만년설을 가장 높은 곳에서, 그리고 가장 가까이에서 볼 수 있는 쉬운 방법은 1955년 6월에 완공한 로프웨이(ropeway)를 타고 해발 3,842m에 있는 에귀 뒤 미디(Aiguille du Midi) 전망대에 오르는 것이다. 반대편에 있는 해발 2,525m의 브레방(Brevent) 전망대에서도 볼 수 있지만 그곳은 패러글라이딩이나 스키코스로 더 명성이 높다.

'에귀 뒤 미디'는 '정오의 바늘'이라는 뜻으로 해발 3,842m의 봉우리에 해가 걸리면 정오를 가리킨다고 해서 붙여진 이름이다. 전망대에 오르려면 해발 2,317m의 중간 기착지 플랑 드 레귀(Plan de L'aiguille)를 거쳐야 한다. 하지만 산 아래 로프웨이를 타는 곳에서 전망대까지 걸리는 시간은 겨우 20분 정도 밖에 걸리지 않는다. 세계에서 가장 빠른 로프웨이(일명, 케이블카)로 기네스북에 등재되어 있다고 한다. 이처럼 산 아래 1,038m에서 전망대가 있는 3,842m까지 단 20분 만에 올라오기 때문에 간혹 고산증세로 고통을 당하는 사람도 있다. 또한 이곳은 한 여름에도 영하에 가까운 기온이므로 반드시 따뜻한 겉옷을 준비해야 한다.

우리는 로프웨이를 타는 역에서 약 100m 정도 떨어진 까르프 마켓 근처의 주차장에 버스를 세우고 걸어서 내려왔다. 우리 일행은 거의 마지막 시간에 로프웨이를 탔다. 하지만 우리의 가장 큰 걱정은 좋지 못한 날씨였다. 다행히 비는 내리지 않았지만 산 중턱 위로는 구름으로 뒤덮여 있었다. 우리의 염려는 현실이 되었다. 산 중턱부터는 눈보라가 심하여 보는 것이 거의 불가능했다. 전망대에서의 눈보라는 더욱 심했다. 그렇게 우리는 산을 다시 내려와야 했다. 그야말로 이곳에 다녀왔다는 사진 한 장 남긴 것 밖에는 아무 것도 볼 수 없어서 모두들 실망의 표정이 역력하다.

하지만 어찌하랴.

몽블랑이 우리에게는 그것만 허락한다고 하니.

늦은 시간인데도 아직 환하다. 샤모니역 근처의 호텔에 들어가 저녁 식사를 마치고, 일행 몇 사람과 시내를 돌아보기로 했다. 샤모니역 앞에 이르렀을 때에 우리는 이루 형용할 수 없는 광경을 목격하게 되었다. 검은 구름 사이로 강한 빛과 함께 드러난 몽블랑의 환상적인 모습이었다.

문득 '모세가 하나님의 산 호렙에서 목격한 불꽃이 저런 것이었을까?'라는 생각이 들었다.

| 에귀 뒤 미디(Aiguille du Midi) 전망대의 석양

우리 모두는 그 강렬한 광채 사이의 몽블랑을 한참 동안 지켜본 다음, 시청 방향으로 발걸음을 뗴었다. 샤모니는 인구가 1만 명 정도의 아주 작은 도시이다.

그래서 쇼핑이나 다른 일들을 하지 않는다면 시내를 돌아보는 데 1시간 정도면 충분하다. 샤모니는 크게 세 개의 거리로 구분되어 있다. 우리가 묵고 있는 호텔 옆 샤모니역에서 시청 방향으로 난 길이 미쉘 끄로 거리(avenue Michel Croz)이고, 끄로 거리를 걸어가다 보면 만년설이 녹아 흐르는 아르브(Arve) 강을 건너 시계탑을 만나게 되는데 여기에서 오른쪽으로 난 길이 조제프 발로 거리(Rue Joseph Vallot)이고 왼쪽으로 난 길이 독퇴르 파까르 거리(Rue du Docteur Paccard)이다. 샤모니는 이 세 거리를 중심으로 조성되어 있다.

우리가 시내를 둘러보는 시각에는 늦은 시간이라서 그런지 상당수의 상점들이 문을 닫은 상태였다. 그럼에도 몽블랑을 배경으로 한 샤모니는 셔터를 누르는 대로 모두가 작품이 되었다. 모처럼 한가로움을 즐기며 걷는 샤모니 시내 산책은 정말 멋진 시간이었다. 이래서 다시 이곳에 오고 싶어 하는가 보다. 오늘은 행복한 꿈을 꿀 것 같다.

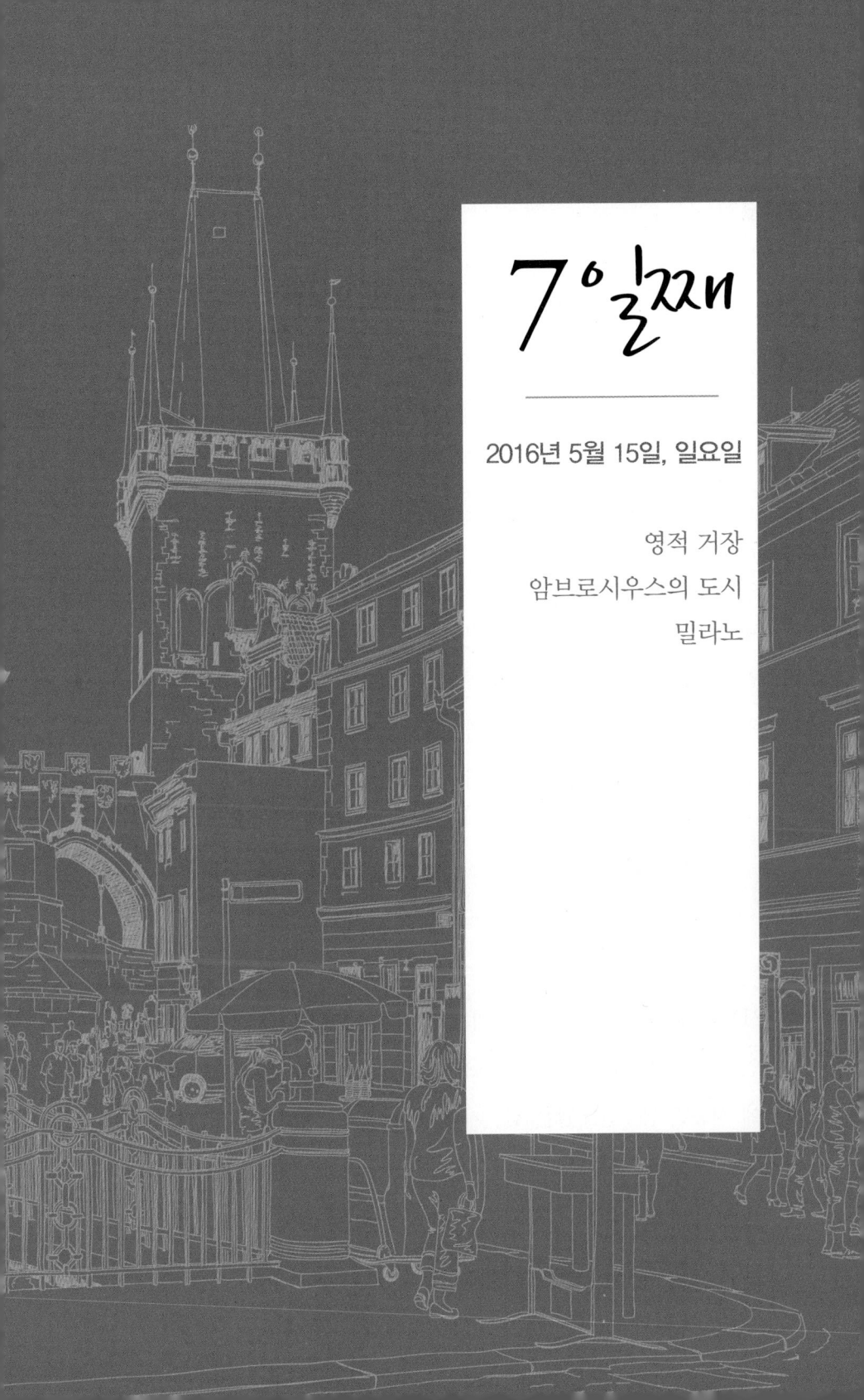

# 7일째

2016년 5월 15일, 일요일

영적 거장
암브로시우스의 도시
밀라노

　샤모니는 우리나라의 읍 정도밖에 되지 않는 작은 도시였지만 내게 매우 강렬한 인상을 주었다. 변화무쌍한 날씨와 하얀 눈, 만년설이 녹아 내려 시내를 관통하는 아르브 강, 프랑스에 속하지만 스위스에 있는 듯 착각하게 하는 건축물들….

　샤모니의 1박 2일이 너무 짧게 느껴진다. 하루쯤 더 쉬었다 가면 좋겠다는 생각이 든다.

　하지만 여행자가 마냥 한곳에 있을 수는 없지 않은가!

　미련없이 떠날 줄 아는 것도 여행자의 특권이자 자세이다.

　우리는 서둘러 아침 식사를 마치고 밀라노를 향해 출발했다. 샤모니에서 밀라노로 가기 위해서는 세계에서 가장 긴 터널인 몽블랑터널(Mont Blanc Tunnel)을 통과해야 한다. 1965년 7월에 개통된 몽블랑터널은 길이가 11.6km나 될 정도로 길다. 만일 이곳에서 화재라도 난다면 엄청난 피해가 예상된다. 실제로 1999년에 발생한 화재로 39명이 희생되기도 했었다. 그래서 몽

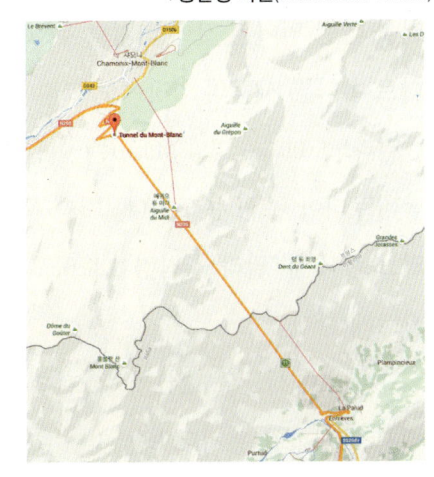

| 몽블랑 터널(Mont Blanc Tunnel)

블랑 터널은 속도 제한이 70km로 제한되어 있다. 통행료는 꽤 비싼 편이다. 2016년 5월 기준 1회 편도 통행료가 차종에 관계없이 43.5유로이다. 원화로 환산하면 거의 6만원에 가까운 비용이다. 하지만 이곳을 통과하지 않으면 3시간을 우회해야 한다. 6만원을 내면 3시간이 12분으로 줄어드는 것이다.

오늘은 주일이다.

우리는 달리는 버스 안에서 주일예배를 드렸다. "인생의 순례길"이라는 제목으로 감리사님이 설교를 하셨다. 이번 여행을 통해서 "하나님을 만나고자 하는 간절한 소망을 가져야 관광(tourism)이 아닌 순례(pilgrimage)가 될 수 있다"고 말씀하신다. 그러면서 "매일의 삶을 순례자(pilgrim)로 살라"고 당부하신다.

호텔을 떠나면서 시작된 버스 안 주일예배가 약속이나 한 듯이 몽블랑 터널을 빠져나옴과 동시에 마쳐졌다. 밀라노에 도착한 우리는 김찬우 가이드와 만나 점심 식사부터 하기로 했다. 점심메뉴는 이탈리아 정통 피자다. 맛이 없는 것은 아니지만 그렇다고 특별히 맛있는 것도 아니다. 피자의 고장에 와서 정통 피자를 한번 먹어본 것에 의미를 두기로 했다. 물론 각자의 기호가 다르니 다른 사람의 입맛에도 그렇다는 것은 아니다.

밀라노(Milano, 영명 Milan)는 이탈리아의 북부에 있는 도시로 롬바르디아 주의 주도이다. 내가 목사여서 그런지는 몰라도 밀라노는 내게 "밀라노 칙령"(Edictum Mediolanense)을 가장 먼저 떠오르게 한다.

당시 로마제국은 324년 콘스탄티누스 1세가 리키니우스를 패배시킬 때까지 동서로 양분되어 통치되고 있었다. 즉 로마제국의 서쪽은 콘스탄티누스 1세가, 동쪽은 리키니우스(Licinius)가 각각 다스리고 있었다. 1제국, 2황제 체제였던 것이다. 이것을 양두정치(兩頭政治) 또는 이두정치(二頭政治)라고 한다.

이 당시 기독교는 로마제국으로부터 극심한 박해를 받고 있었다. 그런데 기독교를 박해하는 것이 제국의 이익에 큰 도움이 되지 못한다는 사실을 깨달은 두 황제는 밀라노에서 기독교에 대한 관용을 내용으로 하는 칙령에 합의하여 선포했다. 바로 이것이 313년 6월에 공포된 "밀라노 칙령"이다. 사실 밀라노 칙령은 기독교만을 위한 칙령은 아니다. 밀라노 칙령의 핵심은 이것이다.

"이제부터 모든 로마인은 원하는 방식으로 종교생활을 할 수 있다. 로마인이 믿는 종교는 무엇이든 존중을 받는다."

이렇듯 밀라노 칙령이 기독교만을 로마의 유일한 종교로 선언한 칙령은 아니었지만, 로마 제국 내의 다른 종교와 동등하게 기독교도 인정해 준 선언이다. 따라서 더 이상 기독교는 핍박을 받지 않았고 몰수된 교회의 재산도 돌려받게 되었다. 그러다가 321년에는 최초로 일요일을 휴일로 삼게 되었고, 테오도시우스 1세(Flavius Theodosius) 때인 392년에 기독교는 로마의 국교가 되었다.

여기서 잠깐 쉬어갈 겸 테오도시우스 황제에 얽힌 이야기를 하나 언급하고 지나가자.

390년 어느 날, 테오도시우스 황제가 잠시 데살로니가에 머물게 되었다. 그때 데살로니가 시민들이 폭동을 일으켰다. 로마로부터 독립을 얻겠다는 시위였다. 폭동을 진압하는 과정에서 테오도시우스 황제의 장군 가운데 한 사람이 성난 폭도들에 의해서 살해를 당했다. 테오도시우스는 병사들에게 보복명령을 내렸다. 로마의 병사들이 데살로니가 시민 7,000명을 무참히 학살한 후에야 비로소 폭동이 진압되었다.

그 뒤에 테오도시우스 황제는 밀라노로 돌아왔다. 황제는 주일예배를 드리기 위해서 교회로 갔다. 당시 밀라노의 주교였던 암브로시우스는 교회의 문 앞에 서서 황제를 가로 막았다.

"못 들어갑니다."

황제가 물었다.

"왜 못 들어갑니까?"

암브로시우스는 이렇게 대답했다.

"황제는 죄인이기 때문입니다. 수많은 시민을 무참히 학살하고 나서 감히 무슨 염치로 만군의 하나님 여호와를 만나려고 하십니까? 못 들어갑니다."

그때 테오도시우스 황제가 이렇게 말했다.

"다윗 왕도 죄인이었잖소?"

그때 암브로시우스는 유명한 대답을 했다.

"감히 황제가 다윗 왕의 흉내를 내려고 하십니까? 그렇다면 황제께서도 다윗 왕처럼 회개를 하셔야지요. 황제는 다윗 왕처럼 회개하지 않았기 때문에 하나님의 전에 올라갈 수 없습니다."

결국 테오도시우스 황제는 교회에 들어가지 못하고 궁으로 돌아가야 했다. 그러나 그는 암브로시우스의 말을 달게 여기고, 8개월 동안이나 자기의 잘못을 뉘우치면서 하나님 앞에 철저하게 회개했다. 그리고 그해 성탄절을 기해서 비로소 그는 교회의 공식적인 사면을 얻게 되었다. 그리고 난 뒤에 그는 성전에 올라가서 하나님께 예배를 드릴 수 있었다.

위의 이야기를 소재로 안토니 반 다이크(Anthoni Van Dyck)가 그린 그림이 이탈리아의 비엔나에 있는 임페리얼 박물관에 보관되어 있고, 밀라노의 두오모 대성당의 청동문에도 부조로 조각되어 있다.

우리는 밀라노의 두오모 대성당(Duomo di Milano)에 도착했다. 얼마나 웅장하고 거대한지 정신을 차릴 수가 없었다. 바티칸의 성 베드로 대성당, 스페인의 세비야 대성당 다음으로 세계에서 세 번째로 큰 성당인 두오모 대성당은 이탈리아 북부 롬바르디아 주의 밀라노에 있는 대성당이다.

두오모 대성당의 정식명칭은 '산타 마리아 나센테 대성당' (Basilica Cattedrale Metropolitana di Santa Maria Nascente)이다. 성모 마리아에게 봉헌된 성당이기에 그렇게 불리는데, 대개 '두오모 대성당'이라고 한다. '두오모'(Duomo)는 라틴어 도무스(domus)에서 유래된 말로서 규모가 큰 개인주거지를 의미했다. 영어로는 돔(dome)이라고 표기되며 반구형의 둥근 지붕 또는 둥근 천장을 뜻한다. 대개 이탈리아나 독일에서는 대성당을 의미한다.

두오모 성당은 1386년 밀라노의 영주였던 잔 갈레아초 비스콘티(Gian Galeazzo Visconti)의 제안에 따라 그의 사촌이었던 대주교 안토니오 다 살루초(Antonio da Saluzzo)에 의해 착공되었으나 완공되기까지는 400년도 더 지나야 했다.

1804년 12월 2일 노트르담 대성당에서 프랑스의 왕으로 대관식을 치른 나폴레옹은 그 이듬해인 1805년 5월 28일에 이곳 두오모 대성당에서 이탈리아의 왕으로 대관식을 행했다. 거기에 맞추어 나폴레옹은 프랑스 국고를 지원하여 두오모 대성당을 완공하도록 했다. 두오모 대성당은 밀라노 중심에 위치한 고딕 양식의 성당으로 너비 93m, 높이 109m, 길이 158m, 135개의 첨탑이 하늘을 찌를 듯이 솟아있다. 그중에서도 가장 높은 첨탑에는 '작은 성모(聖母)'라는 뜻의 '마돈니나'(Madonnina) 조각상이 3,900개의 금박으로 덮여 세워져 있다.

| 밀라노의 두오모 대성당(Duomo di Milano)

두오모 성당은 암브로시우스(Ambrosius)와 깊은 인연이 있는 대성당이다. 그는 374년에 이곳의 주교가 되었는데, 그 때문에 오늘날까지도 암브로시우스는 밀라노의 수호성인(守護聖人)으로 추앙받고 있다.

한편 밀라노의 대주교였던 암브로시우스는 아우구스티누스(Augustinus)의 스승이기도 하다. 아우구스티누스는 하버드대학교의 철학교수인 화이트헤드(Whitedhead)가 "현대의 모든 철학은 플라톤의 주석이고, 현대의 모든 신학은 아우구스티누스의 주석"이라고 할 정도로 기독교 신학의 근간을 만든 위대한 신학자이다. 그런 그를 있게 한 사람이 바로 암브로시우스다.

아우구스티누스는 방탕과 이교에 빠진 사람이었다.

독실한 기독교인이었던 어머니 모니카의 바람과는 달리 아우구스티누스는 정욕에 빠져 17세에 40대 과부와 동거하며 살았고, 20세 때부터 9년 동안은 철저한 이원론과 금욕주의를 표방하는 마니교를 신봉하기도 했다. 그런 아들 때문에 모니카의 눈에는 눈물이 마를 날이 없었다. 아우구스티누스가 밀라노로 오게 된 것은 마니교 세력의 대표자였던 원로원 시마쿠스에게서 지원을 받았기 때문이다. 시마쿠스는 아우구스티누스가 사상적으로 기독교와 싸워주기를 바랐던 것이다.

하지만 하나님은 전혀 다른 방향으로 아우구스티누스를 인도하셨다. 밀라노의 영적 거장인 암브로시우스를 만나게 하신 것이다. 아우구스티누스는 암브로시우스의 논리적인 설교를 들고 깊은 영적 갈등을 느끼며 친구의 별장으로 휴가를 떠났다. 그러던 어느 날 정원의 담장 너머에서 아이들의 노래소리가 들려왔다. "들어서 읽어 봐"(Tolle lege)라는 가사였다. 성령에 사로잡힌 그는 성경을 들고 펼쳐 읽었다. 로마서 13장 13절의 말씀이 눈에 들어 왔다.

"낮에와 같이 단정히 행하고 방탕하거나 술 취하지 말며 음란하거나 호색하지 말며 다투거나 시기하지 말고"(롬 13:13).

그 순간 아우구스티누스는 지난날의 죄악에 대하여 하나님께 회개했다. 모니카의 30년간의 눈물의 기도가 응답되는 순간이었다. 모니카는 아들을 밀라노의 주교인 암브로시우스에게로 인도하여 세례를 받게 했다. 그때부터 암브로시우스는 아우구스티누스의 영적 멘토가 되었고, 훗날 아우구스티누스는 아프리카의 북부 도시 히포(Hippo)의 주교가 되었다.

두오모 성당 내부를 관람하기 위해 서 있는 줄이 끝이 없다. 우리는 일정상 두오모 성당의 내부에는 들어가지 못했다. 대신 2시간의 자유시간을 얻었다. 두오모 광장에는 수많은 관광객으로 가득했다. 인파를 뚫고 우리 부부는 비토리오 엠마누엘레 2세 갤러리아(Galleria Vittorio Emanuele II)로 들어갔다. 이 갤러리는 1865년 착공되어 13년만인 1877년에 완공된 아케이드다.

| 비토리오 엠마누엘레 2세 갤러리아(Galleria Vittorio Emanuele II)

이탈리아의 통일을 기념하기 위해 지은 건물로 1871년에 로마를 병합하여 이탈리아를 통일하고 초대 왕이 된 비토리오 엠마누엘레 2세(Vittorio Emanuele Ⅱ)의 이름이 붙여졌다. 유리로 장식된 높은 돔형의 천장 아래에 노천 카페, 레스토랑, 부티크 등이 줄지어 있다. 아케이드 중앙에는 세계 최초로 공인된 7성급 호텔인 타운하우스 갤러리아(TOWN HOUSE GALLERIA)가 있다.

갤러리아의 바닥에는 대리석과 타일의 모자이크로 장식되어 있어서 그 자체로도 하나의 미술관이다. 갤러리아 안을 걷다가 보면 중앙부분에 십자로 형태의 길이 나타난다. 여기의 각 방향에는 이탈리아의 유명 4개 도시를 상징하는 모자이크가 있다. 이중 남쪽 방향에는 로마를 상징하는 모자이크가 있는데, 늑대의 젖을 먹고 있는 로물루스와 레무스 형제가 모자이크 되어 있으며 그 아래에 'S·P·Q·R'이 새겨져 있다. 이는 '세나투스 포풀루스쿠에 로마누스'(Senatus Populusque Romanus)의 이니셜로서 '로마의 원로원(Senatus)과 시민들(Populus)'이라는 뜻이다. 로마가 원로원과 로마의 시민들에 의해 통치된다는 공화정의 선언적인 표현이 바로 'S·P·Q·R'인 것이다. 지금도 이 문장은 로마시의 문장으로 쓰이고 있다.

사람들이 몰려서 뭔가를 하는 모습이 보인다. 한쪽 발을 떼고 한 바퀴를 빙 도는 모습이다. 가까이 가서 보니 바닥에 황소 모자이크가 있고, 몸 한 부분에 구멍이 나 있는데 사람들은 그곳에 자신의 발뒤꿈치를 넣고서 한 바퀴를 돌고 있다. 멈추지 않고

| 세나투스 포풀루스쿠에 로마누스(Senatus Populusque Romanus)

| 황소 모자이크(엠마누엘레 갤러리아)

한 바퀴를 돌면 소원이 이루어진다고 한다. 밀라노 시에서는 1년에 세 번씩이나 이 구멍을 수리한다고 한다. 하지만 수많은 사람들이 저렇게 문질러 대니 성할 리가 없다. 나는 그냥 구경하는 것만으로 만족했다.

두오모 성당이 있는 광장에서 갤러리아를 통과하여 끝으로 나가면 스칼라 극장(Teatro alla Scala)이 나온다. 파리 오페라 하우스와 빈 오페라 하우스에 이어 유럽 3대 오페라 극장으로 꼽히는 스칼라 극장은 1778년 오스트리아의 여왕 마리아 테레지아의 명령으로 산타 마리아 델

스칼라의 교회 자리에 세워졌다. 극장의 이름은 그 교회의 이름에서 따온 것이다. 현재의 스칼라 극장은 제2차 대전 때에 파괴된 것을 1946년에 재건한 건물이다.

스칼라 극장 앞에는 사람들의 휴식처인 광장이 있는데, 그 광장의 중앙에는 레오나르도 다 빈치의 동상이 세워져 있다. 동상의 아랫부분에 세워져 있는 네 개의 작은 동상들은 다 빈치의 제자들을 조각한 것들이다.

밀라노의 첫 인상은 '무질서'였다. 밀라노 시내로 들어서면서 버스 차창으로 보여지는 길거리의 캘리그라피(Calligraphy)가 그리 아름답게 만은 보이지 않았기 때문이다. 한때는 반항의 문화로 거부되기도 했었던 캘리그라피가 지금은 예술의 한 분야로 자리매김을 하고는 있지만 담장이나 건물의 벽에 마구잡이로 그려댄 그것들이 내겐 '무질서'로밖에는 보이지 않았다. 패션의 도시로 알려진 밀라노가 '슬럼가'처럼 보였기 때문이다. 그런데 두오모 광장을 중심으로 한 이곳은 그러한 밀라노의 이미지를 한순간에 '황홀'로 바꾸어 주었다.

도저히 그냥 지나칠 수 없었다. 비록 갤러리아 안의 명품가게에는 들어갈 수 없지만, 커피 정도는 마셔주어야 할 것 같다. 함께 동행한 이대성 목사님 내외와 함께 노천 카페의 의자에 앉았다. 에스프레소를 주문한 후 의자 깊이 엉덩이를 붙이고 앉아 지나가는 이들을 구경하고 있노라니 나 자신이 밀라노 시민이 된 착각에 빠져 든다.

| 레오나르도 다 빈치의 동상

갤러리아를 빠져나와 다시 두오모 광장의 비토리오 엠마누엘레 2세(Vittorio Emanuele Ⅱ)의 기마상을 한 바퀴를 돌면서 밀라노의 한가로운 자유시간도 끝이 났다.

광장을 빠져나온 우리는 다시 버스를 타고 산타 마리아 델레 그라치에 성당(Santa Maria delle Grazie)으로 향했다. 산타 마리아 델레 그라치에 성당은 두오모 광장에서 서쪽 방향으로 차로 15-20분 정도의 거리에 위치해 있다. 도미니코 수도회에 속하는 로마 가톨릭교회의 성당이다. 작은 성모 마리아 예배당이 있던 자리에 세운 산타마리아 델레 그라치에 성당과 수도원은 고딕 양식에서 르네상스 양식으로 넘어가는 과도기의 건축물이다. 밀라노 공작 프란체스코 스포르차(Francesco Sforza)의 명을 받아 1463년 귀니포르테 솔라리(Guiniforte Solari)가 도미니크 수도회의 도움으로 건설하였다. 수도원은 1469년에 완공되었고, 성당은 더 많은 시간이 걸렸다.

1492년에는 새 밀라노 공작 루도비코 스포르차(Ludovico Sforza)는 성당을 그의 가문 사람들이 묻힐 장소로 결정하고 우르비노 출신의 도나토 브라만테(Donato Bramante)에게 증·개축을 맡겼다.

산타 마리아 델레 그라치에 성당은 성당이나 수도원 그 자체보다도 왼쪽에 딸린 수도사들의 식당 건물 벽에 그려진 그림으로 더 유명하다. 바로 레오나르도 다빈치가 그린 "최후의 만찬"이다. "최후의 만찬"을 보기 위해서는 미리 예약을 해야 한다. 하지만 우리는 예약을 하지 못했기 때문에 안으로는 들어갈 수 없

| 산타 마리아 델레 그라치에 성당(Santa Maria delle Grazie)

었다. 아쉽지만 사진으로 만족해야 했다.

  수도사들의 식당 북쪽 벽면에 그려진 "최후의 만찬"은 가로 9.1m, 세로 4.2m 크기에 예수님과 예수님을 둘러싼 12명의 사도들이 마지막 만찬을 하는 장면이 그려져 있다.

  "최후의 만찬"에는 다음과 같은 일화가 전해져 내려온다.

  새로 지어진 수도원의 벽화를 그릴 화가를 찾던 교황청은 레오나르도 다빈치에게 예수님이 제자들과 나눈 마지막 만찬에 대한 광경을 그려달라고 부탁했다.

  교황청의 부탁을 받은 다빈치는 1492년 19세의 젊은이를 예수님의 모델을 삼아 그림을 그리기 시작했다. 그 후 6년 동안

11명의 제자를 그린 다빈치는 마지막으로 예수님을 배반한 가롯 유다의 모델을 찾아다녔다. 다빈치가 가롯 유다의 모델을 찾는다는 소식을 들은 로마의 시장은 "로마의 지하 감옥 속에 사형을 기다리고 있는 수백 명의 죄수들이 있으니, 그곳에서 한 번 모델을 찾아보라"는 제안을 했다. 로마 시장의 제안을 받아들인 다빈치는 살인을 행하여 감옥에서 사형을 기다리고 있는 사형수 한 사람을 모델로 선택했다. 몇 달에 걸쳐 작업을 마친 다빈치는 사형수에게 "이제 감옥으로 돌아가도 좋다"고 통고했다. 그때 사형수는 다빈치 앞에 무릎을 꿇고 "저를 모르겠습니까?"라고 물었다. 다빈치는 "난 당신같은 사람을 내 인생에서 만난 적이 없소"라고 대답했다. 그러자 사형수는 다빈치가 완성한 최후의 만찬을 가리키며 이렇게 말했다.

"저기 저 그림 속에 그려진, 6년 전 예수의 모델이 바로 나였습니다."

모델은 한 사람이었는데 예수님처럼 보일 수도 있고 가롯 유다처럼도 보일 수 있었던 것이다. 사형수의 말을 들은 다빈치가 받았을 충격이 가히 짐작이 간다. 일설에 의하면 이때의 충격으로 더 이상 예수와 관련된 그림은 그리지 않았다고 한다. 하지만 어디까지나 전해져 내려오는 이야기일 뿐이다. 일반적으로 "최후의 만찬"은 1495년에 시작하여 1498년경에 완성된 것으로 알려져 있고, 그림에 대한 요청도 교황이 아닌 밀라노의 공작 루도비코 스포르차가 한 것이기 때문이다.

"최후의 만찬"은 1498년에 완성된 후 많은 부분이 심하게 훼손되었으나 1999년 복구되었다. 그런데 다빈치의 "최후의 만찬"은 그 이전에 그려졌던 같은 주제의 그림과는 차이가 있다고 한다. 당시 화가들은 최후의 만찬을 그릴 때에 가룟 유다를 다른 제자들과 분리시켜 따로 배치했다. 하지만 다빈치는 12제자를 4그룹으로 묶어서 배치했고, 가룟 유다도 제자들의 무리 속에 포함시켜서 그렸다. 그림의 왼쪽으로부터 다섯 번째에 위치한 가룟 유다는 오른손에는 돈 자루를 쥐고 있고, 왼손은 빵을 향해 뻗어 있다. 빵을 들려고 하는 순간인지, 아니면 들었던 빵을 놓친 것인지 모르겠다.

그림의 장면은 "너희 중의 한 사람 곧 나와 함께 먹는 자가 나를 팔리라"(막 14:18)와 "보라 나를 파는 자의 손이 나와 함께 상 위에 있도다"(눅 22:21)에 기인한다.

하지만 우리는 이 그림 속에 나타나는 제자들의 위치나 앉은 자세 등이 유대인들의 전통적인 식사의 모습이 아니라는 것을 알아둘 필요가 있다. 다빈치는 자신이 살았던 15세기 유럽 사람들의 식사의 모습 속에 예수님과 제자들을 배치했을 뿐이다. 예수님 당시의 유대인들은 식탁의 의자에 앉아 식사를 한 것이 아니라 옆으로 거의 누운 자세로 식사를 했다(마 8:11; 막 2:15 난하주 참조).

다빈치의 "최후의 만찬"은 1980년 이 벽화가 있는 산타마리아 델레 그라치에 성당과 함께 세계문화유산으로 등록되었다. 그런데 1796년 밀라노를 점령한 나폴레옹은 이 위대한 벽화가 있는 수도원 식당을 '프랑스 군대의 마굿간'으로 사용했었다고 하는데, 같은 것에 대한 상반된 평가가 참 재미있다.

이상으로 우리는 멋의 도시, 패션의 도시 밀라노에서의 일정을 마치고 물의 도시 베네치아로 향했다. 하지만 밀라노의 노천카페에서 마신 에스프레소의 맛은 오랫동안 기억될 것 같다.

3시간을 달려 해질 무렵에 베네치아와 가까운 파도바(Padova)에 도착한 우리는 중국식당에서 저녁을 먹고, '포 포인츠 바이 쉐라톤'(Four Points by Sheraton)호텔에 들어가 내일을 위해 일찍 잠자리에 들었다.

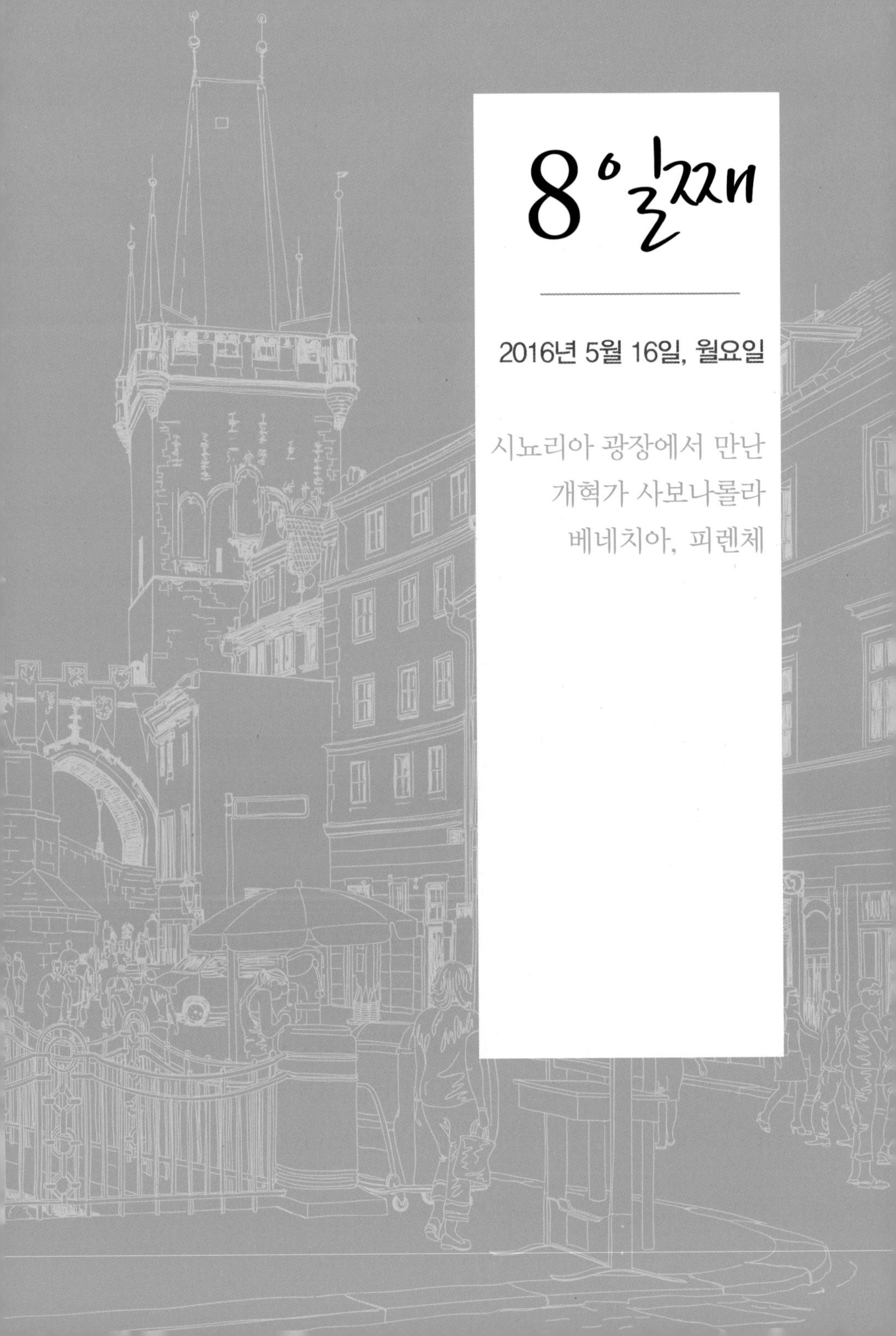

# 8일째

---

**2016년 5월 16일, 월요일**

시뇨리아 광장에서 만난
개혁가 사보나롤라
베네치아, 피렌체

여행작가 백승선 씨는, "낭만이 번지는 곳, 베네치아"에서 베네치아를 이렇게 찬양했다.

일생에 단 한 번

자신만을 위한 휴가를 보내고 싶을 때

당신이 찾아가야 할 곳

바로 베네치아.

'칭찬이 너무 과한 것은 아닐까?'라는 생각이 들기는 하지만, 혹 그가 말한 '일생에 단 한 번'일지도 모를 베네치아로의 여행이 가슴을 설레게 한다. 높은 기대감에 부푼 나를 더 안달나게 할 요량인지 베네치아는 쉽게 우리를 들여보내지 않는다. 체크포인트에서 거금의 통행세(버스기준 600유로)를 지불하고 허가를 받기 위해 우리의 버스는 한참동안 기다려야 했다. 이탈리아에서는 외곽에서 도시로 진입하려면 이처럼 통행료를 지불해야 한다.

베네치아는 윌리엄 셰익스피어의 "베니스의 상인"(The Merchant of Venice)이라는 희극 때문에 전혀 낯설지 않은 이름이다. 베니스(Venice)는 베네치아의 영어식 이름이다. 베네치아는 이탈리아 북부 아드리아해 북쪽 해안에 있는 항구도시이다. 118개의 섬들이 약 400개의 다리와 200개가 넘는 운하로 이어져 있어서 흔히 '물의 도시'라고 불린다.

베네치아는 라틴어로 '베니 에티암'(Veni Etiam)에서 유래했다. '베니'는 '오다'(come)는 뜻이고, '에티암'은 '또한'(also)이라는 뜻이다. 즉 베네치아는 '나도 (또한) 왔다'는 뜻이다. 5세기 중반 북동쪽에서 남하하던 훈족에 밀린 바바리안들(Barbarians)이 베네치아에서 멀지 않은 밀라노 부근 롬바르디아 평원까지 내려왔다. 이에 그곳에 살던 베네토 주민들은 강 하구로 쫓겨났고, 급기야는 석호 안에 드문드문 떠 있는 섬으로 피신했다. 그들은 레알토 섬을 중심으로 한 12개의 섬에서 살게 되었다. 그러다가 비잔틴의 지배를 받으면서 급속히 해상무역의 본거지로 성장하여 7세기 말에는 무역의 중심지로 알려졌다.

십자군 원정 시기에는 동방무역이 확대되었고, 14-15세기 초에 해상무역공화국으로서의 전성기를 맞이했다. 공화국의 정치 중심이었던 두칼레 궁전이 완성된 것도 이 시기이다. 그러다가 16세기 이후 투르크인들의 영향으로 동부 지중해에서 세력이 약화되었고, 점차 오늘날의 베네토주의 풍요한 농업지대의

| 자유의 길(Via della liberta)

중심도시로서의 성격을 띠게 되었다. 19세기 후반부터 이탈리아 경제의 중심인 북부평야를 배후지로 하는 항구도시로 발전하였다. 오늘날 베네치아항의 취급물량은 이탈리아에서 3위를 차지한다.

이탈리아 본토와 베네치아를 연결해 주는 '자유의 길'(Via della liberta)을 건너 베네치아에 입도한 우리는 다시 배를 타고 리바 델리 스키아보니(Riva degli Schiavoni) 부두에 도착했다.

부두에 인접한 바다에는 꽤 많은 나무 기둥들이 박혀 있다. 사실 베네치아는 '물의 도시'이기도 하지만 '나무 기둥의 도시'라고 해도 과언이 아니다. 왜냐하면 수백 년간 바다와 늪지대에 나무 기둥들을 촘촘히 박고, 그 위에 평평한 돌을 얹은 다음 건물들을 세워 건설한 도시가 바로 베네치아이기 때문이다. 일반적으로 나무는 물이 닿게 되면 쉽게 썩는다. 하지만 베네치아 사람들은 나무가 염분이 많은 바닷물을 흡수하게 되면 오히려 단단해지는 특성을 이용한 것이다. 베네치아를 떠받치고 있는 나무기둥이 무려 600만 개나 된다고 한다. 시오노 나나미의 『바다의 도시 이야기(상)』를 참조로 개펄지대의 지반 조성을 요약하면 다음과 같다.

　우선 처음에 될 수 있는 대로 단단한 재질의 목재를 골라서 20cm의 사각형이나 원통형으로 길이가 2m에서 5m 정도의 말뚝을 많이 만든다. 그리고 그 끝을 못처럼 뾰족하게 만들어둔다. 이렇게 해서 만든 말뚝을 개펄지대 속에 빈틈이 생기지 않도록 박아 나가는 것이다. 그렇기 때문에 베네치아의 거리 밑에는 마치 거목이 지하 전면에 뿌리를 둘러치고 있는 것처럼, 무수한 말뚝이 박혀 있다.

　특히 건물의 벽이나 기둥 밑이라든가 운하를 끼고 있는 부분에는 집중적으로, 또한 깊숙하게 말뚝을 박았다. 말뚝박기가 끝나면 바닷물에 강하다고 하는 이스트리아 반도에서 나는 석재를 전면에 몇 겹으로 쌓아 나간다. 돌과 돌 사이는 시멘트로 다진다. '폰다멘타'(Fondamenta)라고 불리는 건물이나 하안(河岸)의 토대도 이렇게 해서 만들어졌다. 수면으로부터 바로 서 있는 것처럼 보이는 베네치아의 운하를 따라 서 있는 집들도 이렇게 지반 조성을 했기 때문에 가능했던 것이다.

　우리는 부두에서 곧장 좁은 골목길을 걸어 비발디 광장(Campo di Vivaldi)으로 들어갔다.

　비발디 광장 오른쪽에 위치한 산 지오반니 바티스타 성당(San Giovanni Battista in Bragora)은 사계(Four Season)의 작곡가 겸 사제였던 비발디가 세례를 받은 곳이다.

| 산 지오반니 바티스타 성당(San Giovanni Battista)

성당 벽에는 1678년 3월 4일에 이 성당에서 빨간 머리의 사제(il Prete Rosso)라 불리는 안토니오 비발디가 영세를 받다'라는 명패가 붙어 있다. 비발디는 15세 때인 1693년 9월 18일에 삭발을 하고 올레오 수도원에 들어가 하급성직자 생활을 하기 시작했고, 25세 때인 1703년 3월 23일에 사제 서품을 받았다. 그는 이탈리아 사람으로서는 드물게 머리색이 붉어서 여러 가지 불이익을 당했다고 한다. 당시 베네치아는 항구도시라 그런지 문란한 생활로 성당 앞에 버려지는 아이들이 많았다. 베네치아가 얼마나 문란한 도시였는지 사람들은 이렇게 말했다고 한다.

"이탈리아인, 특히 베네치아 사람들은 생애의 절반은 종교에서 말하는 범죄를 저지르며 살아가고, 나머지 절반은 하나님의 용서를 비는데 바치고 있다."

이러한 생활의 문란으로 성당 앞에는 버려지는 아이들이 많았다. 이 아이들은 오스페달레 델라 피에타(Ospedale della Pieta)로 보내져서 양육되었다. '오스페달레'는 본래 '병원'이라는 뜻이지만 여기서는 '고아원'을 의미한다. 비발디는 사제 서품을 받은 후 바로 이곳의 바이올린 교사로 임명되었다. 사계도 이곳에서 작곡되었다.

사제였던 비발디는 음악에 대한 열정이 대단했다. 그는 미사 도중에도 악상이 떠오르면 그것을 잊지 않기 위해 미사복을 갈아입는 제의실로 들어가 정신없이 악보 위에 적다가 미사 집전을 못한 적이 여러 차례 있었다고 한다.

비발디 광장을 빠져나온 우리는 다시 리바 델리 스키아보니 부두를 따라 산마르코 광장 방향으로 올라갔다. 첫 번째 다리를 건너면 앞서 언급했던 '오스페달레 델라 피에타'(고아원)가 있던 곳이 나온다. 현재 이곳은 메트로폴 호텔(Hotel Metropole)이 들어서 있다. 그리고 바로 옆에 키에자 델라 피에타 성당(Chiesa della Pieta), 일명 '비발디 성당'이 있다. 하지만 이 성당은 비발디와는 관계가 없다. 비발디는 1741년에 이미 세상을 떠났고 비발디 성당은 1776년에 세워졌기 때문이다.

여기에서 다시 2개의 다리를 더 가서 세 번째 다리에 오르면 일명 '탄식의 다리'(Ponte dei Sospiri)에 이르게 된다. 이 이름은 영국의 낭만파 시인 바이런(Lord Byron)의 시 "차일드 해럴드의 순례"(Childe Harold's Pilgrimage) 제4장 첫 시의 첫 행인 "나는 베네치

| 오스페달레 델라 피에타(Ospedale della Pieta)가 있던 곳

아의 탄식의 다리 위에 섰다. 양편에 궁전과 감옥을 두고"(I stood in Venice on the Bridge of Sighs, a palace and prison on each hand)에서 유래되었다고 한다.

탄식의 다리는 왼편의 두칼레 궁(Palazzo Ducale)과 운하 건너 오른편의 프리지오니 누오베(Prigioni Nuove) 감옥을 잇는 다리이다. 당시 베네치아에서는 중범죄자나 정치범에 대한 재판을 두칼레 궁전에서 열리는 10인 평의회를 통해서 했다. 이 10인 평의회의 재판을 통해 무죄 판결을 받은 사람은 궁전의 정문을 통해서 나올 수 있었으나 유죄 판결을 받은 죄수는 탄식의 다리를 건너 감옥에 갇히게 되었다.

이때 감옥으로 향하는 죄수는 다리의 옆면에 나있는 창문을 통해 세상을 바라보며 한숨을 내쉬었다고 한다. 죄수가 감옥으로 들어가게 되면 다시는 바깥세상을 볼 수 없었기 때문이다.

| 탄식의 다리(Ponte dei Sospiri)

그래서 붙여진 이름이 '탄식의 다리'이다.

하지만 유일하게 이 감옥을 탈출한 사람이 있었는데, 그가 바로 세기의 바람둥이로 유명한 카사노바(Giovanni Giacomo Casanova)이다. 배우의 아들로 태어난 카사노바는 성직자였고, 법학박사였고, 바이올린 연주자였고, 정치가였고, 요리사였고, 작가이기도 했었다.

거기에다가 화려한 언변에 잘 생긴 얼굴을 지녔으니 어느 누가 그를 싫어했겠는가!

본래 그는 사제가 되기를 원했었다. 하지만 그는 사제로서의 삶을 살지 못했다. 한 때 추기경을 보좌하는 일도 했었으나 운명의 장난으로 사제의 길을 포기해야만 했다. 어느 날 카사노바는 몽레알 백작 부인의 집에 초대를 받았다. 거기에서 그는 관리인의 딸 루시아를 보게 되었고 곧 사랑에 빠졌다.

| 산 마르코 소광장(Piazzetta San Marco)

하지만 그는 자신이 사제라는 것을 인식하고 욕정을 절제한 채 그녀를 떠났다. 그런데 훗날 그녀가 어느 호색한에게 농락당했다는 것을 알고 스스로 결론을 내린다.

'다시는 사랑이라는 감정을 이성으로 절제하지 않겠다.'

1755년에 카사노바는 '이성을 유혹하는 이단 마법을 사용하는 마법사'라는 죄목으로 체포되었고 5년형을 선고받았다. 그때 카사노바는 '탄식의 다리'를 건너 프리지오니 누오베 감옥에서 1년간 생활하다가 1756년 10월 31일 극적으로 탈옥에 성공했다. 탈출에 성공한 후 그는 다음과 같이 말했다고 한다.

"나를 이곳에 가둘 때 나의 동의를 구하지 않았듯이, 나 역시 동의를 구하지 않고 이곳을 떠나노라."

'탄식의 다리'를 보기 위해 수많은 사람들이 팔리아 다리(Ponte della Paglia) 위에 운집해 있었다. '탄식의 다리'를 배경으로 사진을 찍기에 가장 좋은 장소가 팔리아 다리이기 때문이다. 프레임 안에 사람들이 들어오지 않은 채 '탄식의 다리'를 촬영하기 위해서는 한참의 수고와 기다림이 필요했다. 그만큼 이 다리를 지나는 사람들이 많았다. 가까스로 '탄식의 다리'를 촬영한 후에 그 옆에 있는 산 마르코 소광장(Piazzetta San Marco) 쪽으로 향했다.

산 마르코 소광장으로 들어가는 입구에는 콘스탄티노플에서 옮겨 온 2개의 대리석 기둥이 서 있는데 왼쪽 기둥 위에는 성테오도르상이 있고 오른쪽 기둥 위에는 베네치아의 상징인 날개달린 사자상이 서 있다. 사자상의 오른쪽에 보이는 건물이 두칼레

| 두칼레 궁전(Palazzo Ducale)

궁전(Palazzo Ducale)이다. 여기의 '두칼레'(Ducale)는 '도제'(Doge)를 의미한다. '도제'(Doge)는 약 천여 년간 베네치아 공화국을 통치했던 최고 지도자의 명칭이다. 이 명칭은 라틴어로 '지도자'란 뜻의 둑스(Dux)에서 유래하였으며, 현대 이탈리아어에서도 '지도자'란 뜻의 두체(Duce)와 영어에서 '지도자' 혹은 '공작'을 뜻하는 듀크(Duke)와 상통하는 말이다. 한국어로는 이탈리아어를 그대로 발음한 '도제'란 말이 가장 일반적이고, 그밖에 '통령'과 '원수'도 일반적으로 통용되는 명칭이다. 따라서 '두칼레 궁전'은 '도제

(최고 지도자)의 궁전'이라는 의미이다.

두칼레 궁전은 679년부터 1797년까지 1100년 동안 베네치아를 다스린 120명의 도제들의 공식적인 주거지였다고 한다. 9세기에 이 궁전이 건축될 당시에는 마치 요새처럼 보이는 고딕 양식이었으나 1309년부터 1424년의 기간에 걸쳐 지어진 현재의 외관은 고딕 양식에 비잔틴, 르네상스 양식이 잘 조화된 건축물이다. 이와 같이 북방의 고딕 양식과 베네치아의 동방적인 양식이 어우러진 모습을 '베네치아 고딕'(Venetian Gothic)이라 부른다.

두칼레 궁전의 맞은편에 있는 건물은 '마르차나 도서관'(Biblioleca Marciana)이다. 90만권에 이르는 방대한 자료를 소장한 마르차나 도서관은 베네치아의 수호 성인 '마르코'(marco)의 이름을 붙인 도서관이다. 즉 '마르코 도서관'인 것이다.

두칼레 궁전 앞의 산 마르코 소광장을 지나 더 들어가면 건물들로 둘러싸인 'ㄷ'자 모양의 산 마르코 광장이 나온다.

| 산 마르코 광장(Piazza San Marco)

| 마르차나 도서관(Biblioteca Marciana)

오스트리아의 극작가 프란츠 그릴파르처(Franz Grillparzer)는 "산마르코 광장을 보고도 심장박동이 빨라지지 않는다면 그의 심장은 이미 죽은 것과 같다"고 말했다. 베네치아를 점령한 프랑스 황제 나폴레옹은 산 마르코 광장을 보고 "세계에서 가장 아름다운 응접실"이라며 극찬했다고 한다. 그만큼 산 마르코 광장은 매력적이고 낭만적인 장소이다. 특히 1720년에 시작된 플로리안 카페(Caffe Florian)는 바이런이나 괴테 같은 유명 인사들이 방문하기도 했었다.

| 플로리안 카페(Caffe Florian)

당대의 바람둥이 카사노바도 이곳에서 커피를 마시며 많은 여인들과 사랑을 속삭였다고 전해진다. 나도 잠시 일탈하여 카사노바가 되기로 했다. 아내와 새누리교회 사모님이 옆 가게에서 젤라토를 사는 동안에 나와 이대성 목사님은 에스프레소를 주문하여 자리에 앉았다. 곧 이어 사모님들이 젤라토를 손에 들고 우리에게로 와 앉았다. 그러자 웨이터가 다가와 사모님들에게 앉지 말라고 말한다. 커피를 주문한 사람만 앉으란다.

그래서 우리는 광장 쪽 야외의자에 앉으려 했다. 하지만 그곳에도 앉으면 안 된단다. 더구나 야외테이블에서 커피를 마시기 위해서는 실내에서 마시는 커피값 보다도 5유로나 더 비쌌다. 우리나라는 그 반대인데 말이다. 카사노바의 꿈은 그렇게 타의에 의해 깨지고 말았다.

산 마르코 광장은 비둘기 반, 사람 반이다. 사람도 많지만 비둘기도 참 많다. 그들은 사람들이 다가가도 도망치지 않는다. 하기야 우리들은 그저 뜨내기일 뿐이고 그들이야말로 이곳의 실제 주인일 테니 도망칠 까닭이 없다.

산 마르코 광장은 'ㄷ'자 모양이다. 정면에는 1810년에 세워진 '나폴레옹 날개'(Ala Napoleonica)라는 건물이 있다. 구법정과 신법정을 연결하고 있는데, 1923년부터는 베네치아 시민 박물관으로 사용되고 있다. '나폴레옹 날개'의 오른쪽 건물이 '구 법정'(Procuratie Vecchie)이다. 1590년에 완성된 이 건물은 본래 산 마르코 성당의 고위 성직자인 9명의 장관들(Procurators)의 사무실과 주거지로 사용하기 위해 지어졌다. 현재 이 건물의 1층은 커피숍이나 보석상 등의 가게로 사용되고 있다. '나폴레옹 날개'의 왼쪽 건물은 '신 법정'(Procuratie Nuove)이다. 1640년에 건축되었으며, 구 법정과 비슷한 용도로 사용되었다. 1797년 공화국 멸망 이후 왕궁으로 사용되다가 지금은 일부가 박물관으로 쓰이고 있다.

광장의 오른쪽, 즉 동쪽에 위치한 성당이 바로 산 마르코 성당(Basilica di San Marco)이다. 이곳에 복음서의 저자인 마르코(개신교

표기: 마가)의 유골이 안치되었기 때문이다. 828년 베네치아의 상인들이 북아프리카의 알렉산드리아에서 마르코의 유골을 훔쳐서 베네치아에 옮긴 것이다.

시오노 나나미는 『바다의 도시 이야기(상)』에 이 일을 상세히 기록했다. 당시는 사라센인들이 알렉산드리아를 점령하여 통치하던 시기였다. 따라서 기독교인들은 사라센인들의 횡포에 두려워 떨고 있었다. 이때에 트리부노와 루스티코라는 이름의 두 베네치아 상인이 알렉산드리아 항에 도착했다. 그들은 알렉산드리아의 어느 수도원으로 향했다. 그곳은 마르코의 유골이 있는 곳이었다. 두 베네치아 상인은 수사들에게 마르코의 유골을 팔라고 제의했다. 그리고 거래는 성립되었다. 거래 성립의 댓가로 얼마를 지불했는지는 모른다. 두 사람은 빵을 넣는데 쓰는 큰 바구니의 아랫부분에 마르코의 유골을 넣고, 그 위에는 돼지고기 덩어리로 빈틈없이 채웠다. 그때 마침 사라센인들이 수도원으로 들어왔다.

두 사람의 베네치아인은 그들에게 "칸칠! 칸칠!"하고 큰 소리로 외쳤다. '칸칠'은 아랍어로 돼지라는 의미이다. 그들은 이슬람교도들이 돼지를 부정한 것으로 간주하여 멀리한다는 것을 이용한 것이다. 그렇게 하여 그들은 무사히 마르코의 유골을 알렉산드리아에서 빼내올 수 있었다. 그 후 마르코는 베네치아의 수호성인이 되었고, 마르코를 상징하는 사자(lion)가 베네치아의 상징이 된 것이다.

| 산 마르코 대성당(Basilica di San Marco)

참고로 기독교 미술에서는 마태(마태오)를 인간으로, 마가(마르코)를 사자로, 누가(루카)를 황소로, 요한을 독수리로 묘사한다. 이러한 복음서 저자들의 상징은 4세기경에 만들어진 로마의 카타콤베에서도 나타나는데, 특히 15세기 이후 자주 묘사되었다. 이는 에스겔서 1장 10절에 기인하는데, 하나님의 보좌를 호위하는 존재로서 선지자 에스겔이 환상 속에서 본 그룹(Cherubim)을 말한다. 이 네 생물(Four Living Creatures)은 순서만 바뀌었을 뿐 요한계시록 4장 7절에서도 언급되고 있다.

산 마르코 대성당의 정면에는 다섯 개의 문이 있는데 그 중 가운데의 문 위에는 청동으로 제작된 콰드리가(Quadriga)가 세워져 있다. 콰드리가는 라틴어의 quadr(4)와 jungere(멍에)를 조합한 단어로, 네 마리의 말이 끄는 이륜 전차를 뜻한다. 산 마르코 성당에 있는 콰드리가가 유명한 것은 나폴레옹 때문이다. 본래 이 콰드리가는 그리스의 키오스(Chios) 섬에 있었다. 그런데 동로마 제국의 테오도시우스 2세(Theodosius II)가 콘스탄티노플의 전차 경기장인 히포드롬(Hippodrome)으로 옮겨왔다. 이것을 제4차 십자군 원정 때인 1204년에 베네치아의 도제였던 엔리코 단돌로(Enrico Dandolo)가 십자군을 설득하여 예루살렘 대신 콘스탄티노플을 침입하여 엄청난 전리품을 챙겼는데 그중의 하나가 콰드리가이다.

콰드리가는 산 마르코 대성당의 중앙문 위의 테라스에 올려졌고 '산 마르코의 말'(Cavalli di San Marco)로 불리게 되었다. 훗날 프랑스의 나폴레옹은 또 다시 이것을 약탈(1798년)하여 파리로 옮겨서 카루젤 광장의 개선문(Arc de Triomphe du Carrousel) 윗부분에 올려놓았다. 그러다가 나폴레옹이 워털루 전투에서 패한 후 콰드리가는 1815년에 다시 베네치아로 돌아왔다. 그렇게 1980년대 초까지 산 마르코 대성당의 중앙문 위 테라스에 자리하고 있었는데, 청동이 부식되는 것을 막기 위해 성당 내부의 박물관으로 옮겨놓고 대신에 복제품을 세워 놓았다. 즉 우리가 광장 쪽에서 보는 외부의 콰드리가는 복제품인 것이다.

베네치아라는 도시를 생각하면 동시에 떠오르는 것이 '곤돌라'(gondola)이다. '흔들리다'라는 뜻의 곤돌라는 수작업으로 만들기에 제작기간이 1년 정도 걸린다고 한다. 곤돌라의 색깔은 모두 검정색이다. 베네치아 귀족들이 부를 과시하려고 지나치게 장식하는 것을 막기 위해 1562년에 법으로 정했다고 한다. 하지만 그 전에는 오늘날의 모습과는 많이 달랐다고 한다. 그 날씬한 몸매나 검은색으로 칠한 점은 같았지만 '페르제'라 불리는 작은 선실이 있었고, 노도 뱃머리와 고물 쪽에 한 명씩 모두 두 사람이 저었다. 두 사람이 저었으니 속도도 빨랐을 것이다.

현재 곤돌라 사공은 약 450여 명 정도 되는데 7년간의 수련기간을 거쳐야 하고 베네치아 시민이어야 가능하다. 그런데 그들의 수입이 장난이 아니다. 연 4억 정도를 번다고 하니 7년의 수련기간이 대수이겠는가! 승선료도 매우 비싸다. 30분 정도 곤돌라를 타기 위해서는 1인당 50유로를 내야하니 결코 싼 가격이 아니다.

베네치아까지 왔는데 곤돌라를 타지 않고 가면 분명히 후회할 것 같다. 세 가족이 한 조를 이루어 곤돌라는 탔다. 베네치아에는 100개가 넘는 크고 작은 운하가 있다. 그 중 간선도로 역할을 하는 대운하(Canal Grande)가 있고, 그보다 작은 운하를 카날레 카나레조(Canale Cannaregio), 아주 좁은 운하를 리오(Rio)라고 한다. 베네치아 운하의 특색은 육지를 파서 만든 수로가 아니라는 것이다. 베네치아에 있는 대부분의 운하는 섬과 섬 사이, 간석지와 간석지 사이의 물이 흐르고 있는 부분을 가장 깊은 곳만 남기고 양안을 나무 말뚝이나 석재로 다져서 만든 것이다. 꼬불

| 베네치아의 명물 곤돌라(gondola)

꼬불한 운하가 많은 것은 이 때문이다. 다른 구조물보다 수로가 먼저 있었던 것이다. 한편 이탈리아에서의 모든 교통수단은 우측통행이지만 운하를 운행하는 배는 예외적으로 좌측통행이다.

좁은 수로를 타고 골목(?)들을 돌아보는 재미가 그런대로 괜찮다. 그런데 한참을 가도 사공은 그저 노만 저을 뿐이다. 한 곡조 불러 줄줄 알았는데 그의 입은 벌릴 줄 모른다. 가끔 "머리 조심하라"는 말만 되풀이 할 뿐이다. 사공이 불러주는 '산타 루치아'를 들으며 아내의 어깨 위에 손을 얹고 가끔은 지나가는 다른 곤돌라에 손을 흔들어주는 호사스러움은 텔레비전 속에서나 볼 수 있는 것인가 보다. 기대만큼은 미치지 못했지만 그래도 한 번쯤은 타 주어야 혹 누군가에게 "나도 베네치아에서 곤돌라를 타 보았소!"라고 말해 줄 수 있기에 후회는 하지 않기로 했다. 하지만 또 다시 베네치아에 온다면 그때는 곤돌라 대신에 수상버스인 바포레토(Vaporetto)를 타 보고 싶다. 대운하(Grand Canal)를 따라 산타루치아역과 산마르코 광장을 오가는 바포레토는 45분정도 소요되는데 편도 7.5유로 밖에 되지 않는다.

그런데 가이드는 왜 값싼 바포레토 대신에 곤돌라를 권했을까?

4년간 베네치아의 영사를 지낸 미국의 소설가이자 비평가였던 윌리암 딘 하우얼스(William Dean Howells, 1837년-1920년)는 베네치아를 두고 이렇게 말했다.

"오 이방인이여, 그대가 누구든 이 마법의 도시를 처음으로 여행한다면, 나는 그대를 행운아라고 말하고 싶소. 우리는 그 아름다움을 그렇듯 완전한 모습으로는 단 한 번밖에 느끼지 못할 것이요. 그런 다음에는 영원히 그리워하게 될 것입니다."

정말 마법의 도시인지는 모르겠다. 하지만 그리워할 것은 분명하다. 내가 이곳을 방문한 많은 행운아들 중의 한 사람이라는 사실도 그러하다. 언제 다시 이곳에 올지는 모르겠지만 육지로 향하는 배 뒤의 물결에게 '다시 오마!'라는 약속을 흘려보낸다.

선착장에 도착한 우리는 버스를 타고 다시 자유의 길(Via della liberta)을 지나 한인식당 '오페라 리스토란테 꼬레아노'(Opera Ristorante Coreano)에 도착했다. 한국을 떠나온 지 1주일이 지났기에 모두들 한국음식이 그리워질 때이다. 어떤 분은 "이제 고기는 그만 주세요" 또 어떤 분은 "채소 좀 많이 먹게 해 주세요"라며 가이드에게 특별 주문(?)을 하기도 했다.

미리 계획된 식당이었겠지만, 일정상 딱 들어맞는 식당에 온 것 같다. 메뉴도 비빔밥이다. 물론 한국에서 먹는 것보다는 못하지만 그래도 먹을 만 했다. 흰 쌀밥에 채소, 그리고 빨간 고추장이 비벼지며 풍기는 냄새가 모두의 얼굴에 미소를 짓게 한다. 그 중에 감리사님이 제일 좋아하시는 것 같다. 비빔밥으로 재충전한 우리는 현지 가이드가 흔드는 손을 뒤로 하고 피렌체를 향해 달렸다.

이탈리아 중부지방 토스카나주의 수도인 피렌체(Firenze)는 로마와 밀라노의 중간 즈음에 위치해 있다. 베네치아에서는 서남쪽으로 159km 떨어진 곳에 있다.

베네치아가 '물의 도시'라고 한다면 피렌체는 '꽃의 도시'(Citta dei fiori)이다. 그래서 피렌체를 영어로는 '플로렌스'(Florence)라고 표기한다. 피렌체가 '꽃의 도시'라는 이름을 갖게 된 것은 율리우스 카이사르가 B. C. 59년 아르노 강변에 식민지를 세울 때에 '꽃의 도시'라는 뜻으로 '콜로니아 플로렌티아'(Colonia Florentia)라고 명명한 데서 유래한다.

흔히 이탈리아를 설명할 때에 '정치는 로마, 경제는 밀라노, 예술은 피렌체'라고 말한다. 예술의 도시답게 피렌체는 레오나르도 다빈치, 미켈란젤로, 라파엘로, 보티첼리 등이 활동했던 곳이다.

종교개혁지를 중심으로 탐방하고 있는 우리에게 피렌체는 단순히 유명 관광지 이상의 도시이다. 바로 이곳이 지롤라모 사보나롤라(Girolamo Savonarola, 1452-1498)가 활동했던 도시이기 때문이다.

16세기의 종교개혁은 교황청의 면죄부 판매에 항의한 마틴 루터에 의해 촉발되었다. 하지만 종교개혁의 불씨는 그 이전부터 지펴져 왔었다. 그 중의 한 사람이 우리가 체코에서 만났던 얀 후스(Jan Hus, 1372년-1415년)였다. 체코에 얀 후스가 있었다면 이곳 피렌체에는 사보나롤라가 있었다. 우리는 이미 보름스의 루터 광장에서 사보나롤라를 만났었다. 보름스의 루터 광장에 있는 루터 동상(Lutherdenkmal)을 둘러싸고 있는 네 명의 종교개혁자들 중에서 말이다.

사보나롤라는 피렌체의 산 마르코 수도원(Convento di San Marco)의 원장으로서 시대의 걸출한 설교가였다. 그는 학개를 본문으로 한 설교에서 "피렌체여, 하나님께서 옛 언약 하에서 이스라엘의 왕이셨듯이 이제는 그대의 유일한 왕이 되실 것이다"라고 외쳤다. 이는 피렌체에 대한 신정정치를 예언한 것이다. 사보나롤라가 생각하는 피렌체는 그리스도가 우두머리인 이상적 신정국가였다. 또한 그는 가톨릭의 부패를 거칠게 비판했다.

"꿇어 엎드린 교회여, 그대는 온 천하에 그대의 타락한 모습을 드러냈다. 이탈리아에, 프랑스에, 스페인에, 세상 모든 땅에 그대의 음행을 퍼뜨렸다. 성직매매로 성례들을 더럽혔다. 과거에는 사제들이 서자를 부끄러워하여 조카라고 불렀는데, 요즘은 노골적으로 아들이라고 부른다."

그는 또 로마의 모든 사제가 첩을 두고 산다고 비난했다. 이에 더 이상 두고 볼 수 없다고 판단한 교황청은 1497년 사보나롤라를 파문했다. 이후 사보나롤라는 체포되어 교수형과 함께 화형에 처해졌다. 그의 시체는 재가 되어 아르노 강(Fiume Arno)에 뿌려졌다.

단테와 베아트리체(Beatrice)의 사랑이야기가 깃든 낭만의 강 아르노에 사보나롤라의 처절한 핏물이 함께 흐르고 있음을 아는 이가 얼마나 될까?

묘하게도 피렌체의 하늘은 가느다란 비를 흩뿌린다.

굵지도 않고 그렇다고 너무 가늘지도 않은 그런 비를.

피렌체에 도착한 우리는 현지 가이드 김남호 씨를 만나 두오모 성당(Campanile del Duomo)으로 향했다.

두오모 성당의 정식 명칭은 '산타 마리아 델 피오레 대성당'(Cattedrale di Santa Maria del Fiore)이다. 이탈리아어로 'fiore'는 '꽃'

| 피렌체의 두오모 성당(Campanile del Duomo)

이라는 뜻이다. 따라서 '산타 마리아 델 피오레'는 '꽃의 성모 마리아'라는 뜻이다.

본래 이 자리에는 '산타 레파라타 성당'(Santa Reparata)이 있었다. 피렌체 사람들은 5세기에 세워진 레파라타 성당을 보수와 개축을 거듭하다가 새로운 성당을 건축하기로 했다. 이에 1296년 '아르놀포 디 캄비오'(Arnolfo di Cambio)의 설계로 건축이 시작되었으나 1302년에 그가 사망함에 따라 공사가 일시 중단되었다. 이렇게 공사와 중단을 거듭한 끝에 1887년에야 모든 공사를 마칠 수 있었다. 두오모 대성당을 건축하는데 거의 600여 년의 시간이 걸린 것이다.

피렌체의 두오모 성당은 2003년 개봉된 "냉전과 열정 사이"라는 영화 때문에 널리 알려졌다. 피렌체에서 유화 복원사 과정을 수련중인 쥰세이와 오래전에 헤어진 연인 아오이가 10년 만에 다시 만나는 장소가 바로 두오모 성당이다.

"영원한 사랑을 맹세하는 곳. 연인들의 성지래. 언젠가 함께 올라가 주겠니?"

"언제?"

10년 후에"

"그럼 우린 서른 살이잖아!"

아오이의 서른 번째 생일날. 그들은 거짓말처럼 두오모 성당 꼭대기에서 만난다. 때마침 울리는 성당의 종소리가 피렌체의 하늘 멀리 울려 퍼져 나간다.

영화가 끝나고 엔딩 크레디트가 올라가는 동안에도 관객들은 거의 일어나지 않는다.

자막과 함께 들려지는 엔야(Enya)의 "wild child"를 듣기 위해서다.

>Ever close your eyes
>ever stop and listen
>evwr feel alive
>눈을 지긋이 감고
>잠시 멈춘 채 귀를 기울여
>살아있음을 느껴본 적이 있나요

준세이와 아오이가 10년 전의 약속을 떠올리며 올라갔던 바로 그곳이 두오모 성당의 돔에 있는 전망대이다. 이처럼 잔을 엎어 놓은 모양의 돔을 '큐폴라'(cupola)라고 한다.

피렌체의 두오모 성당의 돔은 당시로서는 세계에서 가장 큰 규모였으며 지금도 세계에서 네 번째로 큰 구조물이다. 이 구조물의 무게는 무려 37,000톤이고, 높이가 106m, 사용된 벽돌도 400만 개 이상이라고 한다. 이처럼 엄청난 규모의 돔을 올려놓아야 하니 선뜻 나서는 사람이 없었다. 더구나 거대한 돔의 무게를 분산시켜 붕괴되지 않도록 지탱해 줄 공중부벽을 돔 옆에 일절 덧붙이지 않은 네리 디 피오라반티(Neri di Fioravanti)의 설계는 더 큰 문제였다. 결국 주교좌의 천장이 뻥 뚫린 상태로 51년 동안 공사가 중단되었다. 두오모 성당의 돔을 세우지 못하는 문제를 풀기 위해 1419년 양모상인조합, 아르테 델라 라나(Arte della Lana)는 설계 경기를 열었다.

돔 건축의 주요 경쟁자는 로렌초 지베르티(Lorenzo Ghiberti)와 필리포 브루넬레스키(Filippo Brunelleschi)였는데, 필리포 브루넬레스키가 최종 우승을 하게 되었다. 설계 경기의 문제는 달걀을 대리석 위에 세우는 것이었다. 이탈리아의 화가이자 건축가였으며, 특히 르네상스 시대에 활동하던 예술가들의 전기를 쓴 것으로 잘 알려진 조르조 바사리(Giorgio Vasari)는 이때의 모습을 그의 책 『가장 뛰어난 건축가, 화가, 조각가들의 삶』(Le Vita De Piu Eccellenti Architetti, Pittori, et scultori)에 남겼다.

"… 그는 달걀 한 쪽을 대리석에 쳐서 달걀을 바로 세웠다 … 다른 건축가들이 자신들도 그런 식으로는 세울 수 있다고 항의하자, 브루넬레스키는 웃으면서 자신의 디자인을 보면 다른 건축가들도 돔을 지을 수 있다고 말했다."

브루넬레스키의 생애와 작품에 대한 조르조 바사리 저술의 영문판을 보려면 http://www.fordham.edu/halsall/basis/vasari/vasari5.htm을 검색해 보면 된다.

우리는 지금까지 일명 '달걀 세우기'가 크리스토퍼 콜럼버스

(Christopher Columbus)의 재치로 알고 있었다. 하지만 사실은 브루넬레스키의 이야기였던 것이다. 우리가 지금까지 잘못 알고 있었던 것은 이탈리아의 역사가요 여행가인 지롤라모 벤초니(Girolamo Benzoni)가 1565년에 쓴 『신세계의 역사』(*La historia del mondo nuovo*)에서 '콜럼버스의 달걀'(Egg of Columbus)이야기로 바꾸어 놓았기 때문이다.

두오모 성당의 오른편에는 지오토 종탑(Campanile di Giotto)이 우뚝 솟아 있다. 1334년 지오토에 의하여 건축되기 시작하여 지층과 1층이 완성되었고, 피사의 사탑을 만든 보나노 피사노(Bonanno Pisano)의 후손인 안드레아 피사노(Andrea Pisano)에 의하여 2층과 3층이 완성되었다. 그리고 1539년에 이르러서야 프란체스코 탈렌티(Francesco Talenti)에 의하여 지금의 모습으로 완성되었다. 높이가 87.75m에 이르는 지오토 종탑은 고딕 스타일의 장식과 기하학적인 외형이 조화를 이루고 있으며, 외벽은 검정색의 대리석으로 장식되어 있다.

| 산 지오반니 세례당(Battistero di San Giovanni)

두오모 성당 바로 앞에는 산 지오반니 세례당(Battistero di San Giovanni)이 있다. 피렌체의 수호 성인 산 지오반니(영어로는 Saint John)를 기념하여 세운 이 건축물은 녹색과 흰색의 화려한 8각형의 건물로 토스카나식 로마네스크라 불리는 변형된 로마네스크 양식의 건물이다. 이곳에서 단테가 세례를 받은 것으로 알려져 있다.

산 지오반니 세례당은 동쪽과 남쪽과 북쪽에 각각 청동문이 있는데, 그 중에 '천국의 문'이라고 불리는 동문 앞에는 사진을 찍기 위해 많은 사람들이 몰려 있다. 황금색으로 칠해진 이 문에는 구약성경 창세기의 내용이 천지창조 등 10가지의 이야기로 나뉘어 정교하고 섬세하게 조각되어 있다. 로렌조 지베르티(Lorenzo Ghiberti)가 20년의 작업 끝에 1435년에 완성했다. 훗날 미켈란젤로가 이 문을 보고 '천국의 문'이라고 극찬을 하여 오늘날까지 그렇게 불린다고 한다.

그런데 이 청동문과 관련하여 전해져 내려오는 한 일화가 있다. 동문을 만들기 전 1401년에 피렌체에서는 동문을 제작할 조각가를 선정하기

| 천국의 문(산 지오반니 세례당)

위한 공모전을 시행했다. '이삭의 희생'(북문을 말한다)이 공모작이었는데, 여기에 지베르티와 브루넬레스키가 최종 승부를 벌이게 되었다. '이삭의 희생'의 핵심은 아브라함이 이삭을 칼로 찌르는 장면인데, 북문의 왼쪽에 위치한 지베르티의 작품에는 이삭에게 천사보다 칼이 더 가깝게 조각되어 있어서 위기감이 극대화되어 있고, 오른쪽의 브루넬레스키의 작품에는 손목을 잡고 있는 천사를 통해 아브라함의 인간적인 고뇌가 표현되어 있다. 하지만 여기에서 지베르티가 승리를 하게 된다. 이렇게 하여 동쪽의 청동문('천국의 문')은 지베르티가 제작하게 된 것이다.

20대의 젊은 나이에 산 지오반니 세례당의 청동문 공모에서 떨어진 브루넬레스키는 피렌체를 떠나 여행을 하게 된다. 그는 여행 중에 돔의 실내 지름이 43.3m나 되는 당시 가장 큰 돔인 로마의 판테온(pantheon)을 보게 된다. 바로 이 경험이 피렌체의 두오모 성당의 돔을 완성하는 데 결정적인 도움이 되었다. 산 지오반니 세례당의 청동문의 공모에서 지베르티에서 패배하여 실망한 그가 두오모 성당의 돔 건축의 공모에서 멋지게 설욕을 하게 된 것이다.

가이드는 우리에게 20분간의 짧은 자유시간을 허락했다. 나는 산 지오반니 세례당을 지나 오른쪽 골목으로 들어가 보았다. 조금 걷다보니 두오모 성당과는 너무도 다른 빛깔의 성당이 보였다. 두오모 성당이 흰색과 녹색과 붉은 색이 어울려져 기하학적 아름다움을 보여주고 있다면, 이 성당은 전체적으로 붉지만

| **산 로렌초 성당**(Basilica di San Lorenzo)

어두운 빛깔이다. 길가에서 잠깐 바라보다가 지나쳤는데, 나중에 알고 보니 피렌체에서 르네상스 양식으로 지어진 최초의 성당인 산 로렌초 성당(Basilica di San Lorenzo)이었다.

산 로렌초 성당은 1421년에 블루넬레스키에 의해 착공되었는데 그가 갑자기 사망하는 바람에 완공하지 못했다. 그래서 현재까지도 산 로렌초 성당의 전면부는 미완성인 채로 남아있다. 이 성당의 부속건물로는 메디치 예배당이 있다. 메디치 예배당은 피렌체의 유력 가문인 메디치 가문의 전용 예배당이었다. 로렌초도 메디치 가문의 한 사람이었다. 메디치 가문은 피렌체가 르네상스의 중심이 되는데 가장 강력한 후원자였으며, 예술을 사랑하고 보호한 가문이었다. 그런데 그것을 가능하게 한 것은 메디치 가문의 부(富)였고, 그 부(富)의 원동력은 금융업이었다.

메디치(Medici) 가문의 금융업은 '조반니 디 비치 데 메디치'(Giovanni di Bicci de Medici)로부터 시작되었다. 조반니는 메디치 가문의 고향인 카파졸로(Cafaggiolo)에서 농사를 짓던 부모 밑에서 넷째 아들로 태어났다. 하지만 그가 세 살 무렵에 아버지가 죽으면서 경제적으로 매우 어려운 시절을 보내야 했다. 그러다가 먼 삼촌뻘인 비에리 메디치(Vieri de' Medici)에게 보내져서 금융업을 배우게 된다. 금융업에 자질을 보인 조반니는 비에리와 파트너가 되어 로마지점을 총괄하는 지점장이 되었다. 그러다가 나이가 많은 비에리는 금융업에서 은퇴하게 되고 로마 지점의 운영권을 조반니가 인수받게 된다. 1397년 10월 1일에 조반니는 피렌체에 본사를 설립했다.

한편 조반니는 로마 지점에서 일할 때에 '발다싸레 코사'(Baldassare Cossa)라는 사람을 알게 되었다. 발다싸레는 나폴리의 몰락한 귀족 집안의 후예로 젊은 시절 바다에 나가 해적질로 돈을 벌었다. 그는 해적생활을 청산하고 육지로 돌아와 은퇴하면서 가져 온 재산으로 볼로냐대학에서 박사 학위를 샀다. 그는 주교직을 사기 위해 피렌체에 본점을 낸 조반니에게 접근하여 대출을 부탁했다. 적지 않은 돈이었지만 조반니는 발다싸레에게 돈을 대출해 주었다.

발다싸레는 조반니의 대출 덕분에 1402년에 부제 추기경(Cardinal deacon)이 되었고, 1403년에는 포를리(Forli)라는 지역의 교황 전권대사가 되었다. 야심만만한 발다싸레는 주교직에 만족하지 않고 1409년 다른 여섯 명의 추기경들과 함께 피사공의회(Concilio di Pisa)를 열었다. 당시는 1378년에 시작된 서방교회의 분열시기였다.

로마에서는 그레고리 12세(Papa Gregorio XII)가, 아비뇽에서는 베네딕트 13세(Papa Benedetto XIII)가 각각 교황이 되어 서로 정통성을 주장하고 반목하고 있던 중이었다. 발다싸레를 포함한 일곱 명의 추기경들은 교회의 통합을 꾀한다는 명분으로 이 두 명의 교황들을 모두 폐위시키고 제3의 인물을 교황으로 선출하려고 했다. 하지만 그들의 의도와는 달리 이 회의는 알렉산더 5세를 교황으로 선출함으로 결국 교황만 한 명 더 늘어나고 말았다.

그러나 이 세 번째 교황은 10개월 정도 재임하고 사망하고 말았다. 알렉산더 5세의 후임으로 발다싸레가 새 교황으로 선출되었고, '지오반니 23세'(요한 23세)로 불리게 된다. 교회사에서는 그를 '대립교황 요한 23세'(Antipapa Giovanni XXIII)라고 부른다.

요한 23세는 교황이 되기 전, 즉 발다싸레 추기경 시절부터 베네딕트 13세를 지지하는 나폴리의 왕 라디슬라오(Ladislao I di Napoli)와 전쟁을 벌이고 있었다. 야심이 많은 라디슬라오는 이탈리아 중부를 차지하기 위해 1409년 토스카나 지방으로 쳐들어갔다. 소모적인 전쟁을 계속하다가 두 사람은 1412년 6월에 강화조약을 체결하게 된다. 요한 23세는 라디슬라오의 나폴리 왕의 지위를 인정하고 그를 교회의 기수(旗手)로 칭하며, 75,000

플로린(Florin, 피렌체 지방에서 통용되던 화폐)을 지급한다는 조건이었다. 요한 23세는 나폴리의 왕에게 거액의 전쟁 배상금을 주기 위해 조반니에게 손을 내밀었다. 조반니는 다시 한 번 메디치은행의 명운을 걸고 교황의 전쟁 배상금을 빌려주었다.

한편 당시 헝가리와 독일 지역의 왕의 왕이었으며 나중에 신성로마제국의 황제가 되는 지그문트(Sigmund 1368-1437)는 교황 요한 23세가 나폴리와의 전쟁과 뒤이은 강화조건의 이행 등으로 곤란에 처해 있을 때에 그를 압박하여 1414년에 콘스탄스에서 공의회(Concilio di Costanza)를 열었다. 서방교회의 분열을 종식시킨다는 명분이었다. 강력한 세속 군주의 위엄에 눌린 세 명의 교황들은 콘스탄스로 모였다. 발다싸레가 콘스탄스로 갈 때에 메디치가의 코시모 메디치(Cosimo de'Medici)도 로마 교황청의 주거래 은행의 책임자로서 동행하게 되었다. 세 명의 교황이 요한 23세로 단일화된다면 메디치가로서는 더할 나위 없는 기회가 될 일이었다.

1414년에 시작된 콘스탄스 공의회는 4년이나 지나 1418년에야 끝났다. 이 회의가 바로 앞서 체코의 프라하에서 만났던 얀 후스를 이단으로 정죄하여 화형시킨 공의회이다. 지그문트는 요한 23세나 코시모의 생각과는 달리 세 교황을 모두 폐위시키고 새 교황을 세우려는 계획을 갖고 있었다. 그는 그의 계획대로 세 명의 교황을 모두 폐위시키고 마르티노 5세(Papa Martino V)를 새 교황으로 선출했다.

요한 23세의 폐위로 누구보다도 큰 타격을 입게 된 것은 조반니였다. 메디치가의 조반니와 코시모로서는 콘스탄스 공의회를 통해 든든한 후원자였던 교황 요한 23세가 폐위되고 교황청의 주거래 은행의 지위도 잃고 말았다.

지그문트는 이젠 평민 발다싸레 코사로 돌아간 전임 교황 요한 23세에게 하이델베르크의 칙칙한 감옥에서 나오려면 35,000 플로린의 보석금을 내야 한다는 결정을 내렸다. 발다싸레가 의지할 곳은 메디치가 밖에 없었다. 그는 코시모에게 편지를 보내 보석금을 대신 내주면 그를 상속인으로 삼겠노라 꼬드겼다. 하지만 실상 발다싸레가 물려줄 것이라고는 아무것도 없었다. 이 사실은 누구보다 코시모 자신이 잘 알고 있었다. 그럼에도 불구하고 코시모는 아버지 조반니를 설득하여 보석금을 마련했다. 이때 발다싸레는 유일한 재산인 '세례 요한의 손가락 유골'을 메디치가에 넘겨주었다.

콘스탄스 공의회가 끝나고 4년이 지나서야 하이델베르그 감옥에서 석방된 발다싸레는 조반니가 있는 피렌체로 왔다. 조반니와 그의 아들 코시모는 오갈 데 없는 발다싸레 코사를 따뜻하게 맞아 주었다. 한편 그때에 피렌체에는 새 교황으로 선출된 마르티노 5세가 머물고 있었다. 그는 로마를 점령하고 있는 나폴리 군대로 인해 로마에서 즉위하지 못하고 피렌체에 머물고 있던 중이었다. 신임 교황과 파문당한 전직 교황이 피렌체에서 조우하게 된 것이다. 그런 그들을 조반니가 중재하여 만나게 했고,

마르티노 5세는 발다싸레를 토스카나 지방의 주교 추기경으로 임명했다.

하지만 몇 개월 후 발다싸레는 사망하게 된다. 조반니와 그의 아들 코시모는 도나텔로(Donatello)와 그의 제자 미켈로쪼(Michelozzo)로 하여금 산 지오반니 세례당 안에 발다싸레의 무덤을 만들게 했다. 그리고 석관에 "한 때 교황이었던 요한 23세"(Ioannes Quondam Papa XXIII)라는 문구를 새겨 넣게 했다. 그런데 바로 이것이 문제가 되었다. 비록 사면이 되기는 했지만 마르티노 5세의 입장에서는 '대립교황'(Antipapa)이었던 발다싸레 코사에게 '교황'이라는 직위가 붙는 것이 불쾌했던 것이다. 로마 교황청의 주거래은행으로서의 지위를 계속 갖고자 했던 조반니는 뜻하지 않은 일로 교황에게 밉보이게 된 것이다. 새 교황은 교황청의 주거래 은행을 메디치은행이 아닌 피렌체의 다른 은행으로 지정해 버렸다. 메디치은행의 위기가 닥친 것이다. 모두들 메디치은행이 망할 것이라고 생각했다.

하지만 다행히도 그러한 우려는 현실이 되지 않았다. 발다싸레에 대해 끝까지 신의를 지켰던 메디치 가문의 의리를 사람들이 기억하고 있었던 것이다. 발다싸레 같은 사람을 감싸주는 가문이라면 자신들에게도 신의와 의리를 지켜줄 것이라고 생각한 것이다.

훗날 이 메디치 가문에서는 두 명의 교황이 배출된다. 레오 10세(Papa Leone X)와 클레멘스 7세(Papa Clemente VII)가 바로 그들이다. 어느 날 교황 레오 10세가 레오나르도 다빈치에게 성 세례 요한(San Giovanni Battista)을 그리도록 요청했다. 다빈치는 그의 제자 안드레아 살라이(Andrea Salai)를 모델로 세례 요한을 그렸다.

그 그림은 오늘날 파리의 루브르박물관에 소장되어 있다. 그 그림을 보면 세례 요한이 신비로운 미소를 지으며 왼손은 가슴에 댄 채 십자가 지팡이를 들고 있고, 오른손 검지는 하늘을 가리키고 있다. 그 손가락이 바로 발다싸레 코사가 죽기 직전, 즉 레오 10세가 다빈치에게 그림을 의뢰하기 100여 년 전에 메디치 가문에 넘긴 세례 요한의 손가락을 모델로 한 것이라고 한다. 그렇다면 레오 10세는 세례 요한의 손가락을 통해서 어떤 메시지를 주고 싶었던 것일까?

연세대학교 교수인 김상근은 그의 책 『사람의 마음을 얻는 법』에서 그 의미를 이렇게 해석한다.

"세례자 요한의 손가락을 통해서 메디치 가문을 보라"

메디치 가문이 배출한 첫 번째 교황인 레오 10세는 세례 요한의 손가락을 통해서 '메디치 가문의 신의'를 알리고 싶었던 것이다.

훗날 코시모 데 메디치(Cosimo de Medici)의 손자인 로렌초 데 메디치(Lorenzo de Medici)는 많은 예술가들을 후원하여 피렌체에 르네상스의 전성기를 이끌게 된다. 브루넬레스키가 두오모 성당의 돔을 세울 때에 후원한 사람이 바로 로렌초 데 메디치이다. 또한 어린 레오나르도 다빈치를 데려다가 자기 집에서 살게 함으로 훗날 위대한 조각가 겸 건축가가 되게 한 사람도 로렌초 데

메디치이다. 다빈치에
게 "성 세례 요한"을 그
리게 한 교황 레오 10
세가 바로 로렌초 데
메디치의 둘째 아들
이다.

| 레오나르도 다빈치의 성 세례 요한
(San Giovanni Battista)

당시 '로렌초 일 마
그니피코'(Lorenzo il
Magnifico, 위대한 로렌
초)라고 불린 로렌초의
무덤이 이곳 산 로렌
초 성당의 부속건물인 '카펠레 메디치'(Cappelle Medicee, 메디치 예
배당) 안에 있고, 그의 할아버지 코시모 데 메치디의 무덤은 '산
로렌초 성당'(Basilica di San Lorenzo) 안에 있다.

피렌체와 르네상스를 알려면 메디치 가문을 알아야 한다. 나
는 지금 전혀 기대감 없이 지나칠 뻔 했던 한 건물에서 그들을
만나게 된 것이다. 두오모 성당에만 관심을 갖고 적당히 자유
시간을 때우고 떠나려고 했었는데, 뜻밖의 행운을 만나게 된 것
이다.

피렌체의 통치자였던 로렌초 데 메디치는 시인이기도 했다.
그는 세 권의 시집을 남겼는데, 그의 시들 중 "바쿠스의 노래"
(Canzona di Bacco)의 한 연은 우리에게도 잘 알려져 있다.

Quante bella giovinezza,

che si fugge tuttavia,

Chi vuol essere lieto, sia :

di doman non ce certezza

젊음이란 얼마나 아름다운가

그러나 그것은 너무 빨리 사라져 버린다

즐거움을 찾는 자, 지금 시작하라

확실한 내일이란 존재하지 않으니.

피렌체 르네상스의 최대 후원자였던 메디치가의 일원답게 신플라톤주의(Neoplatonism)가 주장하는 '모든 사물의 중심이자 척도인 인간'의 가장 아름다운 시절의 행복을 누리라는 뜻이리라.

산 로렌초 성당을 왼편에 두고 돌아 조금 더 걸어갔다. 큰 시장이 보였다. 입구에는 가죽제품 등의 난전들이 즐비하게 늘어서 있었다. 바로 이곳이 피렌체 중앙시장(mercato centrale)이다. 함께 동행한 새누리교회 목사님 내외의 입에서 거의 동시에 같은 말이 나온다.

"그래, 바로 이런 곳이야!"

여행을 하다보면 의외로 신기하고 재미있는 곳을 발견하게 된다. 그중에 하나가 현지 시장이다. 갑자기 눈이 휘둥그레진다. 그러면서도 마음이 바쁘다. 허락받은 시간이 거의 끝나가기 때문이다. 사모님들의 시선이 가죽제품에 쏠린다. 하지만 시간이

| 피렌체 중앙시장(mercato centrale)

없어 돌아 나오려는데 가죽밴드로 된 시계들이 보인다. 그리 비싸지 않은 그야말로 시장제품이지만 그런대로 멋있어 보였다. 이것저것 골라볼 시간이 되지 않았기에 우리는 눈에 띄는 대로 하나씩 골랐다. 고맙게도 계산은 새누리교회 목사님이 하셨다. 모이기로 한 장소에 늦지 않기 위해 열심히 뛰어 왔다. 그런데 아직 모이지 않은 이들이 있다. 그들을 기다리며 방금 사온 시계를 살펴보았다. 그런데 아내의 시계에 문제가 있다. 시계바늘이 움직이지 않는 것이다. 하지만 할 수 없다. 시장까지 다시 갔다가 돌아올 시간이 없기 때문이다. 이런 것도 여행의 묘미라며 위로할 수밖에 없다.

모두 모인 것을 확인한 가이드는 우리를 골목길로 안내한다. 피렌체뿐만 아니라 유럽의 골목길은 그 자체로 예술이다. 때로는 넓고, 때로는 좁은 대리석 바닥길을 따라 가다보면 중세의 어느 날에 가 있는 착각에 빠진다. 피렌체의 골목은 더 그런 것 같다.

두오모 광장에서 스투디오 길(via dello Studio)로 불리는 골목길을 부지런히 걷다보니 골목에 붙은 작은 교회가 하나 보였다. 언뜻 보면 교회인지도 모르고 지나갈 뻔 했다. 교회 정문의 오른쪽에 이곳이 '단테교회'(Chiesa di Dante)임을 알리는 안내판이 하나 붙어 있다.

이 교회의 정식명칭은 '키에사 디 산타 마르게리타 데이 체르키'(Chiesa di Santa Margherita dei Cerchi)이다. 체르키 가문의 후원을 받아 세워진 성 마르게리타 교회라는 뜻이다. 단테가 바로 이 교회를 다녔다. 그리고 그가 첫 눈에 반한 베아트리체(Beatrice)를 만난 곳도 이곳이다. 하지만 두 사람은 각각 다른 사람과 결혼을 하게 된다. 단테는 젬마 도나티(Gemma Donati)라는 여자와 이곳에서 결혼식을 했고, 베아트리체도 다른 남자와 결혼을 했으나 스물 네 살의 나이에 죽고 만다. 베아트리체의 묘가 바로 이 교회 안에 있다. 그녀의 묘는 오늘날까지도 짝

| 단테교회(Chiesa di Dante)

사랑을 하는 이들의 성지처럼 여겨진다고 한다.

골목을 따라 조금만 더 올라가면 공터 같은 곳이 나타난다. 광장이라고는 할 수 없고 그냥 공터다. 공터에 면한 건물 벽에 걸린 현수막이 이곳이 '단테의 집, 박물관'(Museo casa di Dante)임을 알려주었다.

이곳은 시인이며 극작가였던 단테가 1265년부터 1321년까지 거주했던 집이다. 주위를 둘러보는데 한 낯선 청년이 다가와 손가락으로 바닥의 대리석을 가리키며 말한다.

"단테! 단테!"

피렌체 사람인지, 아니면 우리와 같은 여행객인지는 모르겠다. 그가 가리키는 바닥을 유심히 살펴보았다. 단테의 얼굴이 보였다. 우연한 현상인지, 아니면 일부러 단테의 얼굴을 새긴 것

| 단테의 집, 박물관(Museo casa di Dante)

| 단테의 얼굴(단테의 집 앞 바닥)

인지도 모르겠다. 하지만 분명히 단테의 얼굴이다. 그 청년이 알려주지 않았다면 분명히 손바닥 반 토막만한 크기의 단테의 얼굴을 보지 못하고 그냥 지나쳤을 것이다.

우리는 좁은 골목길을 빠져나와 시뇨리아 광장(Piazza della Signoria)으로 향했다. 시뇨리아(Signoria)는 '시의회'를 의미한다. 시뇨리아 광장은 피렌체에서 가장 오래된 지역이며 각종 정치적, 사회적 사건의 중심 무대가 되었던 장소이다. 또한 피렌체 시청사인 베키오 궁전(Palazzo Vecchio) 앞의 시뇨리아 광장은 피렌체를 대표하는 주요 건물들이 밀집되어 있으며 광장 곳곳에 미켈란젤로의 "다비드 상"을 비롯하여 많은 예술 작품들이 산재되어 있다. 이 광장을 한 바퀴 둘러보는 것만으로도 피렌체의 르네상스를 이해할 수 있을 만큼 아름다운 조각들로 가득 차 있다.

시뇨리아 광장에 들어선 순간 제일 먼저 눈에 띤 것은 피렌체를 중심으로 토스카나 대공국을 이룬 '조국의 아버지'(pater

| 코시모 데 메디치(Cosimo di Medici)의 기마상

patriae) 코시모 데 메디치(Cosimo di Medici)의 기마상이다. 잠볼로냐(Giambologna)가 1594년 조각한 이 청동상은 시뇨리아 광장의 상징이자 중심이다. 갑옷을 입고 왼쪽 허리에 칼을 차고 말고삐 끈을 단단히 붙잡은 채 시뇨리아 광장을 내려다보는 코시모 데 메디치의 모습이 과연 대군주답다.

코시모 데 메디치의 동상의 오른쪽에는 '넵튠의 분수'(fontana del Nettuno)가 있다. 넵튠은 로마신화에 나오는 바다의 신이다. 원래는 강의 신이었는데 그리스의 신 포세이돈과 동격화되어 바다의 신이 되었다. '넵튠의 분수'의 제작과 관련하여 두 가지 설이 있는데, 1571년에 있었던 레판토 해전에서 승리한 기념으

| 넵튠의 분수(fontana del Nettuno)

로 제작했다는 설과, 1565년 프란체스코 데 메디치 1세와 신성로마제국 황제 페르디난트 1세의 딸 요한나의 결혼을 기념하기 위해 제작되었다는 설이다. 이 분수는 원래 대장장이의 작업실과 함께 작은 골목 가까이에 위치해 있었기 때문에 '대장장이 분수'(Fontana dei Calderari)라고 불렸다. 그러다가 1878년 안토니오 델리 비타(Antonio della Bitta)가 문어와 싸우는 바다의 신 넵튠의 모습을 표현한 조각품을 분수 중앙에 설치함으로 '넵튠의 분수'가 되었다.

 '넵튠의 분수'에서 몇 걸음 앞으로 가면 그냥 지나치기 쉬운 표시석이 있다. 광장의 많은 조각품들처럼 두드러지게 보이는 것

| 사보나롤라가 화형을 당한 곳을 알리는 표시석

이 아니라 바닥에 있기 때문이다. 그것도 평면으로 말이다. 바로 사보나롤라가 화형을 당한 곳을 알리는 표시석이다.

앞서 언급했듯이 사보나롤라는 15세기 피렌체의 종교개혁가였다. 체코의 얀 후스에서 독일의 마틴 루터로 이어지는 중간 계보 정도로 이해하면 된다. 피렌체의 산 마르코 수도원의 원장이 된 사보나롤라는 피렌체를 신정도시로 만들기를 원했다. 그는 거침없이 메디치 가문 로렌초의 세속 통치와 교황 알렉산더 6세(Alexander VI)의 부패와 음란을 비난했다. 특히 알렉산더 6세는 부패와 향락으로 유명한 교황으로 알려져 있다. 얼마나 난잡하고 음탕한 생활을 했던지 그의 후임으로 교황이 된 율리우스 2세(Pope Julius Ⅱ)는 "그가 쓰던 방은 쓰지 않겠다"며 알렉산더 6세가 쓰던 방을 모두 폐쇄했다고 한다. 사보나롤라는 그런 그를 강하게 질타했다. 알렉산더 6세는 사보나롤라에게 설교를 금지시키기도 하고 갖은 방법으로 회유하기도 했다. 한 번은 추기경 자리를 주겠다며 회유하기도 했다.

하지만 사보나롤라의 태도는 확고했다. 그는 추기경 자리로 회유하는 알렉산더 6세에게 이렇게 말했다.

"내가 원하는 것은 추기경의 붉은 모자가 아니라 오직 교회의 머리이신 주님께서 주신 바 순교의 피로 물든 붉은 모자입니다."

결국 교황 알렉산더 6세는 사보나롤라를 파문하고 화형을 선고했다. 사로나롤라에 대한 민심도 많이 돌아섰다. 그가 너무 급진적인 개혁주의자였기 때문이다. 그는 가면, 거울, 화장품, 향수, 악기, 책, 그림 등을 음란하거나 이단적인 것으로 간주했다. '소년단'이라는 풍기단속반을 조직해 소년, 소녀들로부터 집집마다 돌아다니며 그것들을 모아 오도록 지시했다. 이렇게 수집된 물건들을 시뇨리아 광장에 모아 놓고 불을 질러 태워 버렸다. 이런 그의 행동은 격렬한 논란을 일으켰을 뿐만 아니라 노골적인 증오심마저 유발했다.

결국 사보나롤라는 음란하고 이단적인 것이라며 물건들을 불태웠던 바로 그 자리, 즉 시뇨리아 광장에서 화형을 당하고 그의 재는 광장에서 가까운 아르노 강에 뿌려졌던 것이다. 대부분의 사람들이 넵튠과 다비드에 시선을 빼앗겨 안타깝게도 사보나롤라가 화형당한 자리는 시선조차 받지 못한다. 누군가가 친절하게 알려주지 않는 한 말이다. 여기에도 단테의 집 앞의 그 젊은이가 필요할 듯하다.

광장의 동쪽에는 '란치의 회랑'(Loggia dei Lanzi)이 있다. '란치의 회랑'은 독일 용병을 뜻하는 '란츠크네흐트'(Landsknecht)의 이탈리아어 '란치케네키'(Lanzichenecchi)를 '란치'(Lanzi)로 줄여 쓴 것으로 코시모 데 메디치의 독일 용병군이 대기하는 장소로 사용하던 것에서 유래 되었다. 참고로 Landsknecht는 Land(영토, 혹은 '평지')와 Knecht(병사)가 합해진 단어이다. 세 개의 아치와 지붕이 있는 회랑에는 피렌체의 상징인 사자상을 비롯하여 벤베누토 첼리니(Benvenuto Cellini)의 메두사의 머리를 들고 있는 '페르세우스'의 청동상, 잠볼로냐(Giambologna)의 '사비나 여인의 강탈'(Rape of the Sabines) 등 15개의 조각상이 있다.

다시 왼쪽으로 90도 몸을 돌리면 베키오 궁전(Palazzo Vecchio)이 보인다. '베키오'(Vecchio)가 '오래된'(old)이라는 뜻이니, 베키오 궁전은 '오래된 궁전'이라는 의미이다. 하지만 이 궁전의 본래 이름은 '시뇨리아 궁전'(Palazzo della Signoria)이었다. 그런데 코시모 데 메디치가 이 궁전을 거처로 사용하면서 공작 궁전(Palazzo Ducale)으로 이름이 바뀌었다. 그러다가 1540년 코시모가 거처를 다시 아르노 강 건너편의 피티 궁전(Palazzo Pitti)으로 옮기면서 이곳은 '옛 궁전,' 즉 '베키오 궁전'이 된 것이다.

| 란치의 회랑(Loggia dei Lanzi)

| 베키오 궁전(Palazzo Vecchio)

베키오 궁전은 정면에서 보았을 때 육중한 사각형 모양이다. 그 위에 94m의 높은 탑이 세워져 있다. 아르놀포 디 캄비오가 만든 것인데, 탑 안에는 2개의 방이 있다. 그 중의 하나에 사보나롤라가 갇혀 있었다.

베키오 궁전 앞에도 몇 개의 조각상이 세워져 있다. 여러 조각상 중에 대리석이 아닌 청동상이 하나 있다. 코시모 데 메디치의 주문으로 도나텔로(Donatello)가 조각한 '유디트'(Judith)상이다. 유디트는 앗시리아(Assyrians)의 용장 홀로페르네스(Holofernes)가 군대를 이끌고 유다의 베툴리아 성을 포위하자 동포를 버리고 홀로 도망쳐 나온 사람처럼 꾸며 적진으로 들어가 미모로 홀로페르네스를 유혹하여 그의 목을 벤 여자다. 도나텔로의 '유디트'는 오른손에 칼을 들고 있으며 왼손에는 적장 홀로페르네스의 목을 잡고, 또 왼발로는 그의 손을 밟고 있다.

홀로페르네스는 베개에 앉아있는데, 이는 이 사건이 일어난 장소가 침실임을 암시한다. 유디트(Judith)는 '유대인 여자'라는 뜻이다. 유디트에 대한 이야기는 가톨릭에서는 제2경전에, 개신교에서는 외경으로 분류하여 읽혀지고 있다. '유디트 상'의 기단부에는 이와 같은 명문이 새겨져 있다.

| 유디트(Judith) 조각상

"왕정은 쾌락으로 망하며, 도시는 미덕으로 흥한다. 겸손의 손에 달린 오만의 목을 보라."

본래 메디치 궁의 안뜰에 있던 '유디트 상'은 1470년 경에 이곳 시뇨리아 광장으로 옮겨졌다.
 현재도 피렌체의 시청사로 사용되고 있는 베키오 궁으로 들어가는 입구에는 좌우에 각각 '다비드 상'과 '헤라클레스와 카쿠스 상'이 있다.
 시뇨리아 광장에서 단연 인기있는 조각상은 미켈란젤로의 '다

| 미켈란젤로의 다비드 상

비드 상'이다. 본래 대성당의 상부 장식으로 계획된 '다비드 상'은 고개를 왼쪽으로 돌리고 왼쪽 팔로 물매를 짊어졌으나 인물의 엉덩이와 어깨를 반대 각도를 향하여 몸의 형태가 전체적으로 S자 모양의 곡선이 되었다. 이러한 다소 비현실적인 신체비율은 미켈란젤로의 조각 작품들 중 이례적인 것인데, 특히 머리와 오른손의 크기는 전체 신체에 비해 유난히 크다. 이는 '다비드 상'이 본래 피렌체의 두오모 대성당의 12m 상부에 위치할 것을 감안한 것으로 아래에서 올려다보았을 때 더욱 두드러지게 보이도록 고려한 것이다.

공화정이 수립된 피렌체는 새로운 도시를 위한 예술 작품들을 제작했다. 이때 피렌체 시는 로마에서 피에타상의 조각을 마치고 돌아온 미켈란젤로에게도 작품을 의뢰한다. 그렇게 해서 나온 것이 '다비드 상'이다. 피렌체 공화국은 자기 민족을 구하기 위해 자유와 정의의 정신으로 거인 골리앗과 맞서 싸운 소년 다윗의 이야기야말로 16세기의 작은 도시국가 피렌체가 주변의 강대국들과 싸워나가는 모습과 잘 들어맞는다고 생각했기 때문이다.

그런데 피렌체 시가 26세의 미켈란젤로에게 제공한 5.5m의 거대한 대리석은 일찍이 아고스티노 디 두초(Agostino di Duccio)가 작업을 하다가 포기하여 작업장에 40년 가까이 방치되어 있던 것이었다. 다른 사람이 쓸모가 없다며 버린 돌이 미켈란젤로의 손에 들어가자 세계적인 걸작품으로 만들어진 것이다.

미켈란젤로가 땀을 흘리며 정과 망치로 열심히 '다비드 상'을 조각하고 있을 때에, 작업장을 지나던 한 소녀가 들어와서 물었다고 한다.

"왜 그렇게 돌을 두드리세요?"

미켈란젤로는 작업을 멈추고 사다리를 내려와 소녀 앞에 무릎을 구부리고 앉았다.

"저 바위는 그냥 돌덩이가 아니란다."

소녀의 눈망울이 커졌다.

"저 바위 안에는 천사가 들어 있단다."

"천사가요?"

"그래, 아저씨는 지금 잠자는 천사를 깨우고 있는 중이야."

"왜죠?"

소녀가 신기한 듯 대리석 조각을 쳐다보며 물었다.

"천사를 자유롭게 해 주고 싶거든"

미켈란젤로의 다른 작품에도 그렇지만 특히 '다비드 상'에는 메디치 가문의 영향을 받은 신플라톤주의(Neoplatonism)의 철학이 물씬 배어 있다. 신플라톤주의에서의 인간은 물질적 세계의 중심이자 영적 세계의 중심이다. 이 둘은 하나님에게서 파생된 것으로 인간은 하나님과 하나가 되려고 하는 본질을 가지고 있으나 인간의 한계 때문에 결코 하나가 될 수 없다. 이런 인간의 고뇌를 표현하기에 가장 적합한 소재가 바로 '사랑과 미'의 주제이다. 이러한 신플라톤주의는 메디치 가문에 지대한 영향을 미쳤고 메디치 가문의 후원을 받고 있던 미켈란젤로를 포함한 많은 르네상스 예술가들이 영향을 받게 된다.

미켈란젤로의 작품은 이러한 신플라톤주의에 입각하여 만들어졌는데, 특히 조각가인 그에게 있어서 조각가란 '돌을 깨고 갈면서 자신이 조각한 형상을 창조하는 사람'이 아니었다. 그가 생각하는 조각가는 '하나님이 대리석 속에 넣어 둔 어떤 형상을 드러내기 위해서 돌의 나머지 부분을 제거하는 사람'이었다.

이처럼 신플라톤주의 사상이 녹아 있는 미켈란젤로의 조각에서 주가 되는 소재는 인간의 육체이다. 하지만 그가 소재로 한 육체는 하나님의 세계에서 온 가장 완전하고 아름다운 이상적인 육체이다. 그런 모습이 바로 '다비드 상'이었던 것이다. 이처럼 메디치가의 후원과 영향을 받아 만든 미켈란젤로의 '다비드 상'은 애꿎은 장난처럼 메디치가의 미움의 발단이 되었다. 메디치 가문에 반대하는 공화주의자의 편에 섰기 때문이다.

'다비드 상'이 거의 완성되어갈 때에 피렌체 시민들은 이 조각상의 설치 장소를 두고 토론회를 열었다. 시민들은 '다비드'를 기득권 세력에 대항하는 자유와 정의를 추구하는 힘의 상징으로 피렌체 공화국 시청사 입구에 세워 놓기로 결정했다. 이처럼 피렌체 시민의 결정으로 '다비드 상'은 1504년에 피렌체 시청사인 베키오 궁 앞에 세워지게 되었다. 이후 1873년에 피렌체의 아카데미아 갤러리(Accademia Gallery)로 옮겨졌으며, 시뇨리아 광장에는 복제품이 세워졌다.

한편 공화정의 편에 서게 된 미켈란젤로는 '다비드 상' 때문에 메디치 가문과 불편한 관계에 놓이게 되었다. 시 의회로부터 '다비드 상'과 한 쌍을 이룰 조각을 만들어달라는 의뢰가 들어왔지만, 미켈란젤로는 메디치 가문의 눈치를 보느라 조각에 손댈 엄두를 내지 못했다.

그러던 차에 1534년 알레산드로 데 메디치(Alessandro de Medici)는 조각가 바치오 반디넬리(Baccio Bandinelli)를 시켜 '다비드'에 버금가는 조각을 한 점 만들어 세웠다. 그것이 바로 베키오 궁전 입구에 '다비드 상'과 나란히 세워져 있는 '헤라클레스상'이다. 하지만 시민들은 '다비드'와 나란히 서서 시청사 입구를 지키는 이 조각을 달갑게 보지 않았다. 도리어 헤라클레스가 카쿠스를 단방에 때려눕히는 모습이 시민 목줄을 조이는 알레산드로 데 메디치와 똑같다고 생각했다.

| 바치오 반디넬리(Baccio Bandinelli)의 헤라클레스 상

시민의 인기를 독차지한 '다비드'와 달리 '헤라클레스' 조각은 조롱과 험담을 담은 시문과 대자보가 늘 덕지덕지 붙어 있었다고 전해진다.

한편 '카쿠스'(Cacus)는 불의 신 헤파이스토스의 아들로 팔라티노 언덕의 동굴에 살면서 사람들을 잡아먹어 주민들을 공포에 떨게 하는 괴물이었다. 어느 날 헤라클레스가 잠든 사이에 카쿠스가 헬라클레스의 소를 몇 마리 훔쳐갔다. 이 사실을 안 헤라클레스는 카쿠스를 찾아가 죽인다. 베키오 궁전 입구에 세워져 있는 '헤라클레스상'은 헤라클레스가 왼손으로는 카쿠스의 머리채를 잡고, 오른손에는 몽둥이를 들고 있는 모습이다.

'다비드상'과 '헤라클레스상' 사이의 계단을 따라 난 베키오 궁전의 입구 상부에는 피렌체를 상징하는 두 개의 사자상이 있다. 그리고 그 사이에는 라틴어로 'Rex Regum et Dominus Dominantium'(만왕의 왕, 만주의 주)이라고 새겨져 있다. 이것은

| 베키오 궁전 입구에 있는 두 개의 사자상

요한계시록 17장 14절과 19장 16절에 나오는 문장이다. 즉 예수 그리스도에 대한 칭호인 것이다. 그리고 그 문장의 바로 위에 빛이 발산되는 원반이 새겨져 있는데, 그 가운데 십자가와 YHS 모노그램이 있다. 'YHS'는 'IHS'의 변형체인데, 'IHS'는 예수의 그리스어 표기 Iησους(대문자로는 IHΣOYΣ)에서 첫 세 글자를 따서 만든 모노그램이다.

베키오 궁전과 란치의 회랑 사이에 난 길로 들어가면 우피치미술관(Galleria degli Uffizi)이 양 옆으로 회랑 형태로 나타난다. '우피치'(Uffizi)는 '집무실'(Office)이라는 뜻으로 메디치 가문의 행정관청으로 사용된 데서 유래한다. 우피치미술관은 영국 런던의 내셔널갤러리(The National Gallery), 스페인 마드리드의 프라도미술관(Museo del Prado)과 더불어 세계 3대 미술관으로 꼽힌다. 영화 "냉정과 열정 사이"의 남자 주인공 준이치는 피렌체에서 활동하는 미술품 복원가로 등장하는데, 피렌체의 미술품 복원은 우피치미술관과도 연관이 있다. 1960년 피렌체에는 큰 홍수가 발

| 우피치미술관(Galleria degli Uffizi)

생했었는데 강이 범람하여 우피치미술관도 침수피해를 입었다. 그때 우피치박물관에 전시되어 있던 많은 미술작품들이 훼손되었는데, 그것들을 복원하기 위해 피렌체에서 미술 복원술이 크게 발전했다고 한다. 오늘날 우피치미술관에는 레오나르도 다빈치, 보티첼리, 미켈란젤로, 루벤스, 렘브란트, 고야 등 13세기에서 18세기의 유명한 예술가들 작품이 전시되어 있다. 하지만 아쉽게도 우리 일행은 우피치미술관 내부에는 들어가지 못했다.

'ㄷ'모양의 우피치미술관 사이를 지나 직진하면 아르노 강을 만난다. 그리고 고개를 오른쪽으로 돌리면 그 유명한 베키오 다리(Ponte Vecchio)가 보인다. 1345년에 건설된 베키오 다리는 그 이름에서도 알 수 있듯이 피렌체에서 가장 오래된 다리이다. 베키오 다리는 2층 구조로 되어 있는데, 2층은 피티궁과 우피치를 이어주는 통로이고, 1층은 평민들이 이용하는 다리였다. 따라서 1층에는 대장간이나 푸줏간 같은 평민들이 이용할 수 있는 여러

| 베키오 다리(Ponte Vecchio)

상점들이 있었다. 하지만 이 상점들을 이용하는 사람들 때문에 생기는 소음과 푸줏간의 고약한 냄새를 이유로 페르디난도 1세는 상점들을 폐쇄시키고 대신에 가까이 있는 궁전과 어울릴만한 보석상점들이 들어서게 했다. 지금도 베키오 다리 위 양 옆에서 여러 보석상점들을 볼 수 있다.

한편 베키오 다리는 단테와 베아트리체(Beatrice)의 슬픈 사연을 품고 있다. 1274년 5월 1일 겨우 9살의 어린 단테는 아버지를 따라 어느 부유한 은행가의 집안에서 열리는 축제에 가게 되었다. 그 축제가 바로 '5월의 첫날'이라는 의미를 지닌 칼렌디마지오(Calendimaggio) 축제이다. 그런데 여기에서 단테는 축제를 주최한 은행가의 딸을 만나게 된다. 단테보다 한 살 아래의 소녀, 바로 그녀가 베아트리체이다. 단테는 베아트리체를 본 순간 사랑에 빠졌다. 이 한 번의 만남으로 단테의 마음에 평생을 따라다닌 여인이 된 것이다. 단테는 그의 시집 『신생』(La Vita Nuova)

에서 첫눈에 반한 베아트리체와의 만남을 이렇게 묘사했다.

"그 순간 아무도 볼 수 없는 마음의 방에 살고 있던 생명의 정신은 너무도 격렬하게 요동쳤으며 작은 맥박소리에도 놀라 부들부들 떨었다. 보아라, 신이 오시어 나보다 더 강하게 나를 압도했도다…"

하지만 단테는 그녀에게 한 마디의 말도 건네지 못했다. 그렇게 10년이 흘러 단테가 19살이 된 어느 날, 베키오 다리 부근에서 친구와 함께 산타 트리니타 다리(Ponte Santa Trinita) 쪽으로 걸어오는 베아트리체와 우연히 마주치게 된다. 여기에서도 단테는 말 한 마디도 건네지 못했다. 그것이 단테와 베아트리체의 두 번째 만남이자 마지막 만남이 되었다. 그 후 베아트리체는 21살이 되던 1287년에 결혼을 했는데, 결혼한 지 3년 후 젊은 나이에 요절하고 만다. 베아트리체와는 단 두 번의 만남이었지만, 단테는 평생 그녀를 품고 살았다. 운명적인 두 사람의 사랑이야기는 지금도 많은 연인들을 이곳으로 오게 한다. 베키오 다리와 그 주변에는 많은 연인들이 사랑의 징표로 남겨놓은 자물쇠들을 쉽게 볼 수 있다.

　단테와 베아트리체의 슬픈 이야기가 흘러가는 아르노 강을 끝으로 숨 가쁜 하루가 지났다.

# 9일째

2016년 5월 17일, 화요일

평화와 청빈의 성자,
성 프란체스코의 고향
아씨시, 로마

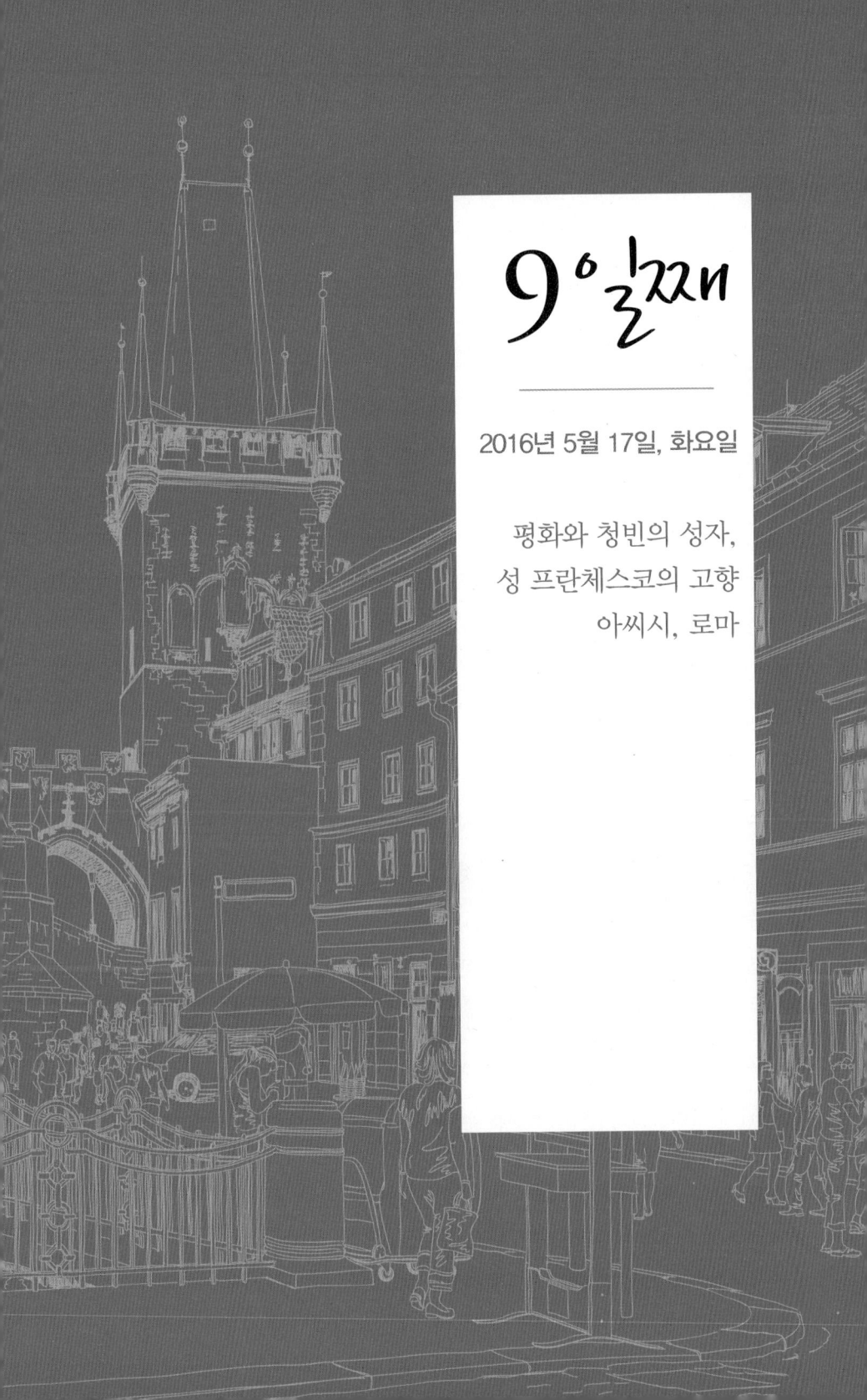

   상쾌한 아침이다. 몸은 피곤하지만 예민한 신경 탓에 오래 누워 있을 수 없다. 더 자고 싶어 하는 아내를 깨워 호텔 식당에 내려와 아침을 먹었다. 그리 까다로운 입이 아니기에 호텔식은 어느 곳이나 먹을 만하다.

   식빵 한 조각, 사과 한 개, 스크램블 에그 그리고 커피 한 잔. 이 정도면 아침 식사로 훌륭하지 않은가!

   물론 음식이 이것만 있다는 것은 아니다. 내가 선택한 아침 메뉴가 그렇다는 것이다. 아침도 든든히 먹었으니 어제와는 또 다른 기대감을 가지고 오늘을 힘차게 시작할 수 있을 것 같다.

   오늘의 일정은 이곳 피렌체에서 차로 2시간 정도 떨어진 아씨시(Assisi)부터 시작한다. 버스 창밖으로 아씨시가 보인다. 평지 위에 볼록 솟은 수바시오(Subasio) 산을 중심으로 허리를 타고 조성된 아씨시는 도시라기보다는 큰 마을 같다는 느낌이 들었다. 그러나 평지가 아닌 산에 조성된 도시이기에 그냥 오르기에는

| 아씨시의 매표소

힘이 든다. 그래서 매표소 옆에 관광객을 위한 에스컬레이터가 설치되어 있다.

우리에게는 '아씨시'라는 도시보다 이곳에 살았던 '성 프란체스코'(San Francesco)라는 이름이 더 익숙하다. 기독교인이 아닌 사람도 "평화의 기도"라는 그의 기도문은 안다.

어느 날 저녁 프란체스코의 문을 두드리는 사람이 있었다. 그가 나가 보았더니 한 험상궂은 나병 환자가 서 있었다. 그는 몹시 추우니 잠시 방에서 몸을 녹이면 안 되겠느냐고 간청했다. 프란체스코는 그의 손을 잡고 방으로 안내해 주었다. 그러자 그 환자는 다시 저녁을 함께 먹도록 해달라는 것이었다. 두 사람은 같은 식탁에서 함께 저녁을 먹었다. 밤이 깊어지자 그 환자는 다시 부탁하기를 자기가 너무 추우니 프란체스코에게 알몸으로 자기를 녹여달라고 했다. 프란체스코는 입었던 옷을 모두 벗고 자신의 체온으로 그 나병 환자를 녹여주었다. 이튿날 아침 프란체스코가 일어나보니 그 환자는 사라지고 없었다. 뿐만 아니라 왔다 간 흔적조차 없었다. 프란체스코는 곧 모든 것을 깨닫고는 자신과 같이 비천한 사람을 찾아와 주셨던 하나님께 감사 기도를 올렸다. 이 기도가 바로 성 프란체스코의 "평화의 기도"이다. 모두 아는 내용이지만 그의 기도문을 옮겨보겠다.

평화의 기도

-성 프란체스코-

주여!
저로 하여금 당신의 평화의 도구가 되게 하소서

미움이 있는 곳에 사랑을
모욕이 있는 곳에 용서를
의혹이 있는 곳에 믿음을
절망이 있는 곳에 희망을
어두움에 빛을
슬픔이 있는 곳에 기쁨을 가져오는 자가 되게 하소서

위로받기보다는 위로하고

이해받기보다는 이해하며

사랑받기보다는 사랑하게 하여 주소서


우리는 줌으로써 받고

용서함으로써 용서받으며

자기를 버리고 죽음으로써

영생을 얻기 때문입니다.


아씨시에 도착한 첫 느낌은 '아, 조용하다'라는 것이다. 밀라노나 베니스, 그리고 피렌체의 광장에는 수많은 인파로 지나는 이들의 어깨를 스치고 가야할 정도였는데, 이곳 아씨시는 너무 한산하다. 우리가 주차장에 도착했을 때는 한 무리의 이탈리아 노인들뿐이었다. 아마도 가톨릭 신자들 같은데 성지순례를 온 모양이다. 그들에게는 국내 성지 순례이겠지.

주차장에서 배종구 가이드를 만나 에스컬레이터를 타고 언덕 위로 올라갔다. 에스컬레이터를 내려 보르고 아렌티노 거리(Via Borgo Arentino)의 포르타 누오바 문(Porta Nuova)을 통과하여 걸어가면 산타 키아라 성당(Basilica di Santa Chiara)이 있다. '빛나다,' '맑다'라는 뜻의 '키아라'(chiara)는 이탈리아식 이름이고, 우리에게는 라틴어식 이름인 '클라라'(clara)로 더 알려져 있다.

키아라는 1193년에 아씨시의 한 귀족 가문에서 태어났다. 그

| 산타 키아라 성당(Basilica di Santa Chiara)

그녀가 18세 되던 해인 1212년 사순절 때 키아라는 루피노 성당에서 프란체스코의 설교를 듣고 크게 감명을 받아 수도생활을 결심했다. 키아라는 깊은 밤 식구들 몰래 집을 빠져 나와 프란체스코와 그의 동료들이 세운 작은 성당 포르치운콜라(Poziuncola)로 향했다. 키아라는 화려한 옷을 벗어 버리고 대신에 동료들과 같이 거친 감자 담는 가마니로 짠 수도복을 입었다. 그러자 프란체스코는 들고 있던 가위로 그녀의 머리를 잘랐다.

키아라는 프란체스코의 설교를 단 한 번 듣고 수도생활을 시작하여 평생 미혼으로 프란체스코를 보필하며 구도생활을 했다.

단 한 번의 설교로 누군가를 변화시킬 수 있는 능력이 부럽다. 10번의 설교라도 좋으니 나에게도 그런 능력이 주어졌으면 좋겠다.

성녀 키아라는 기도의 사람으로 알려져 있다. 토마스 첼라노(Thomas Celano)는 『성녀 클라라의 전기』에서 이렇게 쓰고 있다.

"클라라의 얼굴은 눈물로 뒤범벅이 되고 눈물은 애도의 걱정 때문에 마를 줄을 몰랐다. 어느 날 마귀가 그녀에게 말했다. '그렇게 너무 울면 못쓴다. 울음을 그치지 않으면 너의 뇌가 눈물로 녹아서 코로 흘러나와 코가 삐뚤어질 것이다.' 이에 그녀가 재빨리 응수하였다. '주님을 아는 이는 조금도 삐뚤어지는 일이 없다.' 그리고 그는 또 울면서 기도했다."

키아라 성당 안으로 들어가면 성당 중앙에 '다미아노 십자가'(San Damiano Cross)가 있다. '다미아노 십자가'는 12세기에 시리아 수도자에 의하여 그려진 비잔틴 양식의 이콘(icon)이다. 그런데 '다미아노 십자가'라고 이름 붙여진 것은 이것이 다미아노 성당에 있었기 때문이다. 어느 날 프란체스코가 황폐한 다미아노 성당 앞을 지나가다가 십자가 앞에 무릎을 꿇고 기도했다.

"주 예수님, 나를 비추소서. 어두움을 물리치소서. 당신의 뜻대로 하시옵소서."

그때 십자가에 매달린 예수님으로부터 음성이 들려왔다.

"프란체스코야, 쓰러져 가는 나의 집을 수리하여라."

주님이 말씀하신 본래의 의미는 '그리스도 교회를 바로 세우라'는 것이었으나 프란체스코는 그 말씀을 글자 그대로 받아들여 아버지의 재산을 팔아 성당 수리비용으로 사용했다. 이 사실을 안 프란체스코의 아버지는 프란체스코를 쇠사슬로 묶어 지하방에 가두기도 했다. 하지만 그의 어머니가 쇠사슬을 풀어주어 감금된 방에서 나왔다고 한다. 프란체스코는 아씨시 시민들과 주교 앞에서 이렇게 말했다.

"모든 사람들은 내 말을 들으세요. 지금까지 나는 피에트로 베르나르도네(Pietro Bernadone)를 나의 아버지라고 불렀습니다. 그러나 지금부터 나는 그에게서 받은 돈과 의복들을 돌려줍니다. 이제 나는 하늘에 계신 유일한 아버지 한 분만을 섬길 것입니다."

그리고 입었던 옷을 벗어 아버지에게 돌려주었다. '다미아노 십자가'는 1260년 키아라 성당으로 옮겨져 오늘에 이르고 있다.

키아라 성당 지하로 내려가면 성녀 키아라의 유해가 안치되어 있고, 키아라와 프란체스코가 입었던 옷이 전시되어 있다. 성 프란체스코의 시신도 본래 이곳에 있었다가 1230년에 산 프란체스코 성당으로 옮겨졌다.

키아라 성당을 빠져 나와 코무네 광장(Piazza del Comune) 방

| 다미아노 십자가(San Damiano Cross)

향으로 5분 정도 걸어 가다보면 광장 입구에 분수가 있다. 그 분수를 끼고 오른편 경사로로 조금 더 올라가면 루피노 성당(Cathedral of San Rufino)이 있다. 정면에 세 개의 장미 문양의 창이 보이는 루피노 성당은 아씨시의 초대 주교이자 순교자인 루피노를 기리기 위해 1140년에 지은 로마네스크 양식의 성당이다. 산 프란체스코 성당보다 규모는 작지만 프란체스코와 성녀 키아라가 세례를 받은 성당이다.

 루피노 성당에서 다시 되돌아 나와 코무네 광장으로 왔다. 코무네 광장은 아씨시의 중심이다. 여기서 잠깐 '코무네'(Comune)에 대하여 살펴보도록 하자.

 십자군전쟁을 계기로 국제 교류와 무역이 활발해지면서 상인과 토지소유 계층이 교회와 봉건귀족에 맞서 독자적인 세력을 형성했다.

 특히 북부 이탈리아 각 도시의 상인 및 토지소유자들은 외적의 침략에 대비해 성벽을 쌓았다.

| 루피노 성당(Cathedral of San Rufino)

그리고 사법 군사 등의 제도를 자체적으로 마련하는 등 자치 공동체를 꾸려나갔다. 바로 중세에서 르네상스기에 걸쳐 이탈리아와 로마 등을 중심으로 발전한 자치공동체를 '코무네'라고 한다. 이 '코무네'를 한 사람이 전권적으로 통치할 때에 그 사람을 '시뇨레'(Signore)라고 하고, '시뇨레'가 통치하는 제도를 '시뇨리아'(Signoria)라고 한다. 우리는 이미 피렌체에서 '시뇨리아'라는 말을 들은 바 있다. 베키오 궁전 앞에 있는 광장의 이름에서 말이다.

코무네 광장에는 B.C. 1세기에 세워진 미네르바 신전(Tempil di Minerva)이 있다. 여섯 개의 코린트식 기둥이 보이는 건물이 바로 미네르바 신전이다. 미네르바(Minerva)라는 이름은 우리에게 일명 '미네르바 사건'으로 익숙한 단어이다.

2008년 말, 박대성 씨가 미네르바라는 필명으로 다음(daum) 아고라에 올린 여러 경제 이슈들이 현실이 되자 그는 많은 사람들의 주목을 받게 되었다. 그러다가 '정부가 주요 7대 금융기관과 수출입 관련 주요 기업에 달러 매수를 금지할 것이라는 긴급 공문을 전송했다'는 글을 게시하자 허위사실유포 혐의로 검찰의 수사 대상이 되어 구속되었다. 이후 그는 재판에서 무혐의 판결을 받았다. 이 사건은 당시 대한민국의 가장 큰 이슈였다.

한편 미네르바는 로마 신화에 나오는 지혜의 여신이다. 그리스 신화의 아테나(Athena)에 해당하는 신이다.

미네르바 신전(Tempil di Minerva)

아테나는 올리브를 그리스인에게 건네줌으로써 번영을 불러 일으켰다고 전해진다. 로마 신화의 미네르바도 마찬가지인데, 올리브나무는 '미네르바나무'라고 불리며 평화를 상징한다. 또한 미네르바의 어깨에는 올빼미가 있는데 로마에서 올빼미는 지혜의 상징이다.

코무네 광장에 있는 미네르바 신전의 내부는 1539년 '산타 마리아 소프라 미네르바 성당'(Chiesa di S. Maria sopra Minerva)으로 개축되었다.

미네르바 신전의 왼쪽에는 시계가 있는 45m 높이의 '시민의 탑'(Torre Comune)이 있다. 시민의 탑 꼭대기에는 무게가 4톤이나 나가는 찬미의 종이 매달려 있다. 시민의 탑과 연결된 건물은 카피타노 델 포폴로 궁전(Palazzo Capitano del Popolo)이다.

미네르바 신전의 맞은편에 있는 시청사 뒤쪽에는 '새로운'이라는 뜻의 '누오바 성당'(Chiesa Nuova)이 있다. 이 성당은 1615년에 프란체스코의 생가 터에 건립된 성당으로 아씨시에서 가장 최근에 지어진 성당이다.

코무네 광장에서 잠깐 자유시간을 가진 우리는 다시 모여 미네르바 신전과 시청사 사이에 난 골목으로 내려갔다. 5분 정도 내려가다 보면 정면에 산 프란체스코 성당이 눈에 보인다. 아씨시의 처음이 키아라 성당이라면 산 프란체스코 성당은 아씨시의 끝이다.

| 산 프란체스코 성당(Basilica di San Francesco)

산 프란체스코 성당(Basilica di San Francesco)은 시모네 디 푸차렐로(Simone di Pucciarello)가 기증한 땅에 초기 프란체스코회 회원이자 시리아 관구장이었던 엘리아 봄바르도네(Elia Bombardone)의 설계와 감독 하에 1228년부터 건축되기 시작했다. 아씨시의 서쪽 언덕에 자리 잡은 이곳은 본래 과거 죄인들의 사형이 행해졌던 곳이어서 '지옥의 언덕'(Collo d'Inferno)이라고 불렸다. 그러다가 산 프란체스코 성당이 세워지면서 지금은 '천국의 언덕'이라고 불린다.

산 프란체스코 성당은 지상 2층 지하 1층의 구조로 되어 있다.

| 지옥의 언덕(Collo d'Inferno)

성당의 지하에는 프란체스코의 무덤이 있고, 지상 2층에는 상부 성당과 하부 성당 그리고 수도원 건물이 위치해 있다.

1230년 5월 25일 성령강림 대축일에 지금의 키아라 성당에 임시로 매장되어 있던 성인의 유해가 이곳으로 옮겨졌다. 죄인들의 사형장이었던 '지옥의 언덕'이 예수님이 십자가를 지셨던 골고다 언덕과 닮았다며 프란체스코가 이곳에 묻히기를 희망했었기 때문이다. 하지만 프란체스코의 유해가 도둑맞거나 훼손될 것을 우려하여 정확한 매장지는 숨겨져 왔다.

와타나베 마사미(渡邊昌美) 외 4명으로 구성된 일본의 도둑연구회에서 펴낸 『도둑의 문화사』 제5단원에는 중세 시대의 유골 도둑에 대한 이야기가 상세히 소개되고 있다. 당시 사람들은 성인의 유물이나 유골 등을 성유물이라 해서 신통력이 있어 갖가지 기적을 일으킨다고 믿어 숭배했다. 유명한 성유물을 안치하고 있는 수도원은 순례자가 쇄도하고 순례자의 수만큼 헌금이 쌓이게 되었고 존귀한 유골이 있던 곳에 신자들이 모여서 저절로 영지가 생기기도 했다고 한다.

당시 어느 정도 성유물이 인기였는지는 그라몽(Grammont) 수도원의 창립자 성 에티엔(Etienne)의 유해 이야기가 잘 말해 주고 있다. 이분의 유해가 너무나 많은 기적을 일으킨 까닭에 수많은 순례자들이 쇄도하여 수도원의 정적이 깨지고 말았다. 게다가 헌금이 많이 모이니 수도원은 풍요로워졌고 수도원의 창립 정신인 청빈은 위협을 받았다. 그래서 수도원 후임 원장 피에르 드 리모주(Pierre de Limoges)가 이렇게 기도했다고 한다.

"당신은 속세를 버리는 고귀함을 가르쳐 주었습니다. 그런 당신이 지금 인가와 떨어진 성스러운 토지를 시장으로 바꾸려고 합니다. 당신이 성인임을 의심치 않습니다. 그러니 더 이상 기적을 행하여 그것을 증명하거나 우리의 겸손의 미덕을 헛되게 만드는 일은 중지해 주십시오. 당신의 자비에 기대어 애원합니다. 들어주시지 않겠다면 감히 말씀 올립니다. 우리는 당신의 유골을 파내어 도랑에 처넣어버리겠습니다."

성유물의 위력이 이쯤 되니 당시 미신화되고 세속화된 종교세력들은 효력있는 성유물을 유치하기 위해 수도원 간 경쟁이 벌어지게 되었다. 어떤 성유물을 안치하느냐에 따라 수도원의 명성이 달라졌기 때문이다.

이러한 성유물 도둑으로부터 프란체스코의 시신을 도둑맞지 않기 위해 매장지를 숨겨왔던 것이다. 그렇게 600년 가까이 세월이 흐르다가 1818년에야 프란체스코의 유해가 하부 성당의 지하 세 개의 무거운 석회암 밑에서 발견되었다. 발굴하는 데 52일이 소요되었다고 한다. 그리하여 교황 비오 9세(Papa Pio IX) 때에 지하 성당을 건설하여 프란체스코의 석관을 안치했다. 현재는 세계 곳곳의 순례자들이 이곳을 방문하여 참배하고 있다.

지하 예배당 또는 지하 납골당을 '크립타'(Cripta)라고 하는데, 1927-1930년에 우고 타르키(Ugo Trachi)에 의해 완성된 산 프란체스코 성당의 지하 성당 크립타(Cripta)는 사방으로 돌로 둘러친 형태이다. 여기에 프란체스코 성인의 무덤이 있고, 무덤 주위에는 프란체스코의 초기 추종자들인 레오네(Leone), 루피노(Rufino), 마쎄오(Masseo), 안젤로(Angelo) 수사의 시신이 안치되어 있다. 산 프란체스코 성당의 내부는 촬영이 금지되어 있다. 스피커에서는 연신 '조용'이라는 안내 방송이 흘러나오고 사진 촬영을 차단하기 위해 안내원들이 수시로 순찰을 한다.

하지만 여기까지 왔는데 그냥 갈 수야 없지 않은가?

물론 인터넷을 찾아보면 나오겠지만 그래도 내 손으로 찍은 사진을 갖고 싶은 충동에 견딜 수가 없다. 모퉁이에 한참이나 망

| 산 프란체스코 성당의 크립타(Cripta)

설이며 서성이다가 마침내 도둑촬영에 성공했다. 그런데 기분은 짜릿하다. 아담과 하와가 금지된 선악과를 따먹던 순간이 이랬을까 싶다.

도둑이 제 발 저리다고 급히 성당 안을 빠져 나왔다. 지옥의 언덕 경사로 아래에서 마침 그곳을 내려오는 세 명의 수사와 마주쳤다. 검정색 또는 갈색 빛깔의 수사복에 두른 두 줄의 하얀 허리끈이 인상적이다. 사진을 찍어도 좋으냐고 물었다. 그들은 흔쾌히 촬영에 응해 주었다. 셋 중의 한 명이 안내도를 들고 있는 것을 보면 그들 역시 순례자인 듯 싶었다. 수사복의 형태를 보아서는 아마도 프란체스코회의 수도사인 듯 싶다.

프란체스코회의 수도사들은 짙은 갈색 계통의 옷에 흰 허리끈(cordon)으로 묶은 형태의 복장을 하고 다닌다. 특히 프란체스코

| 프란체스코회의 수도사들

회의 분파 중에는 커피와 연관이 있다. 프란체스코회가 증가하여 10여 개의 분파가 되었다. 무엇이든지 숫자가 늘어나고 세월이 흐르다보면 '첫 정신'을 잃어버리기 쉽다. 프란체스코회도 마찬가지였다.

프란체스코는 부유한 아버지의 아들이었다. 하지만 그는 부의 상징인 화려한 옷을 벗어 버리고 갈색의 농민 복장을 걸치고 청빈, 순결, 순종을 의미하는 세 개의 매듭이 달린 밧줄로 허리를 묶고 다녔다. 이후 갈색의 수도복과 세 개의 매듭은 프란체스코회의 상징이 되었다. 그런데 세월이 흐르면서 그를 추종하는 이들에게서 이러한 정신이 흐려졌다.

그때 나타난 이가 마테오 다 바시오(Matteo da Bascio)이다. 바시오는 프란체스코의 정신을 문자 그대로 실천하기를 원했다. 그리하여 바시오는 프란체스코가 정한 회칙을 엄격히 지키려 하였다. 바시오는 1525년에 '카푸친 작은 형제회'(Ordinis Fratrum Minorum Capuccinorum, O.F.M. Cap)를 조직하여 1536년에 교황청의 정식 인가를 받았다. 프란체스코회의 한 분파인 '카푸친 작은 형제회'의 특징은 이탈리아어로 '카푸치오'(cappuccio)라고 부르는 후드 같은 '두건'(모자)이다. 그들은 뾰족한 형태의 두건(카푸치오)이 달린 수사복을 입었는데, 바로 여기에서 그들의 이름이 유래했다.

그러면 '카푸친 작은 형제회'와 커피와는 어떤 상관관계가 있는 것일까?

커피에는 다양한 메뉴가 있다. 그 중의 하나가 '카푸치노'(Cappuccino)이다. 우유를 섞은 커피에 계피가루를 뿌린 이탈리아식 커피메뉴인 '카푸치노'는 '카푸치오'(cappuccio)와 '작다'라는 의미의 '이노'(ino)가 합해진 단어이다. 즉 '작은 두건'(카푸치오)이라는 뜻이다. 이것은 카푸치노의 색깔이 프란체스코의 분파인 '카푸친 작은 형제회' 수도사들이 입는 두건(카푸치오)이 달린 갈색 수사복과 비슷하여 이름 붙여진 것이다.

산 프란체스코 성당 앞 마당에서 일행 모두가 나오기를 한참 동안 기다렸다.

얼마나 기다렸을까!

모두가 나오기를 기다렸다는 듯이 가이드는 우리를 이끌고 다시 버스가 있는 곳으로 향했다. 버스는 우리를 산 프란체스코 성당에서 3.6km 떨어진 산타마리아 델리 안젤리(Santa Maria Degli

Angeli)에 위치한 크리스탈로 호텔(Hotel Cristallo)로 데리고 갔다. 점심을 먹기 위해서다. 이젠 이탈리아식도 익숙해진 듯하다. 현지식인 이탈리아 파스타가 일품이다. 나는 점심을 서둘러 먹고 큰 소나무가 서 있는 호텔 앞마당으로 나와 잠시 혼자만의 시간을 누렸다. 들판 너머 오른쪽으로 보이는 아씨시의 모습이 참 평화롭게 느껴졌다.

다시 버스는 로마를 향해 출발했다. 점심 식사 후 노곤한 몸은 이내 잠에 빠지게 했다.

모두들 지친 기색이 역력하다.

바울이 로마로 향할 때도 이랬을까?

더구나 그는 죄인의 신분으로 걸어서 갔을 텐데….

어느 나라, 어느 민족이든 건국 신화가 있듯 로마에게도 건국 신화가 있다.

시오노 나나미의 『로마인 이야기 1권』을 참조하여 로마의 건국 신화를 정리하면 다음과 같다.

소아시아 서안의 풍요로운 도시 트로이는 아가멤논을 총사령관으로 하는 그리스군의 공격을 받아 10년 동안 공방전을 펼치다가 일명 '트로이 목마'로 함락되고 만다. 이때 트로이의 왕 프리아모스의 사위인 아이네이아스가 일족을 이끌고 탈출하게 된다. 몇 척의 배를 타고 탈출한 아이네이아스 일행은 이탈리아 서해안을 북상하여 로마 근처의 해안에 도착한다. 아이네이아스가 죽은 뒤에는 그와 함께 트로이에서 탈출한 아들 아스카니오스가 왕위를 물려받았다. 아스카니오스는 정착했던 땅을 떠나 알바롱가라고 이름 지은 새 도시를 건설한다. 이것이 뒷날 로마의 모체가 된 도시이다.

　세월이 흘러 알바롱가의 왕이 죽자, 왕의 동생은 왕위를 차지하기 위해 조카인 왕녀를 처녀인 채 신을 섬기는 무녀로 만들어 버렸다. 그런데 신을 섬기는 틈에 잠깐 강가에서 잠이 든 왕녀에게 군신(軍神) 마르스가 한눈에 반하고 만다. 마르스는 하늘에서 내려와 왕녀가 잠든 사이에 사랑을 나누어 쌍둥이를 낳게 했다. 그 쌍둥이가 바로 로물루스와 레무스다.

　이 사실을 안 왕녀의 숙부는 격분했다. 왕녀는 감옥에 갇히고 쌍둥이는 바구니에 담긴 채 테베레 강에 띄워졌다. 때마침 근처를 지나던 늑대가 바구니 안에서 나는 젖먹이의 울음소리를 들었다. 두 아기에게 젖을 물려 굶주림에서 구해 준 것은 바로 이 어미 늑대였다. 그러다가 그 지역의 양치기가 쌍둥이를 발견하여 집으로 데려가서 길렀다. 로물루스와 레무스 형제는 성장하여 그 일대 양치기들의 우두머리가 되었다. 또한 자신들의 출생의 비밀도 알게 되었다. 형제는 부하들을 이끌고 알바롱가로 쳐들어갔다. 그리고 싸움에 이겨서 왕을 죽였다. 하지만 어머니는 이미 옥중에서 죽은 뒤였다. 형제는 테베레 강 하류 곧 로마라고 불리게 된 그 땅에 도시를 세우기로 했다.

　하지만 문제가 생겼다. 쌍둥이 형제 중에 누가 왕이 될 것인지 결정하기가 어려웠기 때문이다. 형제는 분할통치를 하기로 하고, 로물루스는 팔라티누스 언덕에, 레무스는 아벤티누스 언덕에 각각 세력기반을 두기로 결정했다. 그러나 레무스가 경계를 넘어 로물루스의 영역을 침범했다. 이 일로 로물루스는 레무스를 죽였다. 건설자 로물루스의 이름을 따서 이름이 지어졌다는 로마는 이렇게 탄생했다.

　레무스가 죽고 유일한 왕이 된 로물루스는 팔라티누스 언덕 주위에 성벽을 쌓았다. 신들에게 산 제물을 바치는 의식도 엄숙하게 거행되었다. 그날은 B.C. 753년 4월 21일이었다고 한다. 이 로마 건국기념일은 그 후 2천년이 넘는 오랜 세월 동안 끊이지 않고 해마다 축하되는 명절이 되었다. 그 해에 로물루스의 나이는 열여덟이었다. 이 약관의 젊은이와 그를 따라온 3천 명의 라틴족에 의해 로마는 건국되었다.

　어느 덧 버스는 로마에 입성했다. 차창 밖으로 보이는 로마인들의 자동차는 대부분 소형이거나 경차다. 한국에서의 자동차는 자신을 드러내는 수단이다. 자동차의 가치가 곧 자신의 가치로 생각하는 경향이 있는 것이다. 그러기에 많은 이들이 크고 비싼 차를 선호한다. 하지만 이탈리아인들에게 있어서 자동차는 그냥 생활의 수단일 뿐이다. 자동차의 어느 한 부분이 부서져도 개의치 않는다. 심지어 어떤 차는 깨진 유리창 대신에 비닐을 붙이기도 했다. 범퍼는 말할 것도 없다. 그들에게 범퍼는 부딪히라고 있는 부품에 불과한 모양이다.

　우리가 탄 버스는 로마 시내를 남북으로 가로 질러 흐르는 테베레 강(fiume Tevere) 옆으로 난 도로를 따라 달렸다. 아니 교통체증이 매우 심해 '달렸다'라기 보다는 '기어갔다'고 표현해야 옳을 것이다. 로마 사람들은 양보라는 단어조차 없는 모양이다. 차머리를 먼저 들이대는 이가 우선이고, 짜증내는 운전자들도 종종 보인다. 느긋한 유럽 운전자들과는 사뭇 다르게 느껴졌다. 우리의 왼쪽에 있는 테베레 강은 총 길이 406km로 로마제국이 있게 한 뿌리이며 젖줄이다. 늑대 젖을 먹고 자라나 훗날 로마를 건국한 로물루스(Romulus)와 레무스(Remus) 형제가 버려진 곳이 바로 이 강이다. 또한 테베레 강은 콘스탄티누스 황제가 기독교를 공인하게 한 가장 큰 이유로 알려진 밀비오 전투의 밀비오 다리(Ponte Milvio)가 있는 강이다. 밀비오 다리는 현재 보행자 전용 다리로 사용되고 있으며 로마의 북쪽에 위치해 있다.

 교통체증이 너무 심해서 가이드조차 우리를 어디로 이끌고 가야할지 난감한가 보다. 결국 차를 돌려 성 요한 대성당(Basilica San Giovanni in Laterano)으로 향했다. 그래도 이곳은 조금 나은 편이었다. 버스는 우리를 성 요한 성당이 보이는 큰 사거리에서 내려주었다. 조각상이 보이고 몇 명의 사람들이 그 옆에 앉아 쉬는 모습이 보인다. 가까이 가서 보니 조각상의 주인공은 아씨시에서 만났던 성 프란체스코였다. 프란체스코 조각상 아래로 그의 제자들도 조각되어 있다. 아마도 프란체스코 수도회의 회칙을 이곳 요한 성당에서 인증받았기 때문에 그것을 기념하여 세운 모양이다.

| 성 요한 대성당(Basilica San Giovanni in Laterano)

당시에는 성 요한 대성당 옆의 라테라노 궁전(Plauzio Laterano)이 교황청이었다. 그래서 성 요한 대성당의 정식 명칭은 '바실리카 디 산 지오반니 인 라테라노'(Basilica di San Giovanni in Laterano)이다.

막센티우스와 불화를 겪고 있던 막시미아누스는 307년 파우스타(Flavia Maxima Fausta)를 독일의 트리어(Trier)에 거주중인 콘스탄티누스와 혼인을 맺게 해 그의 세력 하에 들어갔다. 그러나 310년 막시미아누스는 콘스탄티누스가 라인 강 동부로 게르만족을 격퇴하러 간 틈을 타 반란을 일으켰다. 하지만 이를 눈치 채고 예상보다 빨리 원정에서 돌아온 콘스탄티누스에게 진압당한 뒤 마실리아(현재의 마르세유)로 도망갔으나 그곳에서 죽음을 맞았다. 이후 312년 파우스타의 오빠인 막센티우스(Maxentius) 또한 밀비오 다리 전투(La Batalla da Ponte Milvio)에서 전사했다.

라테라노 궁전은 파우스타가 콘스탄티누스와 결혼하면서 가져온 지참금이었는데, 그것을 콘스탄티누스가 당시의 교황 실베스테르 1세(Papa Silvestro I)를 통해 봉헌했다. 라테라노 궁전과 접하여 세워진 성 요한 대성당은 콘스탄티누스가 기독교를 공인한 후 314년에 건립해 교황에게 기증한 것으로 현재의 모습은 1650년 보르미니(Borromini)에 의해 개축된 모습이다. 1309년 클레멘트 5세(Clement V) 때에 교황청이 아비뇽으로 옮겨갈 때까지 1천 년 동안 교황청으로 사용되었으므로 '교황의 성당'이라고도 불린다. 성당 정면은 5개의 대형 아치가 장엄하게 서 있으며, 지붕 위에는 12사도와 성인들이 십자가를 들고 있는 예수님의 말씀을 듣고 있는 모습의 조각상이 세워져 있다.

성당 안쪽에는 예수님이 최후의 만찬 시에 사용했다는 나무 식탁이 보관되어 있다고 한다. 하지만 우리는 아쉽게 성당 안으로 들어가 보지는 못했다. 성당에 부속되어 있는 라테란 궁전은 1843년 교황 비오 11세(Papa Pio XI)에 의해 예술 박물관으로 사용되고 있다. 바티칸 시국을 있게 한 1929년의 라테란 조약도 이 궁전에서 체결되었다.

라테라노 궁전 앞 라테라노 광장(Piazza Laterano)에는 기단을 포함하여 높이가 47m나 되는 오벨리스크가 솟아 있다. 이 오벨리스크는 로마에 있는 총 14개의 오벨리스크 중에서 가장 오래된 것으로 이집트의 파라오 투트모세 3세(B.C. 1504-1450 재위)에 의해 세워졌다. 콘스탄티누스 2세가 이집트의 룩소르(고대 이집트의 수도 테베)에 있는 카르낙 신전에서 로마로 가져왔다. 저 오벨리

| 라테라노 광장에 있는 오벨리스크

스크를 바라보면서 다시 한 번 힘이 지배하는 이 세상의 모습을 확인할 수 있었다.

남의 것을 가져다가 저렇게 자기 것인 양 자랑하고 있지 않은가!

심지어 이집트 정부는 지난 19세기 말에 미국과 영국, 그리고 프랑스에 오벨리스크를 선물로 주기도 했다. 약소국이 강대국에 잘 보이기 위한 선물이었던 것이다. 오늘날 람세스의 후예들이 미국, 영국, 프랑스, 터키, 이탈리아 등지에 흩어져 있는 자기들의 유산들을 보면서 어떤 생각을 하게 될까 궁금해진다. 왜냐하면 우리의 수많은 유산도 우리 자신과 무관하게 세계 곳곳에 흩어져 있어 돌아오지 못하고 있기 때문이다.

길 건너편에서 오벨리스크를 바라보는 내내 이집트인도 아닌

| 성 계단 성당(Scala santa)

　내 마음이 쓸쓸했다. 일종의 동변상련이라고 해 두자.
　라테라노 궁전의 길 건너편에는 '성 계단 성당'(Scala santa)이 있다. 일행들은 화장실이 급한가 보다. 가이드는 일행들을 이끌고 근처의 마트로 갔다. 화장실에 그냥 출입할 수는 없고, 대신에 아이스크림을 사먹어야 했다. 유럽의 화장실은 공짜가 없다. 거의 모든 화장실은 유료다. 심지어 고속도로 휴게실에 있는 화장실조차도 돈을 지불해야 한다. 일행들이 화장실에 간 사이 나는 홀로 성 계단 성당 안으로 들어갔다. 일찍이 루터가 이곳을 방문했던 사실을 알고 있었기 때문이다.

앞서 살펴보았듯이 루터는 늘 영적 두려움에 빠져 괴로워했다. 그래서 그는 혼신의 노력을 다하여 자신의 죄과를 고백하려고 노력했다. 언젠가는 여섯 시간까지 죄과를 고해한 적이 있었다고 한다. 루터는 죄의 크고 작음이 문제가 아니라, 과연 하나라도 빼놓은 것 없이 모두 고백했느냐에 중점을 두고 고해성사를 했다.

그런데 인간의 기억력의 한계로 고백하지 못한 죄가 반드시 있기 마련이며, 고백하지 못한 죄는 용서받지 못하며, 용서받지 못한 죄가 있는 한 구원받지 못한다는 논리가 루터에게는 더없이 고통이었다. 너무도 자주 고해성사를 하러 가니까, 담당신부인 스타우피츠(Staupitz)가 "루터야, 제발 죄 좀 모았다가 한꺼번에 가져 오너라"고 충고했다는 일화는 유명하다.

그러던 중 1510년 에르푸르트의 아우구스티누스 수도원에서 논쟁이 생겼는데 이에 대한 교황의 자문이 필요하게 되었다. 이 일로 두 사람의 대표가 선정되었는데 루터가 그 일원으로 선정되어 로마를 방문하게 되었다. 로마에 한 달 동안 머무는 동안 루터는 교황의 자문을 받는 사무를 마친 후 모든 시간과 정열을 성자의 공로를 힘입어 자기의 영혼을 구원하는 일에 바쳤다. 하지만 그 어떤 것도 루터의 영혼을 평안하게 해 주지는 못했다. 그러나 루터는 절망하지 않고 라테라노 성당을 찾아가 그 옆에 있는 성 계단 성당의 '빌라도의 계단' 28계단을 손과 무릎으로 기어 올라갔다. 이 계단은 예수님이 빌라도 앞에서 재판을 받을 때에 오르셨던 계단이라고 전해지는데 콘스탄티누스의 어머니 헬레나가 로마로 가져왔다.

중세 시대 수도사들은 끝없이 솟아나는 죄의식을 피할 길이 없었다. 이러한 죄의식을 씻기 위해 택한 것이 '고행'의 방법이었다. 어떤 이들은 예수님께서 십자가에 달려 돌아가심을 생각하며, 평생 동안 나무 위에서 산 사람도 있었다. 성 계단 성당의 28계단을 무릎으로 기어오르는 것도 그런 맥락이었다. 루터는 계단마다 입을 맞추며 무릎으로 기어 올라갔다. 하지만 여전히 그의 마음은 평안하지 못했고 오히려 마음속으로는 '이게 도대체 무슨 소용이 있단 말인가?'라는 의문만 생겼다. 그때 그의 마음에 음성이 들려왔다.

"오직 의인은 믿음으로 말미암아 살리라"(롬1:17).

루터는 인간의 원초적 죄악은 고행을 통해서가 아니라 예수 그리스도의 은혜로만 씻어진다

| 성 계단 성당의 '빌라도의 계단'

는 진리를 깨닫게 되었다. 바로 이 계단에서 루터는 "오직 믿음으로," "오직 은혜로," "오직 말씀으로" 구원에 이르게 됨을 선포하는 종교개혁의 기틀을 확신하게 된 것이다.

성 계단 성당에 들어서면 세 개의 계단이 보인다. 그 중 가운데 계단이 그 문제의 계단이다. 계단 입구의 왼쪽에는 빌라도와 예수님의 조각이 세워져 있고, 오른쪽에는 가룟 유다가 예수님께 입맞춤을 하는 조각이 세워져 있다. 내가 성당 안에 들어섰을 때에도 여러 명의 신실한(?) 성도들이 옛날 루터가 그랬듯이 마음으로 기도하며 무릎으로 계단을 오르고 있었다.

그들을 보노라니 나도 한 번 그러고 싶은 마음이 생겼다. 하지만 그러지 않기로 마음먹었다. 지은 죄가 많아 두려움이 커서 그랬는지 아니면 그래 보았자 소용이 없다는 굳건한(?) 믿음의 확신 때문이었는지는 아직도 모르겠다. 하지만 후자의 것은 아닌 것 같다. 나중에 일행들로부터 들었는데, 아내는 그 계단을 무릎으로 올라갔다고 한다. 계단을 오르며 아내가 어떤 기도를 했을지 궁금해진다.

성 계단 성당의 광장에서 다시 만난 우리는 트레비 분수(Fontana di Trevi)로 향했다. 펠리니 호텔(Hotel Fellini) 옆 트라포로 움베르토(Traforo Umberto) 터널 앞에서 내린 우리는 골목길을 걸어 한참을 걸어갔다. 드디어 트레비 분수가 나타났다. 처음에는 조금 실망했다. 넓은 광장과 함께 있을 것으로 기대했었는데, 건물들 사이에 난 길 옆에 있었기 때문이다. 거기다가 수많은 인파로 인해 한 자리에 오래 서 있는 것조차 힘들었다.

로마에는 많은 샘과 분수가 있다. 그 중에서도 트레비 분수가 크고 유명하다.

트레비(Trevi)는 Tre(3)와 Via(길)가 합쳐진 말로 '세 갈래 길이 모이는 삼거리'라는 뜻이다. 옛 길과 같은 길인지는 모르겠으나 오늘날의 로마 지도를 보면 트레비 분수의 왼쪽에 비아 폴리(Via Poli), 오른쪽에 비아 델라 스탐페리아(Via della Stamperia), 그리고 전면에 비아 델 라바토레(Via del Lavatore)가 있다.

트레비 분수는 로마의 수도시설과 관련이 있다. 그리고 거기에는 옥타비아누스(Octavianus)와 아그리파(Marcus Vipsanius Agrippa)의 이야기를 빼 놓을 수 없다.

율리우스 카이사르(Gaius Julius Caesar)는 조카 아티아(Atia)와 옥타비우스(Octavius) 사이에서 난 옥타비아누스를 자신의 양자로 삼았다. 즉 조카손자를 양자로 삼아 후계자로 삼은 것이다. 당시 옥타비아누스의 나이는 17세였다. 하지만 옥타비아누스는 정치적 재능은 있었지만 군사적 재능은 전혀 없었다. 그래서 카이사르는 이 결함을 보충하기 위해 옥타비아누스와 동갑이지만 신분이 낮은 군단병을 발탁하여 양아들의 오른팔로 삼았다. 그 사람이 바로 마르쿠스 아그리파이다.

아그리파는 옥타비아누스, 즉 아우구스투스의 성실한 오른팔이 되었다.

| 트레비 분수(Fontana di Trevi)

그가 있었기에 옥타비아누스는 B.C. 42년에 있었던 브루투스와의 필리피 전투와 B.C. 31년에 있었던 안토니우스와의 악티움 해전에서 승리할 수 있었다.

한편 아그리파는 뛰어난 장수이자 뛰어난 조직자이기도 했다.

옥타비아누스로부터 공공사업을 일임받은 아그리파는 240명으로 이루어진 기술자 집단을 조직했다. 이 기술자 집단은 로마 제국의 '공공 건설 사업'을 주관했다.

아그리파는 로마 제국의 속주를 포함한 많은 도시에 필요한 인프라를 건설했다. 특히 그는 제국의 수도 로마에 수도시설을 보수하거나 새로 건설했다. 그가 착공한 수도의 이름은 '율리아 수도'(Aqua Julia)와 '비르고 수도'(Aqua Virgo), 그리고 '알시에티나 수도'(Aqua Alsietina)다. 이 세 개의 수도시설 중 우리가 주목해야 할 수도시설은 '비르고 수도'이다.

'비르고 수도'는 북쪽에서 로마 시내로 들어와서 오늘날 스페인 광장이 있는 곳에서부터 수도교(aqueduct, 水道橋)가 되어 판테온 남쪽에 있는 아그리파 목욕탕까지 시내를 가로질러 남하했다. 이 수도시설은 B.C. 19년 6월 9일에 완공되었다. 하지만 이 수도시설은 538년에 파괴되고 만다. 게르만족의 일파인 고트족과의 전투에서 로마를 지키던 벨리사리우스 장군이 적이 수도교를 통하여 시내로 침입하지 못하도록 벽돌과 시멘트로 막아버렸기 때문이다. 그러다가 1453년에 르네상스 시대의 가장 유력자인 교황 니콜라우스 5세(Nicolaus V)의 지원으로 복구되었다.

1732년에 교황 클레멘스 12세(Clemens XII)는 샘을 분수로 만들기를 원했다. 그것은 로마를 자신의 고향인 피렌체처럼 아름다운 도시로 만들고 싶었기 때문이다. 그래서 트레비 지역 재개발 공모를 실시했는데, 여기에 30세의 니콜라 살비(Nicola Salvi)의 설계가 당선되었다. 하지만 분수대의 완공을 보지 못하고 죽을 것을 염려한 클레멘스 12세는 1735년에 미완성인 채로 분수대의 준공식을 했다. 그리고 분수대 뒷벽면의 가장 위에 라틴어로 이렇게 새겨 넣었다.

CLEMENS XII · PONT · MAX ·
AQUAM VIRGEM
COPIA ET SALUBRITATE COMMENDATAM
CULTU MAGNIFICO ORNAUIT
ANNO DOMINI MDCCXXXV · PONTIF · VI

1735년(ANNO DOMINI MDCCXXXV)에 교황(Pont Max, Pontifix Maximus의 약자로 '최고의 제사장'이라는 뜻이다. 즉 교황을 의미한다.) 클레멘스 12세(CLEMENS XII)가 '처녀의 샘'(AQUAM VIRGEM)을 분수대로 만들었다는 내용이다. 그의 후임자인 교황 베네딕투스 14세(BENEDICTUS XIV)는 준공식이 끝난 분수대를 이어받아 공사를 계속해야 했는데, 그도 자신의 공적을 기리기 위해 클레멘스 12세가 남긴 비문 바로 아래 부분인 기둥 사이에 가로로 길고

굵게 글씨를 새겨 넣었다.

PERFECIT BENEDICTUS XIV PONT. MAX.

"교황 베네딕투스 14세가 완성했다"는 내용이다. 하지만 실제 분수대가 완공된 것은 그 다음 교황인 클레멘스 13세(Clemens XIII)의 재위 기간인 1762년 5월 22일이었다. 트레비 분수에 대한 공로를 서로 주장했던 전임 교황들에 대해 클레멘스 13세는 어떤 생각을 가졌을까 궁금하다. 더구나 트레비 분수가 교황들의 역작임에도 불구하고 기독교와 무관한 넵튠(포세이돈)에게 봉헌된 듯 느껴지는 것은 어찌 해석해야 될지 모르겠다.

한편 538년 이후 새로 복구된 '비르고 수도'는 '처녀' 또는 '소녀'라는 뜻의 '베르기네 수도'(Aqua Vergine, 처녀의 샘)로 이름이 바뀌었다. 아우구스투스 시대인 B.C. 19년 로마 시내로부터 13km 떨어진 곳에서 목마른 병사들이 수원을 찾기 위해 소녀의 안내를 받아 수원지를 찾게 된 것을 기념하기 위해서다. 하지만 시오노 나나미는 『로마인 이야기 10권』에서 이 수도의 수원을 찾고 있던 토목기사들이 우연히 만난 소녀가 맑은 물이 솟아나는 샘을 가르쳐 준 것에서 그 이름이 유래했다고 설명한다.

2천 년 전의 '비르고 수도'는 이렇게 르네상스 시대에 '베르기네 수도'로 부활하여 오늘날까지 로마 도심에 계속 물을 보내고 있다. 트레비 분수도 바로 '베르기네 수도'를 통해 흘러드는 물을 사용하고 있다.

　트레비 분수의 중앙에는 바다의 신인 넵튠(Neptune)이 있다. 넵튠은 피렌체의 시뇨리아 광장의 분수에서도 보았듯이 그리스 신화에 등장하는 바다의 신 포세이돈(Poseidon)에 해당하는 로마의 신이다. 그리고 그 아래 양쪽으로 말을 잡고 있는 둘은 사실 한 명의 신으로 포세이돈과 그의 아내 암피트리테(Amphitrite) 사이에서 난 트리톤(Triton)이다. 분수 왼쪽의 날뛰는 말은 풍랑을 상징하고, 오른쪽의 말은 고요한 물을 상징한다.

　사진을 찍기 위해 사람들 사이를 헤집고 분수 쪽으로 내려갔다. 많은 사람들이 분수를 향해 동전을 던지고 있었다. 분수나 연못의 어느 지점에 동전을 던지는 풍습은 동서양을 막론하고 다 있는 모양이다. 이렇게 모아진 동전이 하루 평균 3,000 유로나 된다고 한다. 이것들은 수거되어 가톨릭구호단체인 카리타스(Caritas)에 전달된다.

　그런데 트레비 분수에서는 동전 던지는 방법이 따로 있다고 한다. 반드시 오른손으로 동전을 잡고서 왼쪽 어깨 너머로 동전을 던져야 한단다. 그리고 던진 동전의 숫자도 중요하다. 하나를 던지면 다시 로마로 돌아오게 되고, 두 개를 던지면 사랑하는 사람을 만나게 되고, 세 개를 던지면 그 사람과 결혼을 하게 된다고 한다. 따라서 꼭 주의할 점이 있는데 기혼자는 한 번만 던져야 한다고 한다. 그래도 두 번, 세 번 던진다면야 할 수 없다.

| 트라포로 움베르토 터널 벽에 있는 부조

　벌써 날이 어둑어둑 해졌다. 우리는 다시 버스가 있는 트라포로 움베르토 터널 앞으로 걸어갔다. 그런데 아까 전에는 미처 보지 못했던 것이 눈에 띄었다. 터널 왼쪽 위에 어린 로물루스와 레무스가 늑대의 젖을 먹고 있는 모습의 부조가 있었던 것이다.
　세월의 흔적으로 까맣게 된 터널의 돌에 새겨진 로마의 건국자들의 모습이 신기하게 느껴졌다.
　배가 고파 온다. 점심 이후로 강행군을 했기 때문이다. 저녁 메뉴는 한식이란다. 우리가 도착한 집은 'Bi Won'(비원)이라는 한글 간판이 또렷한 한인식당이었다. 우리가 먹을 메뉴가 내가 좋아하는 순두부찌개와 함께 불고기라고 한다. 허기진 배를 채우고 다시 일어나 숙소인 쉐라톤 호텔(Sheraton Roma Hotel)로 향했다.

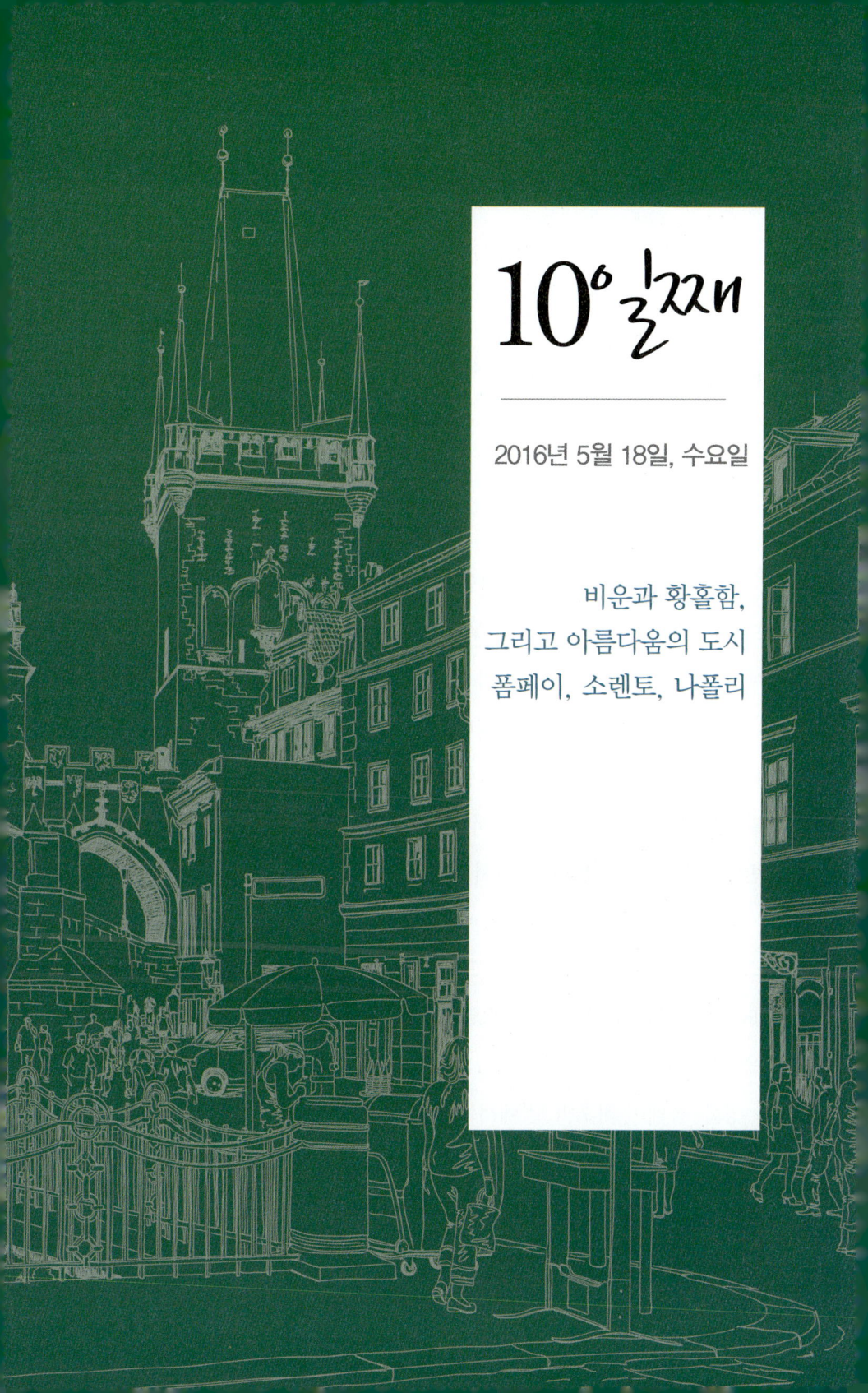

# 10일째

2016년 5월 18일, 수요일

비운과 황홀함,
그리고 아름다움의 도시
폼페이, 소렌토, 나폴리

　오늘 아침은 상쾌하다. 배려인지 아니면 비용의 문제인지는 모르겠지만 지금까지 우리가 묵은 숙소는 시내에서 떨어진 곳에 위치해 있었다. 때론 시내의 야경구경도 재미있는데 여행 내내 그러지 못해서 아쉽다. 그렇다고 모든 것이 다 나쁜 것은 아니다. 시내에서 떨어져 있으니 상대적으로 조용하고 공기가 맑다. 1층 로비 밖에 잠시 서서 시원한 공기를 쐰 다음 입구의 반대쪽에 위치한 식당으로 가서 아침 식사를 마쳤다.

　오늘은 폼페이로 향한다. 폼페이는 원래 기원전 6-7세기 오스키(Osci)족이 세운 도시였다. 도시의 이름은 오스키 언어로 '5'(five)를 뜻하는 '폼페'에서 유래됐다고 한다. 아마도 다섯 개의 마을(또는 부족)로 이루어진 도시였기 때문으로 추측된다.

　영화 "폼페이 최후의 날"에서 보았듯이 베수비오 화산 폭발로 폼페이는 그동안 사라진 도시였다. 그러다가 우연히 발견되어 다시 이 세상에 모습을 보이게 되었다.

| 폼페이(Pompeii) 유적지의 정문

폼페이(Pompeii)는 남이탈리아의 나폴리에서 남서쪽으로 23km 떨어진 베수비오 산 근처에 있으며, 사르노(Sarno) 강(옛 이름은 Sarnus) 어귀 북쪽으로 흘러든 선사 시대의 용암에 의해 형성된 돌출부 위에 건설되었다. 폼페이는 79년 베수비오 화산의 강한 폭발에 의해 헤르쿨라네움(Herculaneum) 및 스타비아이(Stabiae)와 함께 매몰되었다.

폼페이는 성경 속의 인물과 관계가 있는 도시이다. 사도 바울이 활동할 당시 유대의 총독이었던 벨릭스와 그의 아내 드루실라가 그들이다. 벨릭스 총독은 52년부터 60년까지 클라우디우스 황제의 임명으로 총독이 되어 유대 지역을 다스렸다. 벨릭스와 사도 바울에 관한 이야기는 사도행전 23장에서부터 25장에 나온다. 유대 역사가인 요세푸스의 『유대 고대사』를 참조하여 벨릭스에 대한 이야기를 소개하면 다음과 같다.

벨릭스 총독은 그리스 사람으로서 그 형제와 함께 노예 출신의 신분이었다. 로마 정부가 노예를 해방하고 해방된 노예 출신을 관직에 등용할 때에, 그 형제 발라가 등용되어 큰 권세를 갖게 되었다. 그때 발라가 황제에게 간청하여 벨릭스를 유대 총독으로 보내게 되었다. 드루실라는 매우 아름답고 매력적인 여자였다. 그녀는 헤롯 아그립바 1세의 막내딸이며 헤롯대왕의 손녀였다. 그녀는 이미 메사라스 나라의 아지스왕과 결혼한 유부녀였다.

그러나 벨릭스는 드루실라에게 반하여 마술사 시몬을 보내어 그녀를 설득하게 하였다. 그녀는 유대교인이었으나, 율법을 어기고 남편과 이혼하고 벨릭스의 세 번째 부인이 되었다. 벨릭스가 총독으로 있을 때 더둘로의 송사(행 24장 참조)에 대하여 바울은 그의 앞에서 변론을 하게 되었다. 바울은 진정한 양심과 담대한 태도로 자신이 전한 복음에 대하여 말하였다. 벨릭스는 바울의 무죄를 알았으나 유대인의 환심을 사고 싶어 어정쩡한 태도를 취했다. 벨릭스는 바울을 무죄로 석방해야 함에도 판결을 미루었다. 그는 바울을 지키고 있는 백부장에게 바울을 지키되, 약간의 자유를 주고 누가 와서 돌볼 수 있게 하도록 허용하게 하였다(행 24:22-23).

며칠 뒤 벨릭스와 드루실라 부부가 함께 와서 바울을 불러 예수 그리스도를 믿는 도를 들었다. 바울은 의와 절제와 장차 오는 심판에 대하여 말하였다. 벨릭스는 두려워하여 바울에게 대답하기를 "지금은 가라 내가 틈이 있으면 너를 부르리라"(행 24:24-25)고 하였다. 벨릭스 부부는 복음을 접하는 기회를 가졌으나 진리를 거부하였다. 벨릭스는 바울을 불러 자주 같이 이야기를 하였다. 그것은 바울에게서 복음을 듣기 위함이 아니라 뇌물을 받고자 하는 마음이 있었기 때문이었다. 벨릭스의 마음은 탐욕으로 가득 차서 복음을 받아들일 수 없었다. 그는 바울을 2년 동안 가두어 두었는데 결국 총독 자리에서 파면되었다. 대신 베스도 총독이 그 자리를 대신하게 되었다.

벨릭스는 8년간 유대 총독으로 있으면서 많은 악행을 저질렀다. 그는 야만적이고, 불공정하며, 살인, 학살로 사람들의 피를 흘리게 했다 벨릭스의 학정에 신물이 난 유대인들이 그의 부정과 부패를 당시 로마 황제였던 네로에게 고소하였고, 이로써 그의 정치 생명도 끝장나고 말았다. 간신히 형벌은 면하였지만 벨릭스와 드루실라는 베수비오로 추방되었다. 그들은 그곳에서 머물다가 화산의 폭발로 흘러내린 용암 아래 결국 아들과 함께 매몰되고 말았다. 그들은 복음을 듣기는 했지만 권력과 탐욕과 교만에 빠져 그것을 받아들이는 것을 미루었다. 결국 그들은 탐욕적인 현세적 쾌락만을 추구하다가 고통스런 죽음을 맞이하게 된 것이다.

나폴리를 중심으로 하는 캄파니아(Campania) 지방 사람들은 지진에 익숙해져 있었다. 나폴리 만(Golfo di Napoli) 일대의 곳곳은 온천이 솟는 화산지대였다. 또한 나폴리에서 동쪽으로 가면 베수비오 산과 그 기슭에 있는 폼페이에 이르게 되는데, 네로 시대인 62년에는 강한 지진이 폼페이 일대를 덮쳤다. 폼페이의 최후의 날로 알려진 79년 당시에는 17년 전의 지진 피해를 거의 복구한 상태였다. 하지만 베수비오 산이 분화하리라고는 아무도 예측하지 못했다. 900년이 넘도록 한 번도 분화하지 않았기 때문에 사화산으로 간주되고 있었다.

그러던 79년 8월 24일 정오 무렵. 폭발한 베수비오 화산은 재와 부석을 초당 1.5톤의 속도로 대기 중에 쏟아냈다. 그 기둥의 높이는 21마일에 달했고, 동풍을 타고 폼페이 상공으로 퍼져나갔다. 몇 시간 안에, 도시는 화산재에 덮였고 화산 구름이 태양을 완벽하게 가려서 그 지역을 어둠 속에 몰아넣었다. 시민들은 겁에 질렸고, 화쇄난류(火碎亂流: 폭발적인 화산분출에 의해 형성되어 지면을 따라 빠르게 흘러가는 저농도의 화산 기원 중력류)에 의해 발생한 해일은 폼페이를 묻어버리고 시민들을 몰살했다.

이러한 처참한 광경은 2014년에 개봉한 영화 "폼페이 최후의 날"을 통해서 상상해 볼 수 있다. 주인공인 검투사 '마일로'와 폼페이 영주의 딸 '카시아'도 폼페이를 벗어나지 못하고 뿜어져 나오는 화산재 속에서 죽는다.

나폴리 만의 입구에 있는 도시 미세눔(Misenum, 지금의 Miseno)에 기지를 둔 지중해 함대 사령관 대(大) 플리니우스(Gaius Plinius Secundus Major)의 외조카이자 당시 18세의 나이로 79년 베수비오 화산 폭발의 유일한 현장 증인인 소(小)플리니우스(Gaius

Plinius Caecilius Secundus)는 역사가 타키투스(Publius Cornelius Tacitus)에게 보낸 편지에서 자신이 목격하고 경험한 폼페이 최후의 날을 이렇게 묘사했다.

"이윽고 밤이 다가와 우리를 덮쳤습니다. 하지만 여느 밤과는 달랐습니다. 달이 없는 것도 아니고 구름이 잔뜩 낀 것도 아닌데 마치 불빛 하나 없는 밀폐된 방에 있는 것처럼 기묘한 느낌이 드는 밤이었습니다. 그 어둠 속에서 우리는 여자들의 울부짖음과 아이들의 울음소리, 남자들의 고함소리를 들을 수 있었습니다. 부모를 찾는 소리, 자식을 소리쳐 부르는 소리, 남편이나 아내를 불러대는 소리가 사방에서 메아리쳤습니다. 자신의 운명을 탄식하는 이들도 있었고, 사랑하는 가족에게 덮친 운명을 한탄하는 이들도 있었습니다. 죽도록 겁에 질린 사람들은 차라리 빨리 죽게 해달라고 빌었습니다. 많은 사람들이 두 팔을 쳐들고 신들에게 기도하고 있었지만, 그보다 더 많은 사람들은 신은 이제 어디에도 없다고, 이 어둠은 영원히 계속되어 세상의 종말에 이를 거라고 외치고 있었습니다"(시오노 나나미, 『로마인 이야기 8권』에서 인용).

그 후 2000년 동안 잊혀진 도시, 폼페이가 다시 세상에 알려지게 된 것은 우연한 계기였다. 1592년, 운하 건설 도중 폼페이 도시의 건물과 작품들이 형체를 드러낸 것이다. 화산재는 평균 6m

나 되는 높이로 쌓여있어 지붕과 벽들을 허물었지만 나머지 부분들에는 오랜 세월, 풍파를 견디고 옛 모습을 고스란히 보존할 수 있게 하는 완충 작용을 했다. 덕분에 현재 우리는 고대 도시를 실감나게 관람할 수 있게 된 것이다.

우리는 폼페이가 '일순간'에 종말을 맞이했다고 생각한다. 하지만 영국의 케임브리지대학 고전학과 교수인 위니프레드 메리 비어드(Winifred Mary Beard)는 『폼페이, 사라진 로마 도시의 화려한 일상』에서 '그렇지 않다'고 주장한다. 그녀의 주장에 따르면 화산으로 폼페이의 모든 사람들이 일순간에 사라졌다는 것은 잘못된 정보다. 재앙 며칠 전 혹은 몇 달 동안 진동과 소규모 지진 등의 전조증상이 있었을 것이라는 것이다.

실제로 도시에서 발견된 시체 수는 많은 주민이 도시를 떠났음을 말해 준다. 발굴된 1100구의 유골을 감안할 때 사망자는 2000명을 넘지 않을 것으로 추정된다. 당시 폼페이의 인구는 많게는 3만 명에 달했다. 따라서 우리가 목격한 폼페이는 주민들이 황급히 짐을 챙겨 떠난 뒤 '남겨진 도시'일 가능성이 높다.

문득 롯이 살던 소돔성이 생각났다. 멸망에 대한 경고를 받았으면서도 도망치지 않은 롯의 사위들을 비롯한 소돔성 사람들은 모두 유황불에 타 죽고 말았다. 천사들의 경고를 받아들인 롯의 가족만이 생명을 건질 수 있었다(창 19장 참조).

영국의 바스틸(Bastille)이라는 락 밴드는 2012년에 발표한 "Pompeii"라는 노래에서 이렇게 물었다.

Oh where do we begin?

The rubble or our sins?

오, 우린 어디에서 시작하지?

허물어진 폐허 아니면 우리의 죄에서?

우리가 밟고 사는 땅이 폼페이라면, 소돔과 고모라 성이라면, 우리는 어디에서 시작해야 할까?
허물어진 폐허인가, 아니면 우리의 죄에서인가?
둘 다 아닌 것 같다.

| 포르타 마리나(Porta marina, 해변의 문)

| 폼페이의 넓은 광장(Foro)

　우리가 시작해야 할 곳은 우리의 심령의 폐허(죄의 결과물) 위에 덮여진 예수 그리스도의 보혈에서 시작해야 한다. 즉 은혜 위에서 시작해야 한다. 그러기에 감사할 일이고, 우리에게 희망이 있는 것이다.
　폼페이 유적지 안으로 들어가려면 먼저 터널처럼 생긴 포르타 마리나(Porta marina, 해변의 문)를 지나야 한다.
　두 개의 문으로 되어 있는데 왼쪽은 사람이 드나들었던 문이고, 오른쪽은 마차가 드나들었던 문이다. 하지만 지금은 오른쪽 문으로만 다닐 수 있다. 포르타 마리나를 지나 경사로를 올라가면 도시의 중심인 넓은 광장(Foro)을 만난다. 광장에서 베수비

| 아본단자 거리(Via Abbondanza)

오 산 쪽으로 유피테르 신전(tempio di Jupiter, 그리스 신화의 Zeus와 동일한 신)이 보이고, 왼쪽으로는 아폴로 신전(Tempio di Apollo)이 있다.

포르타 마리나의 맞은 편 방향으로 난 길이 아본단자 거리(Via Abbondanza)이다. 폼페이의 거리는 지금으로부터 2천 년 전의 고대 도시임에도 불구하고 차도와 인도로 구분이 되어 있다.

더 놀라운 것은 길가로 하수도시설이 되어 있으며 각 가정으로 보내기 위한 수도시설도 되어 있다는 것이다. 길을 따라 가다 보면 홀로니우스 교차로(Intersection of Holconius)를 만나게 된다. 교차로 바로 앞의 왼쪽 건물이 스타비아네 목욕탕(Terme Stabiane)

| **스타비아네 목욕탕**(Terme Stabiane)

이다. 폼페이에는 중앙 목욕탕(Terme Centrali), 포로 목욕탕(Terme Foro) 등 여러 개의 목욕탕이 있었는데 그중에서 스타비아네 목욕탕이 가장 크다.

홀로니우스 교차로에서 계속 직진해서 가면 원형 극장이 있는데 공사 중인지 길을 막아 놓아서 갈 수 없었다. 목욕탕의 왼쪽 골목으로 들어가면 창녀의 집이 나온다. 그런데 그쪽으로 향하는 사람들이 너무 많아 골목 입구를 막을 지경이다. 사람들의 호기심은 누구나 똑같은가 보다. 경건한(?) 우리는 그쪽을 포기하고 반대편인 오른쪽 골목으로 들어갔다. 2-3분 정도 걸어가면 그곳에 5천 명을 수용할 수 있다는 대극장이 보인다. 나는 처음

| 폼페이의 대극장

에 이곳이 원형 극장인 줄 알았다.

하기야 모양이 반원형이었으니 원형 극장은 아니지.

메리 비어드는 『폼페이, 사라진 로마 도시의 화려한 일상』의 마지막 장에서 여행자를 위해 이렇게 조언한다.

"준비물은 유적지 지도, 물 한 병, 샌들 같은 편안한 신발이면 충분하다. 폼페이는 결코 여러분을 실망시키지 않을 것이다."

과연 그랬다. 아직도 완전히 발굴되지 않은 상태였지만 당시의 폼페이가 얼마나 대단한 도시였는지를 짐작해 볼 수 있었다. 이 거대한 도시가 6m 깊이의 화산재 아래에 숨겨져 있었다는 것이 도무지 믿기지 않는다. 처음부터 저렇게 그냥 세워져 있었던 것만 같다. 아무런 일도 없었던 것처럼 말이다.

폼페이 유적지를 빠져 나온 우리는 근처의 티베리우스 식당(Tiberius Pompei Restaurant)에서 해물파스타로 점심을 먹었다. 식당 안에는 우리보다 먼저 온 이들이 있었다. 일본에서 온 단체관광객이었다. 우리는 단초롭게 해물파스타와 그 속에 몇 개 들어있는 바지락에 감사하며 먹고 있는데, 그들은 따로 포도주를 주문하여 흥겨워했다. 고대 유적지로 둘러싸인 하얀 건물의 식당에서 포도주 잔을 들어 건배하는 여유로움도 괜찮다 싶다. 하지만 혼자 마실 수도 없으니 그냥 참기로 했다. 때마침 누군가의 외침으로 포도주의 풍류를 상상하는 나의 몽상을 깨뜨렸다.

"익스큐즈 미. 워터!"(Excuse me. water!)

이왕에 포도주 이야기가 나왔으니 이 지역에 전해져 내려오는 이야기를 하나 소개해 보겠다. 하나님이 천지창조를 하실 때에 천사들도 창조하셨다. 그런데 천사들 중에 하나가 하나님을 배반했다. 바로 루시퍼(Lucifer)다. 본래 루시퍼는 하늘에서 법을 집행하는 검사 역할을 했다. 그는 점점 교만해졌고 하나님의 힘을 질투하기까지 했다. 그러던 중에 인간이 창조되었는데 하나님은 인간을 매우 사랑하셨다. 이것에 질투를 느끼게 된 루시퍼는 자기를 따르는 이들을 모아 하나님께 대항하는 전쟁을 일으켰다. 그러나 대천사 미카엘에게 패하여 지상으로 쫓겨나게 되었다. 그때 루시퍼는 천국의 일부를 훔쳐서 땅으로 던졌다. 그것이 지금의 나폴리만(Golfo di Napoli)이라고 한다.

본래 하늘에 있었으니 얼마나 아름다웠 겠는가!

그만큼 나폴리 지역이 아름답다는 의미일 것이다. 한편 땅으로 쫓겨난 루시퍼는 베수비오 산 자락에 내려가 폼페이 사람들을 타락시키더니, 마침내는 용암을 터트려 그 지역을 파괴시켰다. 이 광경을 하늘에서 보신 예수 그리스도가 눈물을 흘리셨는데, 그 눈물이 닿은 용암에서 포도나무가 자랐다고 한다. 후에 사람들은 그 포도나무에서 포도를 수확하여 포도주를 만들었는데, 나폴리 만의 사람들은 지금도 이 지역에서 생산되는 포도주를 '그리스도의 눈물' 이라는 뜻의 '라크리마 크리스티'(Lacryma Christi del Vesuvio)라고 부른다.

| 나폴리에서 생산되는 포도주

포도주의 미련은 이제 멈추고, 일어날 때가 되었다. 여행사에서 나누어준 일정표에 설명되어진 대로 '푸른 바다가 아름다운 휴양지' 소렌토(Sorrento)로 가야하기 때문이다.

우리나라 기아자동차에서 생산한 SUV 중의 하나와 이름이 같은 소렌토는 지중해 바닷가의 절벽 위에 세워져서 괴테, 바이런, 롱펠로우 같은 이들이 머물며 영감을 받은 곳이기도 하다. 우리에게는 "돌아오라 소렌토로"라는 노래로도 잘 알려져 있는 곳이다.

| 소렌토(Sorrento)

소렌토(sorrento)라는 이름은 그리스 신화에 나오는 '세이렌'(seiren)과 관련이 있다. 날카로운 소리를 내어 경보신호로 사용되는 장치를 뜻하는 '사이렌'(siren)이라는 말은 바로 이 '세이렌'(seiren)에서 나온 단어이다.

그리스 신화에 MUSA(영어로는 muse)라는 여신이 있었다. 이 여신에게는 파르테노페(Partenope), 레우코시아(Leucosya), 리기아(Lygia)라는 세 명의 딸들이 있었다. 그리스 사람들은 무사(musa)의 이 세 딸들을 세이렌(seiren, 복수로는 Seirenes)이라고 불렀다. 세이렌은 아름다운 인간 여성의 얼굴에 새의 몸을 하고 있다. 고대 그리스 작가인 호메로스(Homeros)의 대서사시 "오디세이아"(Odysseia)에 보면 주인공 오디세우스(Odysseus, 라틴어로는 Ulysses)가 트로이 전쟁을 마치고 고향 이케타 섬으로 돌아오는 10년간의 귀향 과정이 서술되는데, 여기에 오디세우스를 아름다운 노래로 유혹하는 세이렌이 등장한다. 그녀가 바로 무사(musa)의 세 딸 중의 한 명인 파르테노페이다.

소렌토는 바로 무사의 세 딸을 의미하는 세이렌의 라틴어 이름인 시레네(sirene)란 이름에서 나왔다. 고대 로마인들은 이곳을 '시레네의 도시'라는 뜻의 시렌토(sirrento) 또는 수리엔툼(surrientum)이라고 불렀다. 그래서 이곳 사람들은 우리가 잘 아는 "돌아오라 소렌토로"라는 노래의 제목을 '토르나 아 수리엔토'(torna a surriento)라고 말한다. 하지만 "돌아오라 소렌토로"는 우리가 알고 있는 것처럼 사랑하는 연인을 기다리는 그런 낭만적인 배경을 가진 노래가 아니다.

> 멀리 떠나간 그대를 나는 홀로 사모하여
> 잊지 못할 이곳에서 기다리고 있노라
> 돌아오라 이곳을 잊지 말고
> 돌아오라 소렌토로 돌아오라

가사만 들으면 마치 떠나간 애인에게 "언제까지라도 기다리겠으니 다시 돌아오라"면서 노래하는 것 같다.

하지만 이 노래의 탄생에 대한 진실을 알면 실망할까?

"돌아오라 소렌토로"는 지암 바티스타 쿠르티스(Giam Battista De Curtis)라는 사람이 작사하고, 그의 동생인 에르네스토 쿠르티스(Ernesto De Curtis)가 작곡했다. 1902년 9월 15일 당시 이탈리아의 총리였던 76세의 주세페 차나르델리(Giuseppe Zanardelli)가 여행 중 소렌토에 와서 머물렀다. 이 때 지암 바티스타 쿠르티스는 차나르델리의 소렌토 방문을 기념하고 그가 생전에 아름다운 이곳에 다시 방문해 주기를 기원하며 "돌아오라 소렌토로"를 작사했고, 여기에 에르네스토 쿠르티스가 곡을 붙였다.

소렌토 가는 길에 오른쪽 차창 밖으로 보이는 베수비오 산이 하얀 구름 아래 바다 위에 드러누워 있다. 2천 년 전의 폼페이의 사건을 기억하고는 있는지 모르겠지만, 지금 보이는 모습은 그저 평화롭기만 하다.

1시간 쯤 달렸을까?

높은 해안길 아래로 드디어 소렌토가 보인다. 우리는 소렌토 시내로 들어가지는 않는다. 전망 좋은 이곳 해안길 절벽 위에서 소렌토를 배경삼아 사진촬영을 하는 것으로 만족해야 했다. 너 나 할 것 없이 멋진 소렌토의 풍광을 내려다보며 감탄을 한다. 정말 멋진 풍경이다. 때로는 사람이나 사물이나 직접 대면해 보는 것보다 멀리서 바라보는 것이 더 좋을 때가 있다. 소렌토가 혹시 그런 곳인지도 모르겠다.

우리의 버스는 다시 길을 거슬러 나폴리(Napoli)로 향했다. 폼페이가 나폴리와 소렌토의 중간에 위치해 있기 때문에 폼페이를 먼저 방문한 우리는 소렌토로 내려갔다가 다시 폼페이 위쪽에 있는 나폴리로 가는 것이다. 그래야 어제 묵었던 로마의 쉐라톤 호텔로 다시 돌아갈 수 있다.

나폴리의 역사는 무려 2500년 전으로 거슬러 올라간다. 기원전 6-7세기 경 에게 해 서부에 있는 그리스 최대의 섬인 유비아 섬 사람들이 이곳으로 건너와 그리스 식민지를 건설했다. 그들이 살던 지역은 고대 그리스어로 쿠메(κύμη), 쿠마이(κύμαι), 쿠마(κύμα) 등으로 발음되었다. 쿠마이는 이탈리아 본토에 건설된 최초의 그리스 식민지인 것이다. 이후 쿠마이는 인구증가와 세력확장을 통해 내륙에 새로운 도시를 건설했는데, '새로운 도시'라는 의미로 그리스어 '네아폴리스(Neapolis)라고 불렀는데, 여기에서 오늘날의 나폴리(Napoli)라는 이름이 나온 것이다.

| 나폴리(Napoli)

　나폴리(Napoli)로 향하면서 내 마음은 사뭇 설레었다. 브라질의 리우 데 자네이루와 호주의 시드니와 함께 세계에서 가장 아름다운 항구로 꼽히는 미항으로 가고 있기 때문이다.
　얼마나 아름답기에 괴테는 "죽기 전에 나폴리를 보라"(Vedi Napoli e poi Muori)고 했을까?
　속으로 '산타 루치아'를 부르고 있는 내 마음은 버스보다도 먼저 나폴리에 도착했다.
　하지만 실제로 나폴리에 들어설 때 내 눈에 들어온 광경은 그리 아름답지만은 못했다. 낡고 어둔 빛깔의 아파트에, 집집마다 빨래가 밖으로 나와 있다. 건물이나 벽보에는 각종 광고물과 선거 포스터가 어지럽게 붙어 있었다. 교통은 왜 그리 막히는지. 나폴리의 첫 인상은 그리 좋지 못했다. 하지만 초입이니 '항구에 도착하면 괜찮겠지?'라며 스스로 위안하며 창밖을 내다보았다.

얼마나 갔을까?

드디어 산타 루치아 해변에 도착했다. 아니 산타 루치아는 해변이라기보다는 해변과 접한 거리의 이름이다. 즉 산타 루치아는 나폴리의 핵심 건축물인 왕궁과 파르테노페의 무덤이 있었다고 전해지는 계란성(Castel dell'Ovo)을 연결하는 거리의 이름이다. 이곳 사람들은 이 거리를 포함한 나폴리 항 남서쪽 지구를 '보르고 산타 루치아'(Borgo Santa Lucia)라고 부른다.

'산타 루치아'는 이름 그대로 해석하면 '성(聖) 루치아'다.

나폴리에는 '산타 루치아'와 관련하여 이와 같은 이야기가 전해져 내려온다.

제정로마 시절 나폴리 항구를 방문한 로마총독이 호젓한 나폴리항의 해변을 거닐다가 아름다운 처녀를 보게 되었다. 총독은 처녀를 강제적으로 로마에 데려가려고 했다. 하지만 처녀의 어머니는 딸을 구하기 위해 근처에 있는 수도원에 딸을 피신시켰다. 그러자 총독은 처녀의 행방을 말하지 않는 처녀의 어머니를 혹독하게 고문했고, 끝내 처녀의 어머니는 죽고 말았다. 수도원의 루치아 신부가 처녀의 어머니 장례를 치루어 주었다. 총독은 신부를 끌어가 처녀의 행방을 물었다.

하지만 신부도 처녀의 행방에 대해 말을 하지 않자 총독은 신부를 고문했다. 신부 역시 처녀의 어머니처럼 숨을 거두었다.

그 후 나폴리 사람의 어부들과 주민들은 신의를 지킨 루치아 신부를 존경하는 뜻으로 '산타 루치아'로 부르며 나폴리의 수호자로 삼았다. 그리고 그를 기리기 위하여 '산타 루치아' 노래를 부르기 시작했다고 한다. 하지만 어떤 사람들은 루치아가 신부가 아닌 수녀였다고 주장하며 '성녀 루치아'로 부르기도 한다. 실제로 이탈리아 사람들에게서 '루치아'라는 이름(또는 세례명)은 남자보다는 여자에게서 더 많이 찾아볼 수 있다고 한다.

하지만 위의 전설과는 다르게 "산타 루치아"라는 노래의 가사는 먼 바다에 나간 배가 무사히 돌아오기를 바라는 내용이다.

(1) 창공에 빛난 별 물 위에 어리어
　　바람은 고요히 불어 오누나
　　내 배는 살같이 바다를 지난다
　　산타 루치아 산타 루치아


(2) 아름다운 동산 행복의 나폴리
　　산천과 초목들 기다리누나
　　정 깊은 나라에 행복아 길어라
　　산타 루치아 산타 루치아

가사의 내용처럼, 나폴리의 뱃사람들은 항구를 떠날 때마다 3박자의 경쾌한 이 노래를 부르면서 '산타 루치아'에게 안녕을 기원한다고 한다.

우리는 소렌토와 마찬가지로 나폴리의 시내를 관광하지는 못했다. 다만 이곳 해변까지 오는 동안 버스 안에서 밖을 구경하는 것으로 대신했다. 유일하게 버스에게 내려 발을 디딘 산타 루치아 거리의 왼쪽 해안가에는 일명 '계란성'(Castel dell'Ovo)이라고 불리는 성이 세워져 있다. 1154년 노르만인들에 의해 나폴리 해안을 지키는 요새의 목적으로 처음 세워진 이 성은 나폴리에서 가장 오래된 성이다. 여기에서 다시, 앞서 언급했던 '세이렌'과 오디세우스에 대한 이야기를 해야만 한다.

세이렌은 시레눔 스코풀리(Sirenum Scopuli)라는 섬에서 살았는데, 세이렌의 노래가 얼마나 아름다운지 그 노랫소리에 넋을 잃다가 바다에 빠져 죽는 선원이 많았다. 오디세우스의 배가 이 섬을 지날 때에, 오디세우스는 선원들의 귀를 밀랍으로 막고, 자신은 돛대에 단단히 묶은 채 세이렌의 노랫소리에 현혹되지 않으려 애를 썼다. 그리하여 세이렌의 아름다운 유혹의 노래에서 무사히 벗어날 수 있었다. 하지만 오디세우스를 유혹하는데 실패한 세이렌은 바다 속에 몸을 던져 죽었다. 세 명의 세이렌 중 한 명이었던 파르테노페가 묻혔다는 섬에는 일명 '계란성'으로 불리우는 '카스텔 델 로보'(Castel Dell 'Ovo)라는 요새가 세워졌다. 이 이름은 고대 로마의 문호 비르길리우스가 '이 섬에 숨겨진

| 카스텔 델 로보(Castel Dell 'Ovo)

마법의 계란이 깨지는 날, 나폴리에 대재앙이 닥칠 것'이라고 읊은 데서 유래한다. 그래서 산타 루치아 지역의 해변 길은 '파르테노페의 거리'(Via Partenopea)라고도 불린다.

산타 루치아 해변을 돌아본 아내는 내게 물었다.

"아니 이게 무슨 세계 3대 미항이야?"

그래서 나는 이렇게 대답했다.

"옛날에는 그랬나 보지 뭐!"

설레는 마음으로 나폴리를 찾은 나는 사실 많이 실망했다.

"우리나라 통영이 훨씬 낫네!"라는 누군가의 일침처럼 이곳은 그리 아름답게 만은 느껴지지 않았기 때문이다.

나폴리의 석양이 아름답다는데 저녁이 아니라서 그런 것일까?

아니면 바다 멀리에서나 해변 반대쪽의 산 위에서 바라보지 않아서 그런 것일까?

아무래도 나폴리는 그냥 '점 찍었다'는 것에 만족해야 할 듯싶다. 물론 내 개인적인 의견일 뿐이다.

이렇게 오늘 하루의 일정도 끝이 났다. 로마 근교의 한인식당인 〈금강산〉에서 얼큰한 육개장으로 느끼함을 덜어내고 다시 호텔에 돌아와 하루를 정리해 본다. 하지만 왠지 마음이 이상하다. 좋은 것도 나쁜 것도 아닌 그냥 이상하다. 아무래도 오늘 밤이 이번 여행의 마지막 밤이기 때문인 것 같다.

# 11일째

2016년 5월 19일, 목요일

"주여,
어디로 가시나이까?"
로마

　사실상 오늘이 이번 여행의 마지막 날이다. 오늘밤은 한국행 비행기에서 보낼 테니까 말이다. 그래서 짐도 잘 챙겨야 한다. 해외에 나와 마지막 날 짐을 챙길 때마다 느끼는 것이 있다. 이상하게도 집에서 나올 때보다 집으로 갈 때의 짐 가방 부피가 커진다는 것이다. 나는 집 떠나올 때 되도록 많은 것을 가져오지 않으려 신경을 쓰는 편이고 쇼핑도 거의 하지 않는 편이다. 그런데 이상하게도 집에 갈 때에는 캐리어에 여유 공간이 없다. 　여행하는 동안 피곤해진 몸과 함께 마음도 흐트러져서 그런 것일까?

　오늘은 그저께에 하지 못한 로마 투어를 마저 하게 된다. 모든 짐을 버스에 옮겨 실은 우리 일행은 콜로세움으로 향했다. 저 멀리 콜로세움이 보이기 시작했다. 그리고 그 앞에 개선문이 하나 보인다. 콘스탄티누스 개선문이다.

　포로 로마노(Foro Romano)에는 3개의 개선문이 있다. 포로 로

| 콘스탄티누스 개선문(Arco di Constantino)

마노의 원로원 부근에 있는 셉티무스 세베루스 개선문(Arco di Septimio Severo), 콜로세움 앞에 있는 콘스탄티누스 개선문(Arco di Constantino) 그리고 티투스 개선문(Arco Di Tito)이 그것이다.

이중 콘스탄티누스 개선문이 높이 21m, 너비 26m로 가장 크고 유명하다. 콘스탄티누스 개선문은 콘스탄티누스의 즉위 10년을 기념하여 원로원이 세운 것이다. 콘스탄티누스 개선문에는 그가 312년 밀비오 다리 부근에서 막센티우스 군(軍)과 싸우는 장면이 부조되어 있다.

우리는 콘스탄티누스 개선문 앞에서 이승희 가이드를 만나 콜로세움으로 향했다.

| 콘스탄티누스 개선문 앞에서

욥이 그랬던가?

"내가 주께 대하여 귀로 듣기만 하였사오나 이제는 눈으로 주를 뵈옵나이다"(욥 42:5).

사진이나 TV로만 보았던 웅장한 콜로세움을 실제 내 눈으로 확인해 볼 수 있게 된 것이다.

밖에서 외관을 보는 것만으로도 그 웅장함에 압도된다. 그 옛날에 어떻게 이런 건축물을 세울 수 있었을까?

줄지어 서서 검색대를 통과한 우리는 다시 계단을 통해 윗층으로 올라갔다. 어마 어마한 규모에 다시 한 번 놀랐다. 수용인원이 무려 5만 명이나 된다고 한다. 물론 수용인원이 6만 6천석인 우리나라의 상암 월드컵 경기장보다는 조금 작지만, 2천 년

| 콜로세움(Colosseum)

전에 이런 규모의 경기장을 지었다니 놀라울 따름이다.

로마의 랜드마크라고 해도 틀림이 없을 정도로 콜로세움 (Colosseum)은 고대 로마의 상징이다. 이 콜로세움을 건설한 사람은 70년에 예루살렘을 점령한 티투스(Titus)의 아버지이자 로마제국의 9대 황제였던 티투스 플라비우스 베스파시아누스(Titus Flavius Vespasianus)이다. 따라서 콜로세움의 정식명칭은 '암피테아트룸 플라비움'(Amphitheatrum Flavium)이다. 번역하면 '플라비우스 원형 극장'이다.

반원형 극장인 '테아트룸'(theatrum) 형태는 그리스인이 창안한 것인데, 그 반원을 두 개 합쳐놓은 원형 극장은 그리스어로 '한 쌍'을 뜻하는 '암피'(amphi)를 붙여서 '암피테아트룸' (Amphitheatrum)이라고 부르는 것이다. 수도 로마에 건설된 이 원형경기장만 '콜로세움'이라고 불린 것은 30m 높이의 네로의 거

| 콜로세움 내부

대한 입상 바로 옆에 자리 잡고 있었기 때문이다. 참고로 '거대한'이라는 의미의 라틴어 단어는 '콜로수스'(Colossus)이며, 네로의 거대한 입상을 '콜로수스 네로니스'(Colossus Neronis)라고 불렀다.

네로는 팔라티노(Palatino) 언덕에서 에스퀼리노(Esquilino) 언덕에 이르는 50만 제곱미터의 땅을 모두 사용한 '도무스 아우레아'(Domus Aurea, 황금 궁전)를 건설할 계획을 세웠다.

오늘날 콜로세움이 있는 저지대에는 드넓은 인공호수를 만들고, 오피우스(Oppius) 언덕에는 '도무스 아우레아'의 본관을, 본관 배후에 있는 에스퀼리노 언덕 전체는 동물들을 놓아기르는 자연공원으로 만들 예정이었다. 그야말로 사치와 기술의 정수와 꿈을 모두 투입한 것이 '도무스 아우레아'였다. 하지만 '도무스 아우레아'는 네로의 죽음으로 완성되지 못했다. 베스파시아누스는 네로가 인공호수를 만들 예정이었던 곳에 콜로세움을 세웠고, 그의 아들 티투스는 정원 자리에 목욕탕을 지었고, 트라야누스는 본관을 허물고 거기에 대목욕탕을 지었다. 결국 네로가 꿈꾸었던 '도무스 아우레아'는 완전히 사라져 버렸다.

5만 명을 수용할 수 있는 콜로세움은 미학적으로나 기술적으로도 최고의 걸작이다. 로마인들이 좋아하는 아치 양쪽에 원기둥을 세우고, 아치 모양의 공간에는 입상을 세우는 형태가 연속되어 있는데, 1층에 사용된 기둥은 중후한 도리스식, 2층의 기둥은 산뜻한 이오니아식, 3층의 기둥은 섬세한 코린트식으로, 층마다 기둥 양식을 바꾸어 답답하고 단조로운 느낌을 없앴다. 게다가 출입구를 교묘히 배치하여, 사고라도 일어나면 15분 만에 모든 관객을 밖으로 내보낼 수 있었고, 관중을 로마의 강렬한 햇빛에서 보호하기 위해 돛을 만들 때 사용하는 범포로 관중석 위를 덮었다고 한다.

콜로세움에서 나온 우리는 다시 콘스탄티누스 개선문 쪽으로 나와서 티투스 개선문이 있는 '비아 사크라'(VIA SACRA)라는 이름의 경사로를 올랐다. 이 길을 따라 티투스 개선문을 지나 포로 로마노를 통과하면 카피톨리노 언덕(Monte Capitolino)으로 향하게 된다. 고대 로마는 모두 일곱 개의 작은 언덕으로 이루어졌다. 포로 로마노를 중심으로 서쪽에 카피톨리노(Capitolino) 언

| 고대 로마의 7언덕

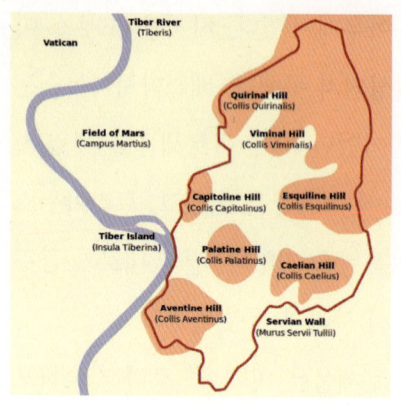

덕, 북쪽에서 동쪽으로 차례로 퀴리날레(Quirinale) 언덕, 비미날레(Viminale) 언덕, 에스퀼리노(Esquilllino) 언덕, 첼리오(Celio) 언덕이 이어지며, 남쪽에는 대경기장을 사이에 두고 팔라티노(Palatino) 언덕과 아벤티노(Aventino) 언덕이 있다. 일곱 개의 언덕 중에 카피톨리노 언덕이 가장 높다. 하지만 높이가 해발 59m밖에 되지 않는다고 한다. 카피톨리노(Capitolino)는 '수도'라는 뜻의 영어 '캐피탈'(Capital)의 어원이다.

이제 우리는 본격적으로 포로 로마노(Foro Romano)를 보게 된다. 경사로의 가장 높은 곳에 우뚝 솟은 문이 바로 로마제국의 제10대 황제였던 티투스의 개선문이다. 도미티아누스 황제가 그의 형인 티투스와 베스파시아누스의 대 예루살렘 전투 승전을 기념하며 81년에 세운 개선문이다.

티투스(Titus, 이탈리어로 Tito)는 콜로세움을 세운 베스파시아누스의 장남으로 79년에 황제가 되었다. 그는 그의 아버지 베스파시아누스와 본명이 같다. 즉 그의 본명은 '티투스 플라비우스 베스파시아누스(Titus Flavius Vespasianus)다. 그래서 사람들은 아버지는 성을 따서 '베스파시아누스'라고 부르고, 아들은 이름으로 '티투스'라고 부른다. 티투스는 겨우 2년 3개월을 통치했을 뿐이다. 짧은 기간의 치세에도 참 힘든 기간을 보내야 했다.

79년 6월 24일 39세의 나이에 황제가 된 티투스는 두 달 뒤에 발생한 베수비오 화산 폭발로 피해를 입은 나폴리만의 수습을 위해 친히 이재민 대책본부를 설치하고 진두 지휘를 했다. 설상가상으로 81년에는 전염병이 발생했다. 티투스는 전염병이 발생하자마자 대책위원회를 발족시켰다. 전염병이 잦아지자 티투스는 전염병에 걸린 것도 아닌데 병으로 쓰러졌다. 잇따른 재난으로 심신에 피로가 쌓였기 때문이다. 티투스는 고향의 온천으로 요양을 떠났지만 얼마 되지 않아 세상을 떠나고 말았다. 81년 9월 13일이었다. 40세의 젊은 나이에 죽은 것이다. 어떤 이들은 티투스의 죽음에 대하여 그의 동생 도미티아누스를 의심하기도 한다.

이처럼 티투스는 황제로서는 짧은 기간 동안 통치를 했지만, 예루살렘 성전과 밀접한 관계가 있는 사람이다. 44-66년 사이에 유대 지역은 일곱 명의 로마 총독이 주재하며 유대인을 관할했다. 그 기간 동안 유대인들은 말할 수 없는 고통과 압제의 기간이었다. 총독들은 온갖 비리와 강탈과 무거운 세금 부과와 성전의 거룩한 돈 약탈과 수천 명의 학살 등을 저질렀다. 이 혼란의 시기에 유대인들은 평화를 원하는 이들과 무력항쟁을 원하는 이들로 나뉘게 되었다. 무력항쟁을 원하는 애국적 열심당원들을 '시카리'(sicari)라고 불렀다.

| 티투스 개선문(Arco Di Tito)

'시카(Sica)는 휘어진 단검을 뜻하는 단어이다. 즉 '시카리'는 '(휘어진 검인) 시카를 지닌 사람'이라는 의미이다. 시카리들은 마침내 무력 폭동을 일으켰는데, 이를 66년에서 73년까지 있었던 '제1차 유대-로마 전쟁'또는 '제1차 유대(독립)전쟁'이라고 부른다.

유대의 반란을 진압하기 위해 네로 황제는 베스파시아누스 장군을 유대에 파견했다. 베스파시아누스는 3개 군단 6만을 이끌고 유대의 반란군을 진압하기 시작했다. 47일에 걸친 공방 끝에 갈릴리의 요타파타(Jotapata) 요새가 함락되었다. 요타파타는 훗날 『유대 전쟁사』, 『유대 고대사』 등을 집필한 요세푸스 벤 마타디아스(Joseph ben Mattathias)라는 제사장이 지키고 있었다. 요세푸스는 로마군에 체포되어 베스파시아누스 앞에 서게 되었다. 그는 이 자리에서 아주 중요한 예언을 했다.

"당신은 나를 포로로 잡아갈 것이지만 일 년 후 황제가 된 다음 나를 놓아줄 것이다."

갈릴리 지역을 진압한 로마군은 유대 중앙부로 내려왔다. 68년까지는 거의 모든 북부 유대지방의 반란을 진압했다. 그해 여름에는 예루살렘을 포위하였다. 이때 네로가 죽게 되고 전쟁은 1년 정도 중단되었다. 69년 여름, 요세푸스의 예언이 그대로 이루어졌다. 베스파시아누스는 7월 1일에 알렉산드리아에 주둔하던 로마군으로부터, 7월 3일에는 유대에 있는 로마군으로부터 황제로 추대되었다. 이제 예루살렘에 대한 공략은 황제가 된 베

| 티투스 개선문에 부조된 메노라(Menora)

스파시아누스의 장남 티투스의 몫이 되었다. 티투스는 70년 8월 10일에 예루살렘성 안으로 진입하여 예루살렘 성전을 불태웠다. 26일에는 예루살렘을 완전히 점령하였다.

요세푸스의 『유대 전쟁사』에 따르면, 예루살렘 공방전 당시 성 안에는 어림잡아 270만 명에 달하는 사람이 있었다고 하지만, 포로로 잡힌 유대인의 수는 유대 전쟁 모든 기간을 통틀어 9만 7천 명이었고, 예루살렘 공방전 과정에서 사망한 사람은 무려 110만 명이었다고 한다. 그리고 이때 티투스는 예루살렘성과 성전을 파괴하면서 성전의 서쪽 벽을 남겨 두었는데, 그것이 지금 우리가 '통곡의 벽'이라고 부르는 그것이다. 또한 티투스는 성전에서 '메노라'(Menora)라고 불리는 촛대와 그 밖의 많은 성물을 약탈하여 로마로 가져갔다.

티투스의 개선문에 도착한 나는 제일 먼저 문제의 '메노라'부터 찾았다. 개선문 안쪽의 아치 부분과 만나는 곳에서 '메노라'가 뚜렷하게 보였다. 그런데 메노라를 운반하는 이들이 로마 사람 같지는 않다. 아마도 유대 포로들로 하여금 직접 메노라를 운반하게 한 것 같다. 성전을 밝혀야 할 메노라가 로마 제국의 전리품이 되어 저렇게 옮겨지게 된 것이다.

한편 티투스 개선문은 중세 시대에는 유대인 탄압의 상징이 된다. 교황 바오로 4세(Paulus IV)는 1555년 5월 23일 79세의 노령의 나이에 교황이 되었다. 전임 교황이었던 마르첼로 2세(Marcello II)가 교황이 된 지 한 달 만에 죽었기 때문이다. 사람들은 나이 많은 새 교황이 또 언제 죽을지를 걱정했다. 또 어떤 이들은 바오로 4세가 재수 좋은 사람으로 평가하기도 했다. 이러한 사람들의 우려와 조롱을 불식시키기 위해 바오로 4세는 하나의 이벤트를 열기로 계획했다. 로마의 모든 시민들로 하여금 포로 로마노에 모이게 한 후에 자신에 대한 충성의 맹세로 티투스의 개선문을 통과하도록 한 것이다.

하지만 로마에 살던 유대인들의 생각은 달랐다. 자신들의 조상을 학살한 사람의 업적을 기리기 위해 만든 건축물 아래로 지나갈 수는 없었던 것이다. 이에 분노한 바오로 4세는 유대인 집단 거주지인 게토(ghetto)를 만들게 하여 유대인들로 하여금 거기에 살도록 교황령을 선포했다. 유대인들은 밤에는 게토를 벗어날 수 없었고, 언제나 유대인임을 나타내는 독특한 옷을 입어야 했다. 20세기의 독일 나치보다도 훨씬 이전에 이렇게 교황에 의해 유대인 거주 지역인 게토가 설치되었던 것이다.

1949년 2월 10일에 제정된 현재의 이스라엘의 국장은 평화를 상징하는 올리브 잎이 좌우에서 메노라를 감싼 모양이다. 그리고 그 아래에 히브리어로 '이스라엘'이라고 씌어 있다. 1948년에 국가를 창설한 이스라엘 정부에서 국장을 공모했는데, 메노라가 들어간 국장 디자인이 당선되었다. 이때 국장에 들어간 메노라는 티투스 개선문에 부조되어 있는 메노라를 참고했다고 한다.

티투스 개선문의 내벽에는 메노라 외에도 로마군의 전쟁 장면과 쌍두마차를 타고 개선하는 티투스의 모습이 아름답게 부조되어 있다. 그리고 개선문 꼭대기에는 라틴어로 '원로원과 로마 시민이 신적인 베스파시아누스의 아들, 신적인 티투스 베스파시아누스 아우구스투스에게 바친다'라고 새겨져 있다.

SENATUS

POPOLUS QUE ROMANUS

DIVO TITO DIVI VESPASIANI F

VISPASIANO AUGUSTO

티투스의 문을 지나 우리는 고대 로마의 모든 것을 볼 수 있는 포로 로마노의 중심으로 들어갔다. 포로 로마노(Foro Romano)는 '로마인의 광장'이라는 뜻으로 말 그대로 로마인들이 모여 생활하고 살던 중심이었으며, 고대 로마의 사법, 정치, 종교 등의 활동이 활발히 이루어졌던 곳이다. 여기에는 원로원, 로물루스 신전, 셉티무스 세베루스 개선문, 카이사르의 시체가 화장되었던 자리에 세워진 카이사르 신전 등 과거의 흔적을 곳곳에서 찾아볼 수 있다.

포로 로마노를 관람한 우리는 오른쪽의 큰 도로가 있는 출구로 나와 다시 콜로세움이 있는 쪽으로 걸었다. 다시 콘스탄티누스 개선문 앞에 다다른 우리는 이곳을 떠나야 하는 것이 못내 아쉬운 듯 한참 동안이나 주변을 서성거렸다. 조금 전에 그렇게도 많이 사진을 찍었는데도 사모님들은 또 다시 둘씩 셋씩 짝을 지어 사진을 찍는다. 아마도 "갑시다"라는 가이드의 외침이 없었다면 언제까지 그렇게 있었을지 모르겠다. 우리를 태운 버스는 로마 시내의 근교에 있는 카타콤베로 향했다.

'카타콤베'(Catacombe, 영어 Catacomb)는 고대 로마 시대 기독교인들의 지하 묘지를 의미한다. 하지만 초대교회 기독교인들은 지하 묘지를 '쉬는 곳'이라는 의미의 '체메테리아'(Cemeteria)라고 불렀었다. 이는 일반인들의 묘지인 '죽은 자의 도시'를 의미하는 '네크로폴리스'(Necropolis)와 구분하기 위해서였다. 그런데 이것이 '카타콤베'(catacombe, 단수는 catacomba)라고 불리게 된 것은 성 세바스티아노(San Sebastiano) 성당의 지하 묘지에 기인한다. 옛 로마의 기독교인들은 성 세바스티아노의 지하 묘지를 '웅덩이(땅이 파인 곳)의 옆'이라는 뜻의 '아드 카타쿰바스'(ad catacumbas)라고 불렀다.

로마에는 크고 작은 수십 개의 카타콤베가 있다. 그중에서도 산 칼리스토의 카타콤베(Catacombe di San Callisto)와 산 세바스티아노 성당의 카타콤베(Catacombe di San Sebastiano)가 유명하다. 이 중 우리는 산 칼리스토의 카타콤베로 갔다. 이곳의 카타콤베 이름은 제16대 교황 '칼리스토 1세'(Callisto I)의 이름에서 연유한다. 그는 본래 로마 황제 집안의 노예였었는데 자유를 얻고 난 후에 로마 교외에 있는 이곳 그리스도인들의 지하 공동묘지를 관리하게 되었다고 한다.

칼리스토는 그가 아직 부제(Deacon, 副祭)였던 시절에 15대 교황이었던 제피리노(Zefirino)의 지시에 따라 초기 기독교의 히포게움(hypogeum, 지하에 파놓은 넓은 공간을 의미)을 확장하여 오늘날의 카타콤베로 만들었다. 하지만 정작 본인은 아우렐리우스 가도(Via Aurelia)에 있는 칼레포디우스 카타콤베(Catacombe de Calepodius)에 안장되었다.

우리는 지하 묘지에 들어가기 전에 먼저 큰 광고판 같은 벽에 그려져 있는 그림을 보면서 가이드의 설명을 들어야 했다. 그런 다음에야 비로소 우리는 줄을 서서 지하 묘지에 들어갈 수 있었다. 산 칼리스토의 카타콤베는 로마의 아피아 가도(Via Appia) 부근에 있는 카타콤베 가운데 하나로서 2세기에서 4세기까지

| 칼리스토의 카타콤베(Catacombe di San Callisto)

재위한 총 16명의 교황의 유해가 묻혀 있었기 때문에 '교황 납골당'(Capella dei Papi)이라고도 부른다. 폭 1-1.5m, 높이 2m 정도의 통로가 종횡으로 나 있고 위 아래로 오르내릴 수 있는 계단이 있다. 5층 구조로 된 칼리스토 카타콤베는 총 길이가 약 20km나 된다고 한다. 하지만 1층과 2층만 일반인에게 개방되었다.

깊은 지하실로 들어가듯 계단을 밟고 카타콤베로 들어갔다. 터키 카파도키아에 있는 데린구유(Derinkuyu)와는 닮은 듯 조금 달랐다. 규모도 작은 것 같고, 더 어두운 느낌이다. 그만큼 환경이 더 나빴다는 의미일 것이다. 아마도 로마의 카타콤베는 데린구유와는 달리 처음부터 무덤의 용도로 만들었기 때문일 것이다. 비좁고 많은 사람들이 드나드는 관계로 가이드의 설명은 제대로 들을 수 없었다.

그래서 지하에 들어오기 전에 미리 설명을 하는 모양이다. 긴 통로의 양쪽이나 조금 넓은 공간의 벽면에는 구멍들이 파여 있다. 시신을 넣고 막아놓는 일종의 납골무덤인 것이다.

카타콤베의 매장 방식에는 여러 가지가 있다. 가장 흔한 방식인 '로쿨로'(Loculo)는 통로 양쪽의 벽에 직사각형으로 구멍을 파고 시신을 눕혀 놓은 다음 돌 뚜껑으로 막는 방식이다. '포르마(Forma)는 땅 바닥에 마련된 규모가 큰 공동 묘지이다. '아르코솔리아'(Arcosolia)는 카타콤베 무덤들 중에서 가장 아름답게 꾸며진 무덤으로 3-4세기에 만들어졌다. '쿠비쿨라'(Cubicula)는 내부를 크게 파고 그 안에 가족들의 시신을 안장하는 일종의 가족묘지 형태이다. 이곳에는 많은 벽화가 그려져 있기도 하다. '크립타' (Crypta)는 가장 규모가 크며 주로 순교자나 성인들의 무덤으로 사용되는데, 이곳이 넓기 때문에 교회의 역할도 했다.

카타콤베가 만들어진 지역들은 대부분 화산재가 쌓여 만들어진 응회암 지대이다. 응회암(凝灰岩, Tuff)은 다공질이기 때문에 돌이면서도 쉽게 파낼 수 있다. 하지만 공기와 습기가 닿으면 시간이 지날수록 단단해진다. 또한 응고 과정에서 악취와 부패물을 흡수하기 때문에 시신을 보관하기에 좋은 조건이었다. 더구나 당시 로마법은 모든 무덤을 신성불가침 지역으로 지정했기에, 박해를 받고 있는 그리스도인들의 입장에서는 비교적 안전하게 예배의식을 거행할 수 있는 장소가 된 것이다.

자연스럽게 카타콤베는 죽은 자들이나 산자들 모두에게 피난처가 된 셈이다. 가이드를 따라 좁은 통로를 이리저리 가는 중에 넓은 공간이 나타났다. 한쪽 구석에 온통 하얀 빛깔의 누워있는

| 성녀 체칠리아(Santa Cecilia)의 석상

여인상이 보였다. 성녀 체칠리아(Santa Cecilia)의 석상이다.

체칠리아는 '천상의 백합'이라는 뜻이다. 기독교인이었던 체칠리아는 음악을 사랑하는 귀족집안의 처녀였다. 그녀는 당시 관습에 따라 부모가 정해 준 대로 어린 나이에 발레리아노(Valeriano)와 결혼을 했다. 결혼식이 끝나자마자 그녀는 남편에게 자신은 기독교인으로서 동정으로 살기로 결심한 처지임을 밝혔다. 그러자 그녀의 남편은 그것을 받아들였고, 그들은 동정부부로 살았다고 한다. 그 후 체칠리아는 남편과 시동생 티부르티오(Tiburtio)를 기독교인으로 개종시켰다.

그런데 이들이 순교한 기독교인들을 묻어주다가 당국에 체포되었다. 그녀의 남편과 시동생은 참수형을 당했고, 체칠리아는 로마의 유명한 카이킬리우스(Caecilius) 가문의 여자였기 때문에 공개처형이 아닌 뜨거운 목욕탕에서 질식사를 하도록 선고되었다. 하지만 그녀는 열탕의 형벌에도 죽지 않았다. 그러자 당국은 그녀에게 참수형을 선고했다. 집행자가 체칠리아의 목에 칼을 세 번이나 내려쳤지만 그녀의 목은 잘리지 않았다. 그 뒤로 그녀는 3일이나 더 살다가 숨을 거두었다. 체칠리아는 숨이 붙어있는 마지막 순간까지 예수 그리스도를 찬양하는 노래를 불렀다고 한다.

세월이 흘러 821년 교황 파스칼 1세(Paschalis I) 때에 체칠리아의 관이 발굴되었는데, 그녀의 관이 열렸을 때 그것을 지켜보던 이들은 모두 소스라치게 놀랐다고 한다. 그녀의 시신이 조금도 썩지 않고 생생하게 보존되어 있었기 때문이다. 그녀의 시신은 파스칼 1세가 그녀를 기념하여 세운 테베레 강 근처의 성 체칠리아 성당 지하로 옮겨졌다.

그런데 더 놀라운 일이 벌어졌다. 1559년 10월, 그녀의 시신을 확인하기 위해 관 뚜껑을 열었는데 여전히 시신이 부패되지 않고 있었던 것이다. 당시는 종교개혁의 여파가 가톨릭 교회에게 계속 영향을 미치고 있었던 때였다. 체칠리아 시신의 기적은 가톨릭 신자들에게 믿음을 강화시켜주는 좋은 수단이 될 수 있었다. 그리하여 체칠리아 성당을 담당하고 있었던 스폰드라도(Sfondrado) 추기경은 23살의 젊은 조각가인 스테파노 마데르노(Stefano Maderno)를 시켜 죽었지만 살아있는 듯 생생한 체칠리아의 모습을 조각하여 본래 체칠리아의 시신이 안치되어 있었던 이곳에 놓게 한 것이다. 스테파노 마데르노는 조각가이기 이전에 한 사람의 기독교 신자로서, 그리고 체칠리아의 시신을 보며 받은 감동을 이렇게 남겼다.

"여러분 긴 세월이 흐르면서도 부패하지 않고 생생한 모습으로 우리 앞에 누워계신 동정 순교자 성녀 체칠리아를 보십시오. 저는 무덤 개봉 당시 성녀의 모습을 여러분에게 생생하게 전하기 위해 이 작품을 제작했습니다."

얼마나 생생하게 조각해 놓았는지 고개를 돌리고 잠든 듯 한 체칠리아의 조각상 목에는 칼자국이 선명하다. 그녀는 죽음의 고통 중에도 오른쪽 손가락 세 개와 왼손 엄지 손가락을 내보이며 삼위일체이신 하나님을 고백했다고 한다.

카타콤베 안에서는 사진 촬영이 금지되어 있다. 하지만 비록 조각상이기는 하지만 그녀의 모습을 꼭 찍고 싶었다. 나는 마치 도둑질하듯 휴대폰을 가슴에 품고 그녀를 촬영했다. 비록 만족스러운 앵글은 아니지만 그래도 그녀를 촬영할 수 있었다는 것이 얼마나 기뻤는지 모른다. 스테파노 마데르노가 그녀를 조각하고 나서 느낀 감정이 이랬을까 싶다.

313년 콘스탄티누스에 의해 기독교가 공인된 이후, 기독교인들은 굳이 이런 어두운 땅속에서 종교의식을 행할 필요가 없게 되었다. 지하에서 세상으로 나온 당시의 기독교인들처럼 우리도 계단을 따라 햇살 가득히 내리쬐는 밖으로 빠져 나왔다.

버스를 타고 다시 로마 시내로 향하기 위해 칼리스토 카타콤베의 입구를 빠져나오는데 차창 밖으로 한 성당의 모습과 함께 낯익은 글씨가 내 눈에 보였다.

## DOMINE QUO VADIS

나는 재빨리 들고 있던 스마트폰으로 성당의 모습을 촬영했다. 비록 성당 내부를 관람할 수는 없었지만 얼마나 반가웠는지 모르겠다. 사진을 찍고 확인해 보니 거기에 라틴어로 이렇게 적혀 있었다.

HAEIC PETRUS A XSTO
PETIIT: DOMINE QUO VADIS
여기에서 베드로가 그리스도에게 물었다: 주님, 어디로 가시나이까?

| 도미네 쿼바디스 성당
(Chiesa del Domine Quo Vadis)

64년 네로 황제가 로마를 다스리고 있을 때에, 로마에 대화재가 발생했다. 네로는 화재의 원인을 기독교인들에게로 돌렸다. 이로 인해 기독교인들은 엄청난 박해를 당하게 되었는데, 그 박해를 피하기 위해 많은 기독교인들이 로마를 탈출하게 되었다. 베드로 역시 박해를 피해 로마를 빠져 나가려 했다. 그 길이 바로 '아피아 가도'(Via Appia)이다. 아피아 가도는 로마에서 남 이탈리아 도시 카프아(Capua)를 거쳐, 이탈리아 남부 브룬디시움(Brundisium)까지 570km를 뻗은 도로이다. 이 길은 B.C. 312년 아피우스 클라우디우스 카이쿠스(Appius Claudius Caecus)라는 사람이 입안하여 직접 총감독을 맡았기 때문에 그의 이름을 따서 붙여진 이름이다. 바울이 로마로 압송되어 갈 때에도 이 길을 걸었었다.

2세기 말경 로마나 소아시아에서 저술된 것으로 추정되는 외경 『베드로 행전』에 보면, 베드로의 순결에 관한 설교를 들은 많은 여자들이 남편과 동침하기를 거부했다. 그 중에는 집정관인 아그립바의 4명의 첩들이 있었고, 황제의 친구인 알비누스의 아내 크산티페도 있었다. 이 외에도 많은 여자들이 남편과 떨어져 살고, 남자들도 그렇게 하는 경우가 있었다. 이에 로마에서는 대소동이 벌어졌다.

아그립바와 알비누스는 격분하여 베드로를 죽이기로 공모했다. 이들의 공모를 알게 된 크산티페가 베드로에게 이 소식을 알리며 로마를 떠나라고 권고했다. 마르첼루스를 비롯한 다른 이들도 베드로에게 로마를 떠나라고 말했다. 믿음의 형제들의 권고에 로마를 떠나기로 결심한 베드로가 변장을 하고 로마 성문을 벗어나려 할 때에, 베드로는 로마로 들어가는 주님을 보았다. 베드로가 주님에게 물었다.

"주님, 어디로 가십니까?"(DOMINE QUO VADIS?)

주님은 "십자가에 못 박혀 죽으려고 로마로 가는 길이다"라고 대답하셨다.

베드로가 "주님, 십자가에 다시 못 박히겠다는 말입니까?"라고 다시 물었다.

주님이 "그렇다. 베드로야. 나는 다시 십자가에 못박힐 것이다"라고 대답하셨다.

그제서야 베드로가 제 정신을 차렸다. 그리고는 하늘로 올라가는 주님을 바라보았다. 이윽고 베드로는 찬송을 하면서 로마로 돌아갔다. 로마 군사 네 명이 와서 되돌아 온 베드로를 붙잡아 집정관 아그립바에게 데리고 갔다. 아그립바는 베드로를 십자가에 못 박으라고 명령했다. 베드로는 사형집행자들에게 "나의 머리를 아래로 해서 십자가에 못 박아 주시오"라고 말했다. 그들이 베드로의 말대로 베드로를 거꾸로 매달았다. 베드로는 십자가에 매달린 채 마지막 설교를 했다.

"최초의 사람은 머리를 아래로 해서 추락했는데 그것은 출생의 모습이었소. 그래서 우주의 모든 것이 뒤바뀌어서 오른쪽이 왼쪽으로, 왼쪽이 오른쪽으로, 추한 것이 아름다운 것으로, 악한 것이 선한 것으로 보이게 되었소. 내가 거꾸로 매달린 것은 최초의 사람을 상징하는 것이오. 그러므로 여러분은 최초의 잘못을 버리고 회개하시오. 성령은 '그리스도는 말씀이고 하나님의 소리다'라고 말했소. 십자가의 수직 기둥인 나무는 바로 그 말씀입니다. 그리고 가로지른 나무는 소리, 즉 사람의 본성입니다. 그리고 못은 사람들의 회개와 참회입니다."

| 세 분수 성당(Chiesa di Tre Fontane)

| 바울이 처형당하기 위해 걸었던 길

그리고 그는 숨을 거두었다.

베드로가 박해를 피해 도망치려다가 예수님을 만난 바로 그 자리가 이곳 '도미네 쿼바디스 성당'(Chiesa del Domine Quo Vadis)이 세워진 자리인 것이다. 이 역사의 현장을 창을 통해서라도 목격할 수 있었으니 얼마나 다행인지 모르겠다.

버스는 계속해서 산 칼리스토 카타콤베(Catacombe di San Callisto)의 남서쪽에 있는 '세 분수 성당'(Chiesa di Tre Fontane)으로 움직였다.

바울이 갇혔던 감옥과 그가 처형당한 곳으로 알려진 곳으로 가는 것이다. 세 분수 성당 앞에는 옛 로마 시절의 도로 일부가 보존되어 있었다.

바울도 처형당하러 갈 때에 이 길을 걸었을 것이다. 성당 안으로 들어가면 좌우에 바울과 베드로의 처형 장면을 묘사한 부조가 조각되어 있다. 무릎이 꿇리고 머리를 돌기둥에 대고 있는 바울의 목을 베기 위해 로마 병사가 도끼를 들어 올리고 있는 장면은 소름이 끼칠 정도로 잔인하다. 바울의 목이 베인 그 돌기

등은 성당 안 구석에 보존되어 있다.

| 바울이 참수형당한 돌기둥

바울이 처형당하는 부조의 반대편에는 베드로의 처형 장면이 묘사되어 있다. 바울은 로마의 시민권자이기 때문에 참수형을 당한 것이고, 베드로는 로마시민이 아닌 유대인이었기 때문에 십자가형을 당한 것이다.

'세 분수 성당'(Chiesa di Tre Fontane)의 안쪽 벽에는 제일 끝에 바울이 처형당한 돌기둥이 있고, 그 다음 연속으로 바울의 목이 바닥에 떨어져 세 번 튀었다는 곳곳에 제대가 세워져 있다. 그리고 각각의 제대에는 바울의 잘려나간 목이 부조되어 있고, 제대의

| 바울의 잘려나간 목이 새겨진 부조

천국 계단 성당(Scala Coeli)

제대의 아래에는 목이 튄 자리에서 솟아났다는 샘물이 지금도 흐른다고 한다. 그래서 이 성당의 이름이 '세 분수 성당'이다.

하지만 외경『바오로 행전』에는 세 분수(샘물)가 아닌 '흰 우유'로 표현되어 있다. 로마 군인이 칼로 바울의 목을 내리치자, 그 목에서 흰 우유가 뿜어져 나와 군인의 군복에 튀었다는 것이다.

'세 분수 성당'에서 나와 조금 걸어 나오면 '천국 계단 성당'(Scala Coeli)이 있다.

성당의 지하에는 바울과 그리스도인들을 포함한 당시의 많은 이들이 갇혔던 감옥이 있던 자리이다.

바울은 60년에 로마에 압송되어 2년의 수감생활을 하다가 석방되었다. 그러다가 로마 대화재 이후 67년에 다시 붙잡혀서 로마로 압송되었다. 이 때 바울이 갇혔던 곳이 이곳이다. 3세기 말 디오클레티아누스(Gaius Aurelius Valerius Diocletianus)는 기독교인들을 대목욕장 건설에 강제 동원하여 활용했다. 그리고는 이곳에서 그들을 죽였다. 이 때 이곳에서 죽은 이들이 무려 10,203명이나 되었다고 한다.

후에 성 베르나르도(St. Bernardus)가 이곳에서 기도하다가 환상을 보았는데, 순교한 영혼들이 하늘로 올라가는 환상이었다. 베르나르도는 이곳에서 죽은 영혼들을 기리기 위해 성당을 짓고, 그 이름을 '스칼라 코엘리'(Scala Coeli 천국의 계단)라고 붙였다.

'비알레 델레 아쿠에 살비에'(Viale delle Acque Salvie)의 양쪽에 선 나무들이 이 암울하고 슬픈 현장을 빠져나가는 우리에게 시원한 그늘을 선사해 주었다. 너무 암울해 하지 말라는 위로의 선물처럼 느껴졌다.

'아쿠에 살비에'(Acque Salvie)가 '구원의 물'이라는 뜻이 아닌가! 이름의 유래는 잘 모르겠지만 우리에게 '구원의 생수이신 예수 그리스도'가 있음을 상기시켜 주는 듯하다.

우리를 실은 버스는 다시 로마 시내로 향했다. 로마 시내의 데그리 옴베렐라리 거리(VIA DEGLI OMBRELLARI)에 있는 '天下第一家'(천하제일가)라는 중국식당에서 늦은 점심 식사를 마친 우리는 우리의 마지막 여행지 바티칸 시국으로 향했다.

이탈리아 안에는 세 나라가 공존하고 있다. 즉 이탈리아 말고도 산 마리노 공화국과 바티칸 시국이 있다. 산 마리노 공화국(Republic Of San Marino)은 인구 3만이 조금 넘는 세계 5위의 소국이다. 우리는 또 하나의 이탈리아 내의 소국인 바티칸 시국(Vatican City State)에 가는 것이다.

| 바울이 갇혔던 감옥

| 바티칸박물관 앞

　바티칸 시국은 교황 비오 11세(Papa Pio XI)가 파견한 로마 교황청 대표 피에트로 가스피리(Pietro Gasparri)와 이탈리아 수상 베니토 무솔리니(Benito Mussolini)가 1929년 2월 11일에 라테라노 궁에서 맺은 '라테라노 조약'(Laterano Treaty)에 따라 세워진 국가이다. 이탈리아 수도인 로마 시내에 위치한 바티칸 시국은 면적 0.44㎢에 약 900명 정도의 인구를 지닌 세계에서 가장 작은 독립국이다.
　바티칸 시국의 '바티칸박물관'에 들어가기 위한 수많은 관람객들로 인해 우리는 1시간도 더 넘게 기다려야 했다.
　바티칸박물관은 대영박물관, 루브르박물관과 함께 유럽 3대

박물관으로 꼽힌다. 오랜 기다림 끝에 입장한 우리는 검색대를 통과한 후 전용 수신기를 전달받았다. 가이드는 우리를 뒤쪽 어디로 데리고 가더니 미켈란젤로의 천지창조와 최후의 심판에 대한 복사판 그림 앞에서 열심히 설명했다. 하지만 안으로 속히 들어가고 싶은 마음에 가이드의 설명은 거의 들리지 않았다.

가이드는 우리를 나선형으로 된 경사로를 통해서 어느 정원으로 데리고 갔다. 일명 '솔방울 정원'이라고 불리는 '피냐 정원'(Cortile della Pigna)이다.

피냐 정원은 1816년에 피로 리고리오(Pirro Ligorio)에 의해 만들어졌다. 가장 먼저 눈에 띄는 것은 높이가 4m나 되는 거대한 솔방울 조각상이다. 이것은 본래 판테온 부근에 있는 고대 로마시대의 분수에 있던 장식인데, 중세에 베드로 성당의 정원으로 옮긴 후에 1608년 지금의 피냐 정원으로 자리를 옮겼다. 솔방울 조각상의 반대 방향에는 지구 모양의 조형물이 세워져 있다. 1960년 로마 올림픽을 기념해 만든 이 조각은 오염되고 멸망해 가는 지구를 형상화한 현대 조형물이다.

솔방울 조각상을 지나 오른쪽의 건물로 들어가면 여기서부터 본격적으로 박물관의 모습을 볼 수 있다. 먼저 '벨베데레 정원'(Cortile del Belvedere)이 나온다. 바티칸 궁전의 전신이었던 벨베데레 궁전의 안뜰이 벨베데레 정원이다. 정원의 지붕형태가 8각형이라 일명 '팔각정원'(Cortile Ottagono)이라고도 한다. 여기에는 라오콘상, 메두사의 머리를 들고 있는 페르세오상, 아폴로상 등

| 피냐 정원(Cortile della Pigna)의 솔방울 조각

이 전시되어 있다.

라오콘상을 보고 옆문으로 들어가면 '동물의 방'(Sala degli Animali), '뮤즈의 방'(Salla delle Muse), '원형의 방'(Salla delle rotonda)이 나온다. 동물의 방에는 여러 시대의 동물상이 전시되어 있다. 뮤즈의 방에는 그리스 신화에 나오는 학예와 음악, 시, 춤 등을 관장하는 9명의 뮤즈 여신들의 조각이 있다. 원형의 방은 이름 그대로 원형으로 된 방(Lotonda) 둘레에 그리스 신들의 조각상들이 전시되어 있다. 또한 네로 황제가 사용했다는 엄청난 크기의 원형 대리석 욕조가 전시되어 있다.

그 다음에는 '그리스 십자가의 방'(Salla delle croce greca)이 있는

| 벨베데레 정원(Cortile del Belvedere)

데, 전시실의 모양이 좌우상하의 길이가 같은 십자가 모양이어서 그렇게 이름 붙여졌다. 방 바닥 중앙에는 3세기경 로마제국 시대의 모자이크가 장식되어 있다. 십자가의 방에 들어서면 양쪽에 자주색 대리석으로 된 거대한 두개의 관을 볼 수 있다. 전쟁 부조가 있는 왼쪽의 석관은 콘스탄티누스 황제의 어머니 헬레나(Helena)의 관이고, 포도 수확의 부조가 있는 오른쪽의 석관은 콘스탄티누스의 여동생인 콘스탄티아(Constantina)의 석관이다.

그 다음으로는 '촛대 갤러리아'(Galleria dei Candelabri)이다. 들어가는 회랑 입구마다 양쪽에 촛대 조각이 있기 때문에 붙여진 이름이다. 많은 조각상들과 화병, 촛대 등이 전시되어 있다. 많은 조각들에서 특별히 낯익은 조각상이 보였다. 터키의 에베소에서 보았던 아르테미스(Artemis) 여신상이다. 성경에는 '아데미'(행

| 아르테미스(Artemis) 여신상

19:24, 27, 34 35)라고 되어 있다.

그 다음은 아라찌 갤러리아 (Galleria degli Arazzi)이다. 이곳에는 그림 대신 로마 산 아라찌(Arazzi) 천 위에 수를 놓아 만든 작품들인 '태피스트리'(Tapestry) 작품들이 전시되어 있다. 미술가들이 판지에 도안을 하면 공예가들이 양모와 비단 색실 그리고 금실 은실로 태피스트리를 짰다. 가이드는 우리에게 잠깐 서보라고 한다. 그리고는 예수님의 눈동자가 우리가 움직이는 대로 따라온다면서 예수님의 눈동자를 자세히 보라고 말한다. 그렇게 말하니까 그렇게 느껴진다.

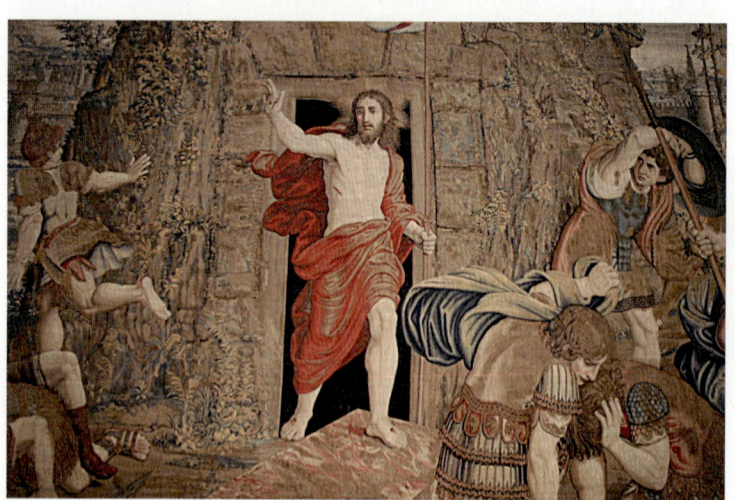

| 아라찌 갤러리아의 태피스트리

지도 갤러리아(Galleria delle Carte Geografiche)

아라찌 갤러리아를 지나면 지도 갤러리아(Galleria delle Carte Geografiche)가 나온다. 이탈리아 지역과 교황령 지역을 묘사한 40개의 지도가 걸려 있는데 교황 그레고리우스 13세가 1580년과 1583년에 그리게 한 작품들이다. 이탈리아를 세로로 양분하는 아페닌 산맥을 기준으로 이탈리아 서부 지역을 왼쪽 벽에 배치하였고 동부 지역을 오른 쪽에 배치했다. 여러 방들 중에서 가장 아름다운 방이기도 하다. 천장이 황금색 그림으로 장식되어 있기 때문이다.

회랑을 따라 가다가 계단을 내려가면 시스티나 성당(Chappella Sistina)이 나온다.

'시스티나 성당'은 새 교황을 선출하는 '콘클라베'(Conclave)가 열리는 곳으로도 잘 알려져 있다. 또한 그 유명한 미켈란젤로(Michelangelo)의 천지창조와 최후의 심판 그림이 있는 곳이기도

| 시스티나 성당 가는 길 표지판

하다. 이곳은 사진촬영이 금지된 곳이다. 감시원들이 계속 돌아다니면서 감시한다. 그리고 사진촬영을 하지 말라는 방송이 계속 들려온다.

시스티나 성당의 천장화는 모두 아홉 부분으로 나뉘어져 있다. 가장 안쪽에서부터 '빛의 창조,' '천체 창조,' '해륙 분리,' '아담 창조,' '이브 창조,' '에덴 추방,' '노아 제물,' '노아 홍수,' '취한 노아'의 순서이다. 이중에서 우리에게 가장 잘 알려진 부분은 네 번째 부분인 '아담 창조'(The Creation of Adam)이다. 하나님이 손을 뻗어 손가락 끝으로 아담에게 생명을 불어넣는 이 그림은 미켈란젤로의 천재성을 잘 드러내 주고 있다.

'최후의 심판'은 시스티나 성당의 서쪽 벽에 위치한 제단화(祭壇畵)이다. 1533년 미켈란젤로는 교황 클레멘스 7세로부터 '최후의 심판'이라는 주제로 시스티나 성당 제단 벽에 그림을 그리

| 시스티나 성당의 천장화

| 아담 창조(The Creation of Adam)

라는 명령을 받았다. 이는 신성로마제국 카를 5세의 로마 침략 (1527)과 유린에 대한 분노, 그리고 종교개혁으로 인해 이반되는 신자들의 마음을 사로잡기 위해서였다. 한마디로 두려움을 통해 신자들의 마음을 붙잡아 놓겠다는 의도였던 것이다. 그러나 미켈란젤로는 교황의 명령을 탐탁지 않게 여겼다. 그는 오로지 교황 율리우스 2세의 영묘작업만을 고집했다.

클레멘스 7세가 죽고 나서, 즉 미켈란젤로가 천장화 '천지창조'를 그린 후 약 25년이 지났을 때에, 교황 바오로 3세(Paulus III)는 미켈란젤로에게 성당의 서쪽 벽에 '최후의 심판'을 그리라고 부탁했다. 그러면서 바오로 3세는 미켈란젤로에게 세 가지 조건을 내세워 벽화작업을 위임했다.

첫째, 그를 '교황청 최고의 건축가, 조각가, 화가'로 임명하는 것이었다.

둘째, 그에게 장려금으로 매년 금화 1,200에퀴(écu, 방패[防牌]라

| 미켈란젤로의 '최후의 심판'

는 뜻으로 14세기 말부터 프랑스에서 쓴 금화를 이르는 말)를 평생 지불하기로 약속하는 것이었다.

셋째, 그림이 그려지는 동안 작품 내용에 대해 전혀 관여하지 않겠다는 약속이었다.

그러면서 교황 바오로 3세는 미켈란젤로에게 이렇게 말했다고 한다.

"나는 당신의 그림을 갖기 위해 교황이 되기를 30년 동안이나 기다렸소."

미켈란젤로는 67세의 나이에 이 그림을 시작하여 6년에 걸쳐 완성했다. "최후의 심판"은 391명의 인물과 심판자이신 그리스도를 중심으로 위에서부터 천국에서 지옥까지 내려가는 4개의 선으로 분리하고, 좌우로 천상으로 구원받는 영혼과 지옥으로 떨어지는 영혼이 거대공간에서 공존하는 동적 구조를 이루고 있다.

우리가 특별히 주목해 볼 필요가 있는 부분은 두 번째 부분이다.

두 번째 부분에는 심판자이신 그리스도를 중심으로 해서 성인들이 원형으로 둘러싸여 있다. 그리스도의 왼쪽 옆에는 성모 마리아가 있고, 그 아래 왼쪽에 석쇠 위에서 화형을 당한 로렌스가, 그 오른쪽에는 아르메니아에서 살가죽이 벗겨지는 형벌을 받은 바돌로매가 자기의 살가죽을 들고 있다. 마리아의 왼쪽에는 십자가를 든 안드레의 뒷모습이 보이고, 그리스도의 오른쪽에는 열쇠를 들고 있는 베드로가 있으며, 그 왼쪽에는 바울이 있다.

특히 우리는 바돌로매(Bartholomew)가 들고 있는 살가죽에 주목해 보아야 한다. 바돌로매는 요한복음 1장에서 빌립의 전도로 예수님을 만난 '나다나엘'과 동일시되는 인물이다. 동일인물을 마태복음과 누가복음에서는 '바돌로매'(마 10:3; 눅 6:14)라고 했고, 요한복음에서는 '나다나엘'이라고 했을 뿐이다. 바돌로매는 아르메니아에서 선교하다가 붙잡혀 살가죽이 벗겨지는 형벌을 받고 순교했다. 그런데 미켈란젤로는 그 살가죽의 얼굴에 자신의 얼굴을 그려 넣었다고 한다.

| 미켈란젤로의 '최후의 심판' 중 '바돌로매'

시스티나 성당의 오른쪽 문으로 나온 우리는 성 베드로 대성당(Basilica

di San Pietro in Vaticano)으로 들어갔다. 성당 안으로 들어선 나는 우선 그 웅장함에 압도되었다. 또한 성당 내부에 있는 많은 조각품들에서 또 한 번 압도되었다. 베드로 대성당의 내부에는 500개에 달하는 기둥과 400개가 넘는 조각상이 있다.

성 베드로 대성당은 바티칸 시국의 남동쪽에 위치해 있으며 베드로의 무덤 위에 세워졌다. 공사기간도 매우 길다. 대성당의 건설은 1506년 4월 18일에 시작되어 1626년에 완료되었다. 6만 명을 수용할 수 있는 거대한 홀, 길이는 211.5m, 높이 45.44m로 세계 최대의 대성당이다.

나와 아내는 성당 입구에서 오른쪽으로 돌아 성당 내부를 관람하기로 했다. 먼저 우리가 만난 것은 그 유명한 피에타(Pieta)상이었다. 약 13세기 경, 독일 수도원에서는 저녁(verper) 기도를 드리는 데에 사용할 목적으로 나무 조각을 만들기 시작했다. 이것을 '베스퍼빌트'(Vesperbild)라고 한다. 이 전통은 머지않아 프랑스, 이탈리아에까지 전해지게 된다. 이탈리아에서는 이것을 '피에타'라고 불렀다.

피에타(Pieta)는 이탈리아어로 '슬픔, 비탄'이라는 뜻으로 기독교에 있어서 대표적인 예술 주제이며 주로 조각으로 예술품이 많이 존재한다. 베드로 대성당에 있는 피에타는 미켈란젤로의 작품이다. 하지만 미켈란젤로의 피에타는 이것 말고도 또 있다. 대표적인 것으로는 론다니니의 피에타(Pieta Rondanini)와 피렌체의 피에타가 있다.

| 성 베드로 대성당(Basilica di San Pietro in Vaticano)

| 미켈란젤로의 피에타(Pieta)

    1498년, 미켈란젤로에게 또 다른 기회가 찾아온다. 당시 로마 교황청 주재 프랑스 대사였던 빌레르 드 라그롤라 추기경(Cardinal Jean Bilheres de Lagraulas)은 미켈란젤로에게 자신의 무덤에 쓰일 조각상을 의뢰했다. 당시 근근이 살아가던 미켈란젤로에게는 놓칠 수 없는 기회였다. 미켈란젤로는 피에타 조각에 착수한지 단 1년여 만에 이와 같은 아름다운 조각상을 만들어 냈다.
    피에타의 가장 큰 특징은 성모 마리아의 크기이다. 여성인데도 몸집이 무척 거대하게 제작되었다. 이것은 여성이었던 마리

아의 작은 체구에 남성이었던 예수를 가로로 안고 있는 모습이 부자연스러워 보일 것을 염려했기 때문이다. 즉 일부러 마리아 몸집을 크게 만들어서 전체적으로 안정감을 준 것이다. 또한 정면에서 보았을 때 성모 마리아가 왼쪽으로 살짝 돌아가 있는데 성모 마리아가 왼손을 가지런히 폄으로써 보는 이로 하여금 자연스럽게 예수에게 시선이 가도록 했다

베드로 대성당의 피에타는 미켈란젤로의 작품 중 유일하게 그의 서명이 있는 작품이라고 한다. 일설에 의하면, 베드로 대성당의 피에타가 롬바르디아인의 작품이라고도 하고 레오나르도 다빈치의 작품이라고도 하는 소문에 격분한 미켈란젤로가 밤중에 성당에 몰래 들어가 피에타 뒷면에 자신의 이름을 새겼다고 한다. 마리아의 옷을 대각선으로 가로지르는 레이스 옷깃을 자세히 보면 라틴어로 "MICHAEL. ANGELUS. BONAROTUS. FLORENT. FACIEBAT"(피렌체의 미켈란젤로 부오나로티가 만들었다)라고 조각되어 있다. 하지만 그는 성당을 나오면서 아름다운 석양의 하늘을 보고 "하나님은 이 아름다운 하늘 어디에도 서명을 하지 않았는데…."라며 자신의 행동을 후회했다고 한다. 이후 그는 그의 작품 어디에도 서명을 하지 않았다.

피에타 조각상 앞에는 다른 조각상들과는 달리 유리 보호막이 있다. 그 때문에 사진을 찍기가 조금 불편하다. 나중에 알고 보니 피에타 조각상에 유리 보호막이 설치된 까닭이 있었다.

1972년 5월 21일, 정신질환을 가지고 있던 호주 국적의 헝가

리인 지질학자 라슬로 토트(Laszlo Toth)가 크로우 바(crowbar, 일명 '빠루')로 피에타 조각의 얼굴을 때려 부서뜨렸다. 라슬로 토트는 "내가 바로 예수다. 우리 어머니는 저렇지 않다"라며 그와 같은 일을 저질렀다고 한다. 라슬로 토트는 범행 후 1년간의 재판 끝에 이탈리아 정신병원에서 2년의 강제수용 치료처분을 받은 후 호주로 추방당했다.

이 사건으로 마리아의 코가 날아가고, 왼팔을 비롯한 몇몇 부위가 박살나버렸다. 설상가상으로 피에타가 부서뜨려져 파편이 튀자 구경꾼들이 조각들을 주워가 버렸다. 회수한 것은 파손된 전체의 43퍼센트에 불과했다. 코는 통째로 회수되지 못했다. 피에타상은 1976년에야 겨우 복원되었는데, 이 사건으로 말미암아 피에타상은 방탄 유리로 보호되고 있다.

벽을 따라 계속 걸어가다가 제단 부분까지 거의 다다랐을 때에, 벽면에 많은 사람들이 줄을 지어 있는 모습이 보였다. 거기에 베드로상이 있기 때문이다. 베드로가 왼손에 천국 열쇠를 들고 의자에 앉아 있는 모습의 조각상이다. 베드로의 발에 입을 맞추거나 만지면 죄가 사해지고 복을 받는다는 속설 때문에 사람들이 베드로의 몸에 손을 대기 위해 저렇게 줄지어 서 있는 것이다. 사진을 찍기 위해 베드로 상에 가까이 가 보았더니 베드로의 양쪽 발이 닳아서 반들반들했다.

대성당 앞 중앙에는 거대한 4개의 청동 기둥으로 된 베르니니(Gian Lorenzo Bernini)의 발다키노(Baldacchino)와 중앙 제대가

성 베드로 대성당 안에 있는 베드로 좌상

| 베르니니(Gian Lorenzo Bernini)의 발다키노(Baldacchino)

있다. 발다키노는 옥좌, 제단, 묘비 등의 장식적 덮개를 의미하는 건축 용어이다. 한글로는 '천개'(天蓋)라고 부른다. 베드로 대성당의 발다키노의 기둥은 사람의 영혼이 하늘로 올라가는 것을 형상화하여 소용돌이치듯 감겨있는 있는 모습이다. 이 발다키노는 교황 우르바노 8세의 명으로 베르니니가 1633년에 완성했는데, 달다키노 안에 중앙 제대가 놓여 있다. 중앙 제대 밑에는 성베드로와 교황들의 시신이 안치되어 있는 지하 묘지가 있다.

발다키노 뒤쪽에는 베드로의 의자(Cathedra Petri)가 놓여 있다. 전해지는 말에 의하면, 베드로가 로마에서 선교활동을 할 때 앉았던 나무 의자의 조각들을 모아 5세기 경에 상아로 장식된 의자로 만들었다고 한다.

| 발다키노 뒤쪽에 있는 베드로의 의자(Cathedra Petri)

그 후 교황 알렉산데르 7세가 베르니니를 시켜 그 의자 위를 무게가 약 75,000kg에 달하는 청동으로 입히고 장식을 해서 오늘에 이르고 있다. 이 의자의 네 다리를 무게 39,000kg, 높이 4-5m의 청동상들이 잡고 있는데, 앞의 두 명은 서방 교회의 교부들인 암브로시우스와 아우구스티누스이며, 뒤쪽으로는 동방 교회의 교부들인 요한 크리소스톰과 아타나시우스이다. 의자 위쪽을 보면 천연대리석을 얇게 깎아 유리처럼 보이는 타원형의 창 안에 성령을 상징하는 비둘기가 하늘에서 비치는 빛을 타고 내려오는 장면이 새겨져 있다.

중앙 제대의 위쪽으로는 미켈란젤로가 설계한 세계 최대의 돔이 있다. 돔에는 원형으로 마태복음 16장 18-19절이 라틴어로 새겨져 있다.

Tu es Petrus et super hanc petram aedificabo Ecclesiam meam, et portae inferi non praevalebunt adversus eam, et tibi dabo claves regni caelorum
너는 베드로라 내가 이 반석 위에 내 교회를 세우리니 음부의 권세가 이기지 못하리라 내가 천국 열쇠를 네게 주리니(마 16:18-19).

아내와 나는 베드로 대성당의 내부를 두 번이나 돌아보았다. 하지만 밖으로 나가야 한다는 생각이 들지 않았다. 많은 조각상들과 예술 작품들을 둘러보아도 사실 알지도 못했지만 이 안에 있는 것만으로도 너무나 황홀하여 우리의 발을 이 안에 묶어 놓게 된 것 같다.

약속된 시간이 되어 우리는 대성당의 밖으로 나왔다. 우리 앞에 펼쳐진 성 베드로 광장(Piazza di San Pietro) 또한 그 크기로 우리를 압도했다. 무려 30만 명이나 수용할 수 있다고 한다. 베르니니의 설계로 1656년부터 1667년까지 11년 동안 지어졌다. 대성당을 나오자 왼쪽으로는 칼을 들고 있는 바울이 있고, 오른쪽에는 오른손에 열쇠를 쥐고 있는 베드로가 보였다. 광장 주변에는 284개의 기둥들과 140개의 조각상이 있다고 한다. 광장의 중앙에는 오벨리스크(Obelisk)가 우뚝 솟아 있다. 높이 30m, 무게 300톤의 오벨리스크의 꼭대기에는 십자가가 세워져 있다. 오벨리스크는 원래의 자리가 이곳이 아니라 대성당 정면을 바라보면서 왼쪽에 있었다.

그리고 그곳은 네로 전용의 개인 경기장이 있던 자리인데 오벨리스크는 경기장의 장식을 위해 그 안에 세워져 있었다. 바로 이 경기장에서 성 베드로가 순교를 당했고, 이를 기념하여 훗날 이 자리에 성 베드로 대성당을 지었던 것이다. 네로의 경기장은 대성당을 건립할 때 모두 철거되었지만, 오벨리스크만은 그 자리에 그대로 남겨 두었다. 그 후, 식스토 5세 교황의 명령에 따라 1586년 4월 30일 이전 공사를 시작하여 130일 후인 같은 해 9월 10일, 지금의 위치에 세우게 되었다.

| 성 베드로 광장(Piazza di San Pietro)

지금의 자리에 옮겨진 오벨리스크 위에 청동으로 십자가를 제작해 올려놓았는데, 이 십자가 안에는 콘스탄티누스의 어머니 헬레나가 예루살렘에서 가져온 예수가 못 박힌 십자가의 일부가 들어 있다고 한다.

약간의 자유시간이 주어진 뒤 우리는 다시 바티칸 광장에 모였다. 이제는 로마공항(레오나르도다빈치공항)으로 가야한다. 여행이 끝나가는 것이다. 집에 돌아간다고 하니 좋기도 하고, 어느새 2주간의 여행이 끝났음을 실감하는 시간이기에 섭섭하기도 하다. 모두들 아쉬운 모양이다. 출발해야 하는데도 찍은 사진을 또 찍고 또 찍는다.

여행의 여운을 사진 속에라도 더 남겨 떠나고 싶은 심정인 것이다.

하지만 어쩌랴!

여기가 우리가 살 집이 아닌데….

로마 현지 시간으로 21시 15분.

우리를 태운 대한항공 KE0932는 우리의 조국, 우리의 집이 있는 대한민국을 향해 로마공항을 힘차게 이륙했다.

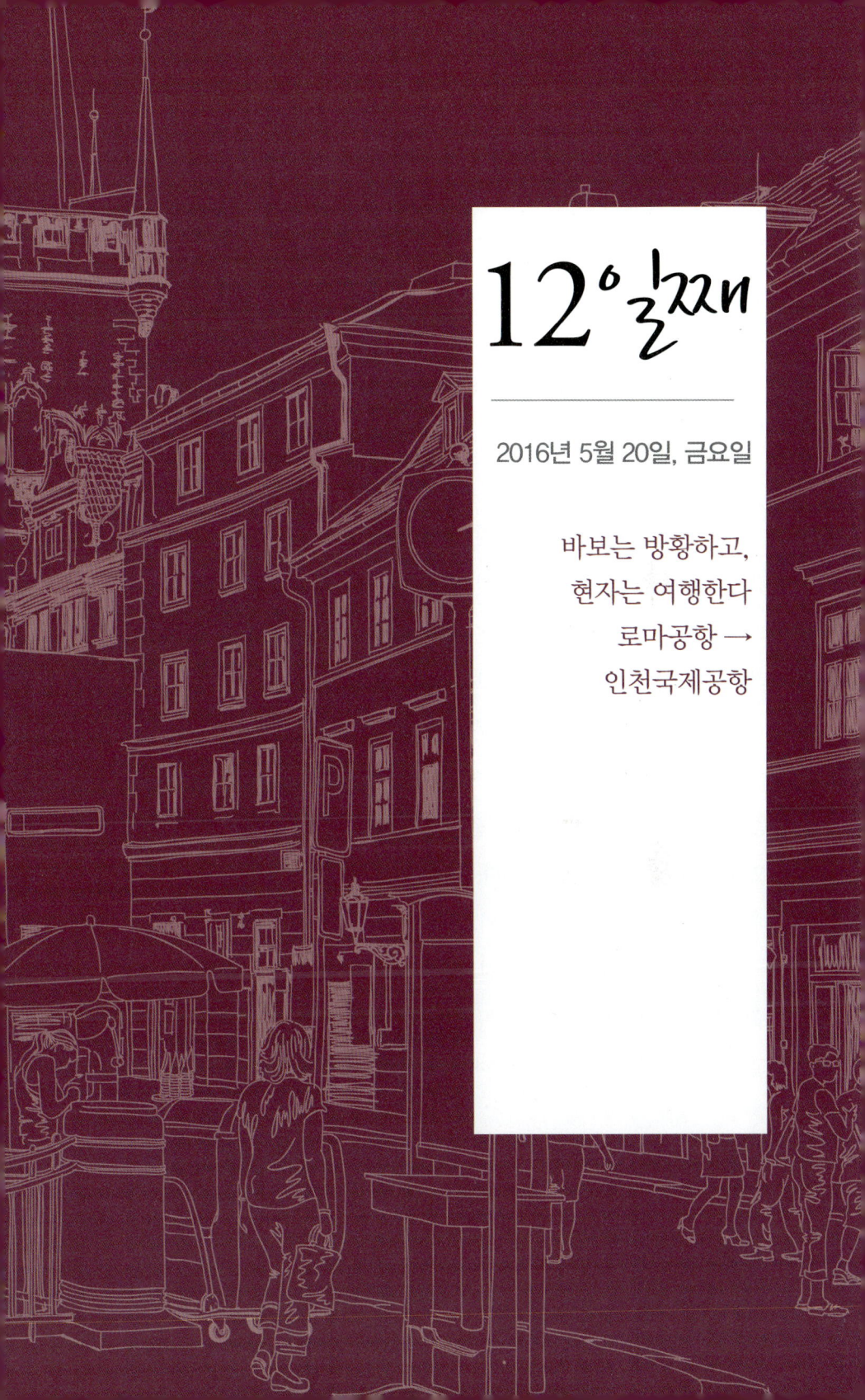

# 12일째

2016년 5월 20일, 금요일

바보는 방황하고,
현자는 여행한다
로마공항 →
인천국제공항

로마공항을 출발한지 11시간 20분 만인 20일(금) 오후 3시 40분에 우리는 대한민국 인천국제공항에 도착했다.

4세기의 교부 아우구스티누스(Augustinus)는 이렇게 말했다.

"세계는 한 권의 책이다. 여행하지 않는 사람은 그 책의 한 페이지만 읽는 것과 같다."

비록 세계의 일부이지만 그것의 한 귀퉁이를 돌고 왔으니 책장 2-3페이지 정도는 넘긴 것인가!

이번 여행을 통해서도 참 많은 것을 깨닫게 되었다. 여행은 우리에게 아는 것만큼 보여주고, 보는 것만큼 느끼게 해 준다.

특히 이번 여행은 루터를 비롯한 종교개혁자들과 관련된 지역을 돌아보는 시간이었다. 그들이 목숨을 걸고 바른 신앙, 바른 종교를 위해 외쳤던 현장에 시간을 초월하여 함께 서 보는 것만으로도 감격스럽고 은혜로웠다. 이런 귀한 순례의 기회를 제공해 준 대전서지방과 대전주님의교회에 감사를 표한다.

마지막으로 17세기 영국의 설교가이자 교회사가(教會史家)였던 토마스 풀러(Thomas Fuller)의 말을 인용하며 12일 동안의 유럽 종교개혁지 여행에 대한 보고를 마친다.

## 유럽, 종교개혁지를 가다
A Visit to the Sites of the Reformation in Europe

2016년 11월 30일 초판 발행

지 은 이 | 박기성

편　　집 | 변길용, 정희연
디 자 인 | 이수정, 박슬기
펴 낸 곳 | 사)기독교문서선교회
등　　록 | 제16-25호(1980. 1. 18)
주　　소 | 서울시 서초구 방배로 68
전　　화 | 02) 586-8761-3(본사) 031) 942-8761(영업부)
팩　　스 | 02) 523-0131(본사) 031) 942-8763(영업부)
홈페이지 | www.clcbook.com
이 메 일 | clckor@gmail.com
온 라 인 | 기업은행 073-000308-04-020, 국민은행 043-01-0379-646
　　　　　 예금주: 사)기독교문서선교회

ISBN 978-89-341-1593-9 (03230)

* 낙장·파본은 교환해 드립니다.

이 도서의 국립중앙도서관 출판시 도서목록(CIP)은 서지정보유통지원시스템 홈페이지(http://seoji.nl.go.kr)와 국가자료공동목록시스템(http://www.nl.go.kr/kolisnet)에서 이용하실 수 있습니다. (CIP제어번호: CIP2016024802)